비즈니스 유전자

지은이 페터 푹스(Peter Fuchs)
괴팅겐 대학 사회학부 교수로 재직했으며, 아프리카에서 다년간 민족학 연구를
토대로 많은 학술논문과 저서를 발표했다. 또한 그는 전문서적 외에도 청소년
서적을 저술하여 문학상을 수상했으며, 그 밖에 다수의 화보집과 교양서를 발표
했다. 그중 일부는 8개국 언어로 번역되기도 했다.
저서로는 『Reden und Schweigen』, 『Der Sinn der Beobachtung』, 『Der Eigen-Sinn des
Bewußtseins』, 『Intervention und Erfahrung』 등 다수가 있다.

옮긴이 박규호
서강대학교 독어독문학과를 졸업하고 독일 에어랑엔-뉘른베르크에서 독문학,
철학, 연극영화학을 공부했다. 번역서로 『권력과 책임』, 『에리히 프롬과 현대성』,
『지능의 발견』, 『철학이라는 이름의 약국』, 『요하네스와 마르타의 특별한 식탁』,
『사람이 알아야 할 모든 것: 인간』, 『목마른 영혼의 외침: 존 레논』, 『아버지와
돼지 그리고 나』 등이 있다.

DAS BUSINESS-GEN
by Peter Fuchs

Copyright ⓒ 2004 J.G. Cotta'sche Buchhandlung Nachfolger GmbH, Stuttgart
Korean Translation Copyright ⓒ 2005 Dulnyouk Publishing Co.
All rights reserved.
The Korean language edition published by arrangement with
J.G. Cotta'sche Buchhandlung Nachfolger GmbH through MOMO Agency, Seoul.

이 책의 한국어판 저작권은 모모 에이전시를 통해
J.G. Cotta'sche Buchhandlung Nachfolger GmbH 사와의 독점계약으로
도서출판 들녘에 있습니다. 저작권법에 의해 한국 내에서보호받는 저작물이므로
무단전재와 무단복제를 금합니다.

비즈니스 유전자
DAS BUSINESS-GEN

페터 푹스 지음 | 박규호 옮김

들녘

비즈니스 유전자

ⓒ 들녘, 2005

초판 1쇄 발행일 · 2005년 11월 18일

지은이 · 페터 푹스
옮긴이 · 박규호
펴낸이 · 이정원

펴낸곳 · 도서출판 들녘
등록일자 · 1987년 12월 12일 / 등록번호 · 10-156
주소 · 서울시 마포구 서교동 394-14 명성빌딩 2층
전화 · 영업(02)323-7849 편집(02)323-7366 팩시밀리(02)338-9640

ISBN 89-7527-508-6 (03850)

* 값은 뒤표지에 있습니다. 잘못된 책은 구입하신 곳에서 바꿔드립니다.
* 홈페이지 · www.ddd21.co.kr

차 례 | DAS BUSINESS-GEN

- 들어가는 글 9

경제의 문화 - 문화의 경제

나는 누구인가? 인간이란 무엇인가? 15

생물학적 특성의 극복 16
니노치카의 문제 19/ 자연법칙이 또한 문화법칙인가? 21/ 의미의 위기 26

경제 행위의 원칙 28

인간은 놀이하는 존재다 32

욕구의 진화 35
'은밀한 장소' —문화의 싸움터 35/ 식사의 기술 37/ 몸을 가린 왕 40/
위장의 전략 41/ 위압적 행동 44/ 탈인간화 46/ 사랑이란 무엇인가? 50/
성과 에로틱의 연출 51/ 육체의 사슬 57/ 가상의 세계 60/ 인조인간 61

자원의 진화

지구는 누구의 것인가? 65

여성 경제와 남성 경제 74
성별에 따른 노동 분화 74/ 소유로서의 사랑 77/ 단혼과 복혼의 비교 80/ 자원으로서의 남자 87

자원으로서의 자식 89
결혼과 그 밖의 지속적 관계들 95/ 친족이란 무엇인가? 98/ 계보학 101/ 친족의 미래 109

노동의 문화 110
경제적 가치로서의 인간 114

돈과 진화 117

노인과 유산 그리고 죽은 자의 힘 136
느린 이별 137/ 최후의 권력 140/ 노인들은 누구인가? 141/ 불멸성의 문화적 속성 143/ 존재의 세 차원 145/ 죽은 자의 그늘 148/ 새로운 희망—유전자 복제 152/ 돌의 영원성 154/ 선물로 주어진 삶 155

경제의 발명

문화적 진화의 시초   165

비즈니스 유전자   174

부자와 가난한 자   185

포틀래치 신드롬   199

신과의 거래   208

산업사회의 종교성   211
신의 현현 217/ 신과의 계약 219/ 경제의 종교 223/ 자본주의 정신 225/ 경제 행위의 종교적 뿌리 229/ 믿음과의 거래 233

전쟁으로서의 경제   238
경제는 부도덕한가? 243/ 인간의 이중성 246/ 도덕 경제 249/ 석기시대 경제 250

- 참고문헌 252
- 사진 자료 255

■ 들어가는 글

　인간의 의미는 (또다시) 위기에 처했다. 이번이 처음도 아니고 마지막도 아니다. 현재의 위기는 주로 서구 문화에 속한 사람들에게 해당되지만 세계적으로 퍼져 있는 미디어 네트워크와 선진국들의 글로벌 경제 전략으로 전 인류에 걸쳐 영향력을 발휘하고 있다. 하지만 이 역시 새로운 것이 아니다. 이른바 '발견의 시대'와 17~18세기 유럽의 계몽주의는 지구 전체의 문화에 이와 비슷한 보편적 영향력을 행사했다.
　오늘날 의미의 위기는 근본적으로 서양 과학, 그중에서도 특히 생명과학 분야의 새로운 인식에 뿌리를 두고 있다. 생명과학은 진보를 가능하게 해주었지만 심각한 형태의 새로운 문제를 일으키기도 했다. 현대 의학의 발전은 대표적인 예에 속한다. 현대 의학은 질병에 시달리는 사람들에게 건강과 새로운 삶의 기회를 마련해주었으나 노인복지·세대교체 등의 문제와 관련하여 심각한 인구통계학적 혼돈을 일으키기도 했다. 본문에서 이 문제도 함께 다루게 될 것이다.

생명과학은 무엇보다도 세계에 대한 새로운 시각을 제공했다. 가령 문화의 다양성 속에 존재하는 통일성을 우리는 생물학을 통해서 설명할 수 있다. 생물학자들의 가설에 따르면, 인간의 모든 행동과 사회 형태, 관계 방식, 음악과 시를 비롯한 모든 예술적 형식은 생물학적으로 설명할 수 있다. 하지만 가설은 가정이나 추측의 단계일 뿐 증명된 것이 아니다. 바꾸어 말하면 가설에는 증명이 필요하다. 그러나 많은 경우에 생물학자들은 이런 증명을 (앞으로 살펴보게 될 근거에서) 제시하지 못한다. 그럼에도 공적인 논의에서 이들의 가설은 공공연한 사실로 다루어지며 정치적·교육학적·사회적 측면에서 대단한 영향력을 발휘한다. 생물학이 특정한 방식으로 종교를 대신한다는 주장은 이런 맥락에서 나온 것이다. 하지만 세간의 호기심을 자극하는 이런 말들은 물론 잘못된 것이다.

이 책에서 나는 생물학의 많은 가설들을 경험주의적 문화 연구를 통해서 검토해보고자 한다. 그 중심에는 경제적 행위자로서의 인간이 위치하는데, 이는 문화적 진화가 지능적이고 경제적인 행위와 더불어 비로소 시작되었기 때문이다. 경제 행위는 매우 근원적인 능력으로 진화를 통해 유전적으로 전승되어왔다. 이 책의 제목인 『비즈니스 유전자』는 앞으로 이 책에서 언급할 진화에 관한 문화적·생물학적 논의의 한 면모를 이미 보여주고 있다.

여기에는 내가 30년 동안 과학영화 프로젝트 '엔시클로페디아 키네마토그라피카Encyclopaedia Cinematographica(EC)'의 편집위원으로 일하면서 축적한 인식 내용들이 담겨 있다. EC는 생물학자(행태연

1960년 9월. 오스트리아 제비젠에 있는 막스플랑크 행동생리학 연구소에서 콘라드 로렌츠와 대화를 나누고 있는 필자(오른쪽).

구가)와 문화학자들이 주축을 이루는 국제적 프로젝트로서, EC의 편집위원회는 8개국에서 선출된 10~15명의 위원으로 구성된다. EC 편집위원의 면면을 보면 EC를 설립한 콘라드 로렌츠Konrad Lorenz와 괴팅겐 '과학영화연구소'의 소장 겸 EC의 공동설립자인 고트하르트 볼프Gotthard Wolf, 앞으로 이 책의 인용 부분에서 자주 접하게 될 이레노이스 아이블-아이베스펠트Irenäus Eibl-Eibesfeld와 볼프강 비클러Wolfgan Wickler 등의 학자들이 있다. 이 책에서 소개할 나의 견해와 통찰들은 우리가 함께 EC에서 검토한 3천여 편의 과학영화들에 힘입은 바가 크다.

나는 에세이 형식으로 글을 썼다. 이 책에서 다룰 이야기들이 좀더 폭넓은 독자층에게 관심의 대상이 되리라 생각했기 때문이다. 이야기가 복잡해지는 것을 피하기 위해서 세부적인 내용에 대한 전문적인 기술은 상당 부분 포기했으며, 꼭 필요한 경우에는 관련성을 암시하는 정도로만 언급했다. 하지만 여기서 언급한 일반적인(학술적이지 않은) 내용들도 모두 폭넓은 문화학적 증명 자료들에 근거하고 있으므로 필요한 경우 언제나 학문적이고 비판적인 검토가 가능하다. 예를 들어 내가 '문화의 다양성'이라고 일반적으로 언급할 때 이것은 지구상의 모든 지역에 존재하는, 학문적으로 확보된 수많은 문화의 목록에 근거한 것이다.

이와 더불어 이 책에는 많은 사례들이 실려 있다. 나는 특히 아프리카의 문화를 자주 언급했는데, 내가 다년간 이 지역을 연구하고 주민들의 생활을 가까이에서 직접 경험한 탓에 이 지역의 문화를 비교적 정확히 알고 있기 때문이다. 내가 연구를 수행한 곳은 차드, 나이지리아, 수단 등과 같은 사헬 지방과 사하라 중부 및 동부 지역이다. 그 밖에도 나는 동남아시아에서의 체험과 나의 고향인 서유럽의 문화도 경험주의적 문화 연구의 시각에서 자주 이야기 속으로 끌어들일 것이다.

경제의 문화 − 문화의 경제

▶ 근엄하게 포즈를 취하고 있는 프랑스 국왕 루이 14세(1643~1715). 루이 14세에 대해서는 본문 40쪽 이하 참조.

▲ 서수단의 왕은 대중 앞에 나타날 때 반드시 온몸을 천과 장신구로 가린다. 왕의 행차 악사와 근위병, 환호하는 여인들이 뒤따르고 있다.

나는 누구인가? 인간이란 무엇인가?

이것은 인간이 지능을 소유한 이래로 줄곧 제기된 인류의 근원적인 물음이다. 지능을 지녔다는 것은 개념적이고 반성적으로 생각할 줄 안다는 뜻이다. 지능은 자신의 생각 과정을 되돌아보고 새롭게 평가하는 능력이다. 이런 방식으로 인간은 항상 되풀이해서 자신의 인간적 존재성을 확인한다. 이는 2001년 2월 12일 인간의 유전자가 마침내 해독되었다는 소식이 전해졌을 때도 그랬다. 이 소식은 기술문명이 지금까지 이룬 그 어떤 업적이나 발명보다도 더 사람들을 흥분시켰다. 각국의 정상들은 너도나도 카메라 앞에 나와 이 연구 성과를 직접 발표했고, 철학자들은 놀라움을 감추지 못했다. 사람들의 반응은 인류에 대한 낙관적 시각과 묵시록적인 두려움 사이를 오락가락했다. 그때까지 관심의 중심부를 차지하고 있던 전기통신, 우주 탐험, 신약 발명 등은 순식간에 뒷자리로 물러났다.

'나는 누구인가?' '인간이란 무엇인가?' 2~3백만 년 전 호모 에렉투스Homo erectus 시절부터 인간은 줄곧 이와 같은 질문을 스스로에게 던지며 자연사에서 문화사로 한 걸음씩 이행했다. 인간을 생물학자들은 '고등포유동물'로, 철학자들은 '문화적 존재'로, 종교인들은 '신과 같은 형상'으로 규정한다.

우선 '사실facts'부터 점검해보자. 인간의 육체는 생물학적으로 영장류의 포유동물군에 속한다. 이 육체는 생물학적 진화의 과정에서 생겨난 것으로, 한편으로는 대부분의 다른 포유동물들과 비슷하지만 다른 한편으로는 그것들과 근본적으로 다르다. 이런 유사성과 비유사성의 간격, 다시 말해 동물에 속하면서 동시에 속하지 않는 존재의 불일치는 인간의 오랜 문제며 문화를 통해서 끝없이 풀어나가야 하는 핵심적 과제다. 인간의 생물학적 진화에 대한 과학적인 증명은 찰스 다윈과 다른 과학자들에 의해서 19세기에 처음으로 이루어졌지만, 이와 결합된 인간의 정체성 문제는 그전부터 (아마도 처음부터) 항상 존재했을 것이다.

인류는 기본적으로 여자와 남자로 이루어져 있다. 그리고 모든 인간은 언젠가는 죽는다. 이것은 생물학적으로 확고하게 주어진 사실이다. 하지만 지능을 소유한 탓에 인간은 이런 육체의 생물학적 사실을 다른 영장류들처럼(지난 3백만 년 동안 발휘된 그 모든 문화적 창의력에도 불구하고 인간은 여전히 영장류의 탯줄에 묶여 있다) 간단히 받아들이지 못한다. 인류의 양성성과 유한성, 이 두 가지 사실은 문화사 전반에 결정적으로 각인되어 있으며, 이 땅에 살고 있는 모든 인간들의 생물학적이고 문화적인 발달을 지배한다.

생물학적 특성의 극복

우리가 문화라고 부르는 것은 자신의 생물학적 특성을 극복하려는 인간의 끊임없는 시도를 말한다. 이 시도는 부분적으로만 성공적일 수밖에 없다. 인간의 실존적 욕구 자체가 생물학적 특성을 지니기 때문이다. 인간은 다른 고등포유동물들과 똑같은 기본 욕구를 지녔고, 탄생-번식-죽음의 순환을 똑같이 겪는다. 오늘날까지 전해지는 인류의 문화사를 관찰해보면(이것은 물론 전체 인류 역사의 1퍼센트에 불과하다. 분명한 해석이나 해독이 가능한 정확한 사료가 전해지기 시작한 것은 고작 3만 년 전부터다), 인간이 지능을 사용한 까닭은 무엇보다도 생물학적 육체라는 주어진 '굴레'의 한계를 뛰어넘기 위해서였음을 알 수 있다.

도구의 발명도 신체기관의 생물학적 여건을 보완 또는 극복하기 위한 것이었다. 인간의 가장 오래된 발명품 중 하나인 돌도끼와 돌칼은 손을 인공적으로 보정하는 일종의 의수義手라고 할 수 있다. 인간의 손은 딱딱한 과일을 자르거나 죽은 동물의 고기를 잘라내기에는 매우 약했다. 사냥을 하기 위해서 인간에게는 몽둥이가 필요했다. 맨손으로 잡아죽일 수 있는 동물이 거의 없었기 때문이다. 먹을 수 있는 식물의 뿌리를 캐려면 땅을 파는 연장이 있어야 했다. 지금까지 알려진 인류의 제일 오랜 선구자들이 발명한 연장이나 도구는 모두 육체의 생물학적 여건을 개선하고 확장하려는 시도에서 나온 것들이었다. 이런 면에서 돌도끼에서 자동차나 비행기에 이르는 모든 기술적 성과들은 인간의 육체적 불완전성을 극복하기 위한 일종의 인공 보정기라고 할 수 있다.

생리학적으로 인간은 힘, 민첩성, 속도, 후각, 청각, 시각 등의 능력면에서 다른 고등포유동물들에 비해 많이 떨어진다. 두뇌의 지능과 그에 기초한 문화가 없었다면 호모 사피엔스Homo sapiens는 살아남지 못했을 것이다. 여기에 대해서는 나중에 좀더 자세히 언급하기로 한다.

인류의 지식 수준은 지능의 발달 정도에 맞춰 향상된다고 볼 수 있다. 하지만 인류의 역사가 진행되는 내내 항상 되풀이해서 지식의 소실이 발생했다(예를 들면 특정 인간군의 멸종을 통해서). 그러나 그 때문에 전체적인 지식의 축적이 결정적으로 훼손되는 일은 일어나지 않았다. 아마도 인간이 존재하는 한 이런 지식 축적의 과정은 결코 끝나지 않을 것이다. 이 과정의 궁극적인 목표는 생물학적 존재에서 문화적 존재로의 인류의 발전이다. 인류 최초의 사상가들도 이미 이 점을 알고 있었을 것이다. 문화사는 '동물로부터의 해방'을 갈구하는 이와 같은 노력의 역사다.

인류의 모든 창조 신화들은 각기 개별적인 차이와 다양성에도 불구하고 기본적으로 한 가지 테마를 공유한다. 바로 인간이 포유동물이 아니라 신적인 창조 행위에 의해서 생겨난 유일무이한 존재임을 서술하는 것이다. 이런 창조 신화의 극치는 무엇보다도 인간을 '신과 같은 형상'으로 묘사한 구약성서의 「창세기」다. '자연의 상태', 즉 생물학적 특성에 근거한 동물적 충동, 비합리성, 열정 따위의 지배력을 금욕적 생활태도를 통해서 극복하고 신에게 선택받은 '축복의 상태'에 도달하는 것을 목표로 하는 기독교의 발전은 이와 같은 창조 신화와 맥을 같이한다.

서양의 과학은 이런 종류의 설명들을 모두 증명 불가능한 신앙의 영역으로 치부했다. 현대적 인간의 모습은, 올더스 헉슬리Aldous L. Huxley가 묘사했듯이 "신체기관의 노예로 살아가는 지능"의 형태로 나타난다. 다시 말해서 앞에서 언급한 인간의 문제는 아직 미해결 상태로 남아 있다. 프리드리히 니체는 이렇게 말한 바 있다.

나는 너희에게 초인을 가르친다. 인간은 초월되어야 할 그 무엇이다. 그것을 초월하기 위해서 너희는 무엇을 했느뇨? 모든 존재들은 지금껏 자신을 뛰어넘는 어떤 것을 창조해왔다. 이제 너희는 이 위대한 흐름에 역행하여, 인간을 초월하는 대신에 다시 동물로 되돌아가고자 하는가? (『차라투스트라는 이렇게 말했다』, 1883)

니체를 문화진화론적으로 읽을 때 우리는 '초인超人'을 생물학적 결정론에서 벗어난 자유로운 존재로서 이해할 수 있다. 인류는 지역과 시대를 뛰어넘어 항상 이런 생각에 몰두해왔다.

하지만 생물학자들은(그리고 서구 산업문화에서 살아가는 수많은 사람들은) 다른 시각에서 본다. 현재 우리의 세계관은 자연과학적으로 맞춰져 있기 때문이다. 생물학자들은 지능과 감정을 오직 생물리학적이고 생화학적인 과정으로 받아들일 뿐이다. 요즘에는 사람 사이의 관계를 말할 때에도 '화학적으로 잘 맞는다(잘 맞지 않는다)'는 식의 표현을 즐겨 사용한다. 실제로 우리의 삶은 화학물질의 지배를 받고 있다. 따라서 '잘 맞는다'는 것은 삶이 쾌적하고 건강한 것을 뜻하고, '잘 맞지 않는다'는 것은 질병과 죽음을 뜻한다.

니노치카의 문제

이것은 에른스트 루비치Ernst Lubitsch 감독이 1939년에 만든 유명한 영화 「니노치카Ninotchka」의 문제이기도 하다. 소련 정치국 위원인 니노치카는 파리에서 '적대 계급'인 귀족 출신의 남자와 사랑에 빠진다(영화에서 니노치카의 역은 스웨덴 출신의 전설적인 여배우 그레타 가르보Greta Garbo가 맡았다). 이때 니노치카는 두 사람 사이에서 생겨나는 모든 감정은 단순한 화학적 과정에 불과하며 건강한 '시민적 사랑'과는 전혀 무관한 것이라고 설명하려 든다. 하지만 이런 '지식'도 그녀가 로맨틱한 사랑에 빠져드는 것을 막지는 못하여, 결국 니노치카는 짧은 행복에 뒤이은 기나긴 사랑의 고통을 맛보게 된다. 육체 내부의 물리적·화학적 과정에 대한 지식과 그에 근거한 사랑의 유물론적 이해는 실제로 벌어지는 사랑의 드라마에서 아무런 도움도 주지 못한다. 사랑하는 사람과의 이별 때문에 절망하고 있는 니노치카에게 호르몬 수치에 대한 지식이 도대체 무슨 도움이 되겠는가?

여기서 중요한 질문이 생긴다. 인간의 육체 내부에서 벌어지는 물리적이고 화학적인 과정들은 왜, 그리고 어떤 방식으로 하나의 감정으로, 예를 들어 '사랑'으로 전환되는가? 이런 감정은, 특히 심장 부위의 압박을 통해 잘 느낄 수 있는 감정은 뇌의 특정한 영역에서 통제한다는 사실은 이미 잘 알려져 있다. 하지만 그런 사실로써 인간이 행복이나 불행을 느끼고 미칠 듯한 사랑이나 질투에 빠지고 죽도록 절망하는 것을 모두 설명할 수 있을까? 심장이 '터져' 버려 결국 죽음에 이르는 이런 감정을 그것만으로 모두 설명할 수 있을까?

'사랑'은 순수하게 물리적이고 화학적인 과정과는 다른 것이다. 물론 사랑에 빠진 사람들이 암페타민과 같은 신경흥분제를 맞았을 때와 비슷한 행복감에 젖는 것이 실제로 페닐에틸아민의 작용 때문일 가능성은 있다. 이와 관련하여 이레노이스 아이블 아이베스펠트는 '호르몬 반응'의 가설을 발전시켰다. 그에 따르면 여자가 오르가슴을 느낄 때 옥시토신이라는 호르몬이 분비되어 "강한 개인적 결합을 준비시킨다"고 한다. 옥시토신은 출산 때도 분비되어

산모가 자신이 낳은 아이에게 각별한 애정을 느끼도록 만들며, 똑같은 방식으로 여자는 오르가슴 때 옥시토신을 분비하게 만드는 애인에게 그와 같은 애정을 느낀다고 한다.

하지만 이것은 매우 비약이 심한 가설이다. 게다가 이 가설의 근거라는 것이 고작 양과 염소를 대상으로 한 옥시토신 실험뿐이다! 우리는 당장 "그렇다면 남자는 어째서 옥시토신이 분비되지 않는데도 자기 품안에 안겨 있는 여자에게 그와 똑같은 사랑을 느끼는가?"라고 질문할 수 있다. "체험의 독특한 법칙성은 근본적으로 화학적이고 물리적인 법칙을 통해서가 아니라 신경생리학적 조직의 복잡성을 통해서 설명되는 것"이라고 생물학자이자 행동 연구가인 콘라드 로렌츠는 말한 바 있다.

자연법칙이 또한 문화법칙인가?

그렇다면 그것이 전부일까? 물론 그렇지 않다. 인간은 반성적 사고를 할 수 있게 된 이래로 줄곧 이렇게 대답해왔다.

"나는 단지 물질이 아니다. 나는 생명을 지녔으며 그것을 의식한다."

생명은 화학이나 물리학과는 다른 어떤 것이다. 생명은 뇌 속을 흐르는 전류의 다발과는 다른 어떤 것이며, 유전자 코드와도 다르다. 생명은 의미와 목적을 지녀야 한다. 여기서 종교가 생겨나고 철학적 사고체계가 생겨난다. 인간은 자신의 영혼을 발견했다. 영혼은 의식의 표현이며 생각과 감정의 표현이다. 영혼에 대한 생각은 과거와 현재의 모든 문화 안에서 발견된다. 그것은 보편적 인간성에 속한다. 종교와 철학은 문화적 진화의 중요한 발전을 뜻한다.

하지만 인간은 여기에 만족하지 않고 한 단계 더 나아가 물질로부터의 해방을 갈구한다. 이런 노력이 가장 멀리까지 진행된 형태를 우리는 몇몇 아시아 문화에서 발견할 수 있다. 그들은 정신적 수양을 통한 의식의 확장을 추구하는 데 다른 인류보다 한 걸음 앞서 나아갔다.

문화는 인간의 실존을 의미한다. 그리고 인간은 생명을, 생명은 변화를 의미한다. 그렇기 때문에 '변화를 위한 노력'이야말로 문화의 핵심적 성격이며, 문화적 진화의 역동성도 여기에서 기인한다. 그러므로 문화적 진화를 지배하는 것은 생물학적 의미의 '자연법칙'이 아니라 사고이며, 축적된 지식(긍정적 인식뿐만 아니라 오류까지도 포함한)이고, 인류사 안에서 이루어지는 다양한 변화다. 문화적 진화에 자연선택이란 존재하지 않는다. 다만 인간 지능의 한계만이 있을 뿐이다. 여기에 대해서 좀더 자세히 살펴보기로 하자.

생물학자들은 항상 이와는 다른 설명을 제시한다. 그리고 청중은 그들의 설명을 고맙게 받아들인다. 이는 인간이 자신의 존재에 대해서, 자신의 기원과 미래에 대해서 알고자 하는 영원히 해소되지 않는 욕구를 지니고 있기 때문이다.

사람들은 인간적 문화의 거의 모든 영역에(심지어는 문학과 음악에까지도) 생물학적인 뿌리, 즉 '발생사적 기원'이 존재한다는 주장을 그대로 받아들인다. 이것은 생물학적 행동 연구의 기본 가설이다. 여기서 종의 생물학적 진화는 문화의 발전 원리로서도 타당성을 지닌다. 과학과 문화학의 네트워킹으로 '지식의 통합'을 이루려는 생물학자 에드워드 윌슨Edward O. Wilson의 시도 역시 이 방향에 포함시킬 수 있다.

다윈의 '진화' 개념은 개체의 발생이 단순한 형태에서 복잡한 형태로, 낮은 차원에서 높은 차원으로 진행하는 것을 의미한다. 여기에서는 선택과 돌연변이가 중요한 역할을 한다.

이때 문제는 진화의 생물학적 원리가 실제로 생물학자들이 주장하는 것처럼 보편타당성을 지니는가 하는 것이다. 가령 단순성에서 복잡성으로, 낮은 곳에서 높은 곳으로 진행하는 진화론적 발생 원칙이 타당성을 지닐 수 있을까? 아마도 생물학에서는 진화의 순서가 모든 종에 적용될 수 있을 것이다. 하지만 인간의 문화와 행태에 담긴 다양성을 이 원칙으로 모두 설명하는 것은 가능해 보이지 않는다.

단순한/낮은 또는 복잡한/높은 문화란 도대체 무엇인가? 오늘날 사람들은 세계를 이른바 '제3세계'와 '개발도상국' 그리고 다른 고도의 문화를 지닌 '선진산업국가'로 분류한다. 하지만 나는 문화학자로서 경제적 통계에 근거한 그와 같은 분류에 동의할 수 없다. 고도의 산업화는 분명히 문화적 성과로 볼 수 있지만 그것은 문화적 진화의 수많은 가능성들 중 하나에 불과하기 때문이다. 선진산업국가로 인정받는 것이 지구상의 모든 인간에게 중심적 가치를 갖는 것은 아니다. 선진국에 살고 있는 사람들 중에도 그 가치를 더 이상 신뢰하지 않는 사람들이 점차 늘어나고 있다. 이것은 하위문화subculture와 대안적 생활방식들이 서양 사회에서(그리고 부분적으로는 동양 사회에서도) 인기를 끌고 있는 데서도 잘 나타난다.

그렇다면 아프리카의 부시먼들은 어떤가? 스스로 산족이라고 부르는 부시먼들은 인간적 행동방식을 연구하는 생물학자들이 가장 즐겨 다루는 탐구 대상이다. 이들은 정말로 '단순한' 문화, '원시적' 문화를 보여주는 확실한 사례일까? 당연히 그렇지 않다. 산족은 '원시적'인 문화가 아니라 '쇠락한' 문화일 뿐이다. 1,500년 전 반투족에 의해 침탈되기 전까지 산족은 남아프리카뿐만 아니라 동아프리카의 광활한 지역 전체에 걸쳐 거주하던 강성한 종족이었다. 그들은 아프리카에서 가장 의미 있는 사냥 문화를 형성하고 있었으며, 이는 그들이 문화사적 유산으로 남긴 동굴벽화에 잘 표현되어 있다. 17세기에 네덜란드계 백인인 보어인들이 들어오면서 산족의 문화는 결정적으로 종말을 맞게 되었다. 보어인들은 산족 사람들을 동물처럼 사냥했다.

얼마 되지 않는 살아남은 자들은 보어인들을 피해 칼라하리의 황량한 초원과 사막 지대로 이주했다. 이곳은 환경이 매우 척박하여 반투족이나 보어인들이 전혀 관심을 보이지 않는 땅이었다. 이곳에서 산족은 경제적으로 아주 밑바닥 수준의 생활을 영위하며 살아남았다. 이들이 역사적 운명으로서 자신들에게 남겨진 변두리의 척박한 생활공간에 적응할 수 있었던 것은 그 자체로 주목할 만한 문화적 성과다. 여기에 '원시적'인 것은 아무것도 없다!

더 좋은 사례도 있다. 바로 뉴기니의 고지대에 사는 파푸아족이다. 파푸아족은 1974년에 처음으로 외부에 알려졌기 때문에 그만큼 '손때가 묻지 않았다.' 특히 에이포의 파푸아족은 행동연구가들이 즐겨 다루는 준거집단reference group이다. 하지만 복잡한 농경사회를 이루며 살고 있는 이들의 문화는 전혀 '원시적'이거나 '저급'하지 않다.

그 밖에도 이른바 '원시문화'란 것을 찾아 세계를 좀더 둘러보면 남아메리카의 '야만적'인 야노마미족을 비롯해서 수많은 종족들을 만나게 된다. 이런 종족의 사람들은 코나 귀, 입술에 구멍을 뚫어 고리와 막대 모양의 장신구를 끼우거나 몸에 문신을 새기고 머리카락을 땋는 등의 형태로 몸을 치장한다. 서구에서 온 외지인들이 보기에는 매우 인상적이고 낯선 장면이지만 그렇다고 이것이 '원시적'이고 '저급'한 문화일까? 이런 것들이 종의 진화에 맞추어 낮은 차원에서 높은 차원으로 진행되는 문화적 발전을 보여주는 증거로서 과연 타당할까? 문화의 발전 단계를 우리는 무엇을 통해서 인식할 수 있을까? 구멍 뚫린 귀, 코, 입이나 문신 따위를 통해서? 하지만 이런 것들은 새천년이 시작된 오늘날 서구 사회의 청소년들에게서도 찾아볼 수 있지 않은가!

그러므로 이런 식의 물음들은 잘못된 것이 분명하다. 세계의 여러 문화에 순위를 매기는 증명 가능한 기준 같은 것은 애당초 존재하지 않는다. 예를 들어 선진산업국가들의 복잡하고 '발전된' 경제의 운영방식을 설명해주면 에이포 파푸아족 사람들은 '원시적'이라고 고개를 절레절레 흔든다. 물론 우리는 절대로 그렇게 생각하지 않는다. 그리고 다른 지역의 사람들이 자신들의 문화에서 중요하게 생각하는 것 또한 우리와는 다를 것이다. 따라서 문화적 맥락에서 어떤 것을 단순하게/복잡하게 또는 저급하게/고급하게 보게 만드는 객관적인 기준을 발견하는 것은 불가능하다. 또 생물학자들이 종의 발전을 설명하기 위해 마련한 단일한 진화의 원칙을 문화에도 똑같이 적용하는 것 역시 불가능하다.

그렇다고 해서 문화적 진화가 존재하지 않는다는 의미는 아니다. 당연히 문화적 진화는 존재한다. 문화는 정적인 것이 아니라 역동적인 것이기 때문이다. 문화는 끊임없이 변화한다. 어떤 변화는 쉽게 알아챌 수 있지만(예를 들어 우리가 동시대인으로서 직접 체험하는 사회적 가치들의 변화), 어떤 것은 변화를 확인하기가 무척 어렵다. 같은 문화라고 해도 어떤 영역들은 매우 오랜 지속성을 보이기도 한다. 가령 주거형태나 건축방식, 경작과 제작의 기술 등은 오랜 시간 동안 변하지 않고 유지된다. 이에 비해 정치체제나 종교는 빠르고 급격한 변화를 보인다. 아프리카의 차드에서 나는 근본주의 운동이 얼마나 짧은 시간 안에 전통적 종교체제를 개조시키는지 분명히 관찰할 수 있었다.

문화적 진화는 경제적·사회적·정치적 요인과 같은 내부적 원인으로 발생될 수도 있고, 주변 환경이나 역사적 사건과 같은 외부적 원인에 따라 촉진될 수도 있다. 세계 각 지역에서 수집된 수많은 문화학적 연구들이 보여주듯이 이런 내인적endogenic 요소와 외인적exogenic 요소들은 대부분 서로 밀접하게 결합되어 나타난다.

의미의 위기

근본적인 질문을 하나 던져보자. 인간은 다른 동물들과 마찬가지로 하나의 종에 불과한가? 인류 역시 생성과 소멸의 순환에 예속되어 있는가? 생물학자들에게 이 질문의 답은 분명하다. 인류의 유한성은 처음부터 명백하게 결정되어 있다. 문화 비판적 철학자들은 인류가 기술문명의 발달과 산업화의 결과로 점진적인 자멸의 길을 가게 되리라고 생각한다. 기독교, 유대교, 이슬람교는 최후의 심판을 통한 생물학적 인류의 종말을 선포한다.

그러나 그후 인류는 육체의 구속에서 벗어나 영원히 (영적인) 생명을 이어나가게 된다. 종말의 시나리오는 콜럼버스 이전의 멕시

코 아스텍 종교나 고대 오리엔트의 페르시아 종교에서도 나타난다. 게르만 신화에 등장하는 '신들의 황혼' 역시 종말을 뜻한다. 하지만 이 종말은 새로운 시작으로서 더 나은 세계로 이어진다.

인간은 유한한가, 아니면 무한한가? 신화, 예언, 학문적 예측 등이 여기에 대해서 뭐라고 말하든 간에 상관없이, 인간은 자신이 유일무이한 존재라고 확신한다. 생물학적으로 인간은 가장 고도로 발달한 포유동물로서 이미 생물학적 진화의 한계에 도달한 듯이 보인다(여기서 '보인다'는 표현을 사용한 것은 최근의 유전자 연구에 따른 인식이 계속적인 생물학적 진화의 가능성을 배제하지 않기 때문이다).

문화적으로 볼 때 인간은 문화적 수단을 통해서 생물학적으로 결정된 한계를 뛰어넘은 존재다. 지능을 통해 세계를 자기 뜻대로 만들어가는 인간의 행위는 우리가 알고 있는 그 어떤 법칙에도 종속되지 않는다. 문화적 발전의 이런 '무법칙성'은 인류에게 한 가지 문제를 안겨준다. 바로 인간적 실존의 의미에 관한 문제다. 이것은 또한 그 해답을 찾아야 하는 지성의 위기로 이어진다. 역사의 기록을 들추어보면 인류는 매 시대마다 새롭게 의미의 위기에 봉착했던 것을 발견할 수 있다. 아마도 이것은 선사시대에도 다르지 않았을 것이다. 이런 의미의 문제는 인간이 지능을 갖게 된 이후로 줄곧 있어왔을 터이기 때문이다.

종교가 생겨나게 된 것도 이런 의미의 문제 때문일 것이다. 인간이 존재한 이래로 종교는 줄곧 존재했으며, 앞으로 인간이 존재하는 한 종교는 계속 존재할 것이다. 태초부터 인간에게는 신과 혼령이 함께했으며, 인간은 자신을 '신과 똑같은 형상'으로 보았다. 신과 혼령들은 생물학적 육체에 묶여 있지 않으며, 그 덕택에 생물학적 인간에게 부여한 모든 한계와 고통에서 벗어나 있다. 이런 정신적 존재는 포유동물로서 인간에게 부과된 실존과 세계의 현실에 대한 반대 급부를 잘 표현해준다. 그것은 사유에 의해 선취된 문화적 진화의 목적지다.

경제 행위의 원칙

처음에 교환이 있었다. 교환은 참여한 사람들에게 이득을 안겨주었고 그와 함께 경제 행위가 시작되었다. 오늘날의 모든 경제 형태들은 바로 이 출발점에서 발전되었다. '교환'은 상호성reciprocity과 공명resonance을 뜻한다. 상호성은 인간이 지능을 통해 대칭 관계를 발견함으로써 가능했다. 중심점을 기준으로 동일한 상호질서가 가능하다는 인식은, 인류가 의식적으로 세계를 만들어나갈 수 있게 해준 기본적 발견 중 하나였다. 상호성과 공명을 통해서 인간의 문화적 행동이 시작되었다. 다시 말해 한 집단 속의 사람들을 서로 묶어주는 관계망이 생겨나기 시작했다. 혈연집단이나 정치집단 또는 다른 집단에서도 마찬가지였다. 이런 관계망은 종교의 초월적 영역에까지 이어져서 인간으로 하여금 초감각적 존재 또는 현상과 관계를 맺도록 해준다. 그 대표적인 예가 돌아가신 조상을 숭배하는 제례의식이다.

프랑스의 민족학자 마르셀 모스Marcel Mauss는 1925년에 이미 상호성이 갖는 의미를 인식했다. 사회적 관계 안에서 제공되는 모든 기여에는 반드시 보답이 따르고, 모든 행위에는 그에 상응하는 대가가 주어지게 마련이라는 모스의 주장은 레비 스트로스Lévi Strauss의 구조주의 이론에서 중요한 의미를 차지한다. 바꾸어 말하면 사회적 균형과 조화는 균등한 교환 관계에서 생겨난다고 할 수 있다. 이 규칙을 지키지 않고 오직 받기만 하려는 사람은 긴장과 갈등을 유발하게 된다. 사회 안에 이와 같은 규칙의 훼손이 누적될 때 위기가 발생한다.

하지만 이것은 절반의 진실에 불과하다. 사람들 사이의 상호관계는 물질적이고 비물질적인 가치의 균등한 교환뿐만 아니라 '공명'도 함께 요구하기 때문이다. 물리학에서 사용되는 이 개념은 고유 운동을 하는 입자들이 서로 접근하여 마침내 둘 사이의 거리를 극복하고 하나의 일치된 소리를 내게 되는 진동 운동을 가리킨다. 이때 새로운 성질을 지니고 고유한 리듬에 따라 진동하는 새로운 총체성이 생겨나게 된다. 신경생물학자 게랄트 휘터Gerald Hüther는 사랑에 관한 그의 물리학적·우주론적 이론을 공명을 통해서 다음과 같이 설명한다.

> 공명하려는 성향이 보편적 원칙으로서 받아들여질 수 있다면 사랑은 바로 이와 같은 원칙의 표현이자 목적이다.

여기서 휘터는 우주를 진동하는 입자들의 유기적 상호작용으로 기술한 분자생물학자 프리드리히 크라머Friedrich Cramer의 생각을 따르고 있다. 우리는 이 원칙을 경제 행위에 적용시킬 수 있다. 경제 행위는 항상 인간관계의 틀 안에서 발생하기 때문이다. 국가경제나 세계경제에서도 마찬가지다. 경제는 오로지 조화로운 환경 속에서만 성장할 수 있다.

사람들 사이의 조화로운 관계에는 (물질적·비물질적) 가치의 균등한 교환뿐만 아니라 공명도 필요하다. 모든 사회적 행위는 정서적 측면을 지닌다. 사람들의 모든 경제적 행위는 공명, 일치 또는 불일치, 만족 또는 불만족 등을 만들어내다가 결국은 다시 정서적 측면으로 되돌아간다. 경제적 관계는 사람이 지닐 수 있는 모든 종류의 감정을 포괄한다. '비즈니스 유전자'를 지닌 사람은 '이상적인 비즈니스'가 물건을 사고 파는 것에 국한되지 않는다는 것을 안다. 여기에는 모든 참여자의 긍정적인 내적 공명이 포함되어야 한다. 구멍가게에서 물건을 파는 상인과 고객의 관계에서부터 국가 간의 경제적 관계에 이르기까지 모두 마찬가지다. 즉, 교환된 재화의 가치가 서로 일치하는 경우일지라도 공명이 제대로 이루어지지 않으면 긴장관계가 형성된다.

경제는 감정과 밀접하게 연관되어 있고, 감정의 수용과 평가는 문화적으로 결정된다. 사람에게는 누구나 사랑, 미움, 연민 등 모든 형태의 호감과 혐오감이 존재한다. 하지만 한 문화 안에서 사랑이 무엇을 의미하는지, 어떤 것이 미움으로 이해되는지, 연민이나 다른 감정을 어떻게 생각하고 받아들이는지, 그런 감정들로부터 어떤 결과가 도출되는지 등등은 매우 다른 형태로 나타난다. 문화와 문화 사이에서 발생하는 수많은 오해들은 바로 여기에 기인하며, 이것은 또한 국제적 사업 관계에 의존하고 있는 많은 기업들이 안고 있는 문제이기도 하다.

상호성과 공명은 생물학적 진화론만으로는 납득할 만큼 설명되지 않는다. 이 두 가지 모두 인간적 지능이 필요한 전략이기 때문이다. 사람이 아무런 조건 없이 호감을 '선사'받을 수 있는 것은 젖먹이 시절뿐이다. 그후부터 사람들은 호감을 직접 획득해야만 한다. 가족들 사이에도 마찬가지다. 한 가족 내의 부모와 자식, 형제들 사이에 강력한 호감이 '천부적으로', 즉 생물학적으로 미리 주어진 형태로 형성되어 있으리라는 생각은 착각이다.

가족은 서로 사랑해야 할 의무가 있다고 사람들은 흔히 말한다. 하지만 이런 종류의 말은 오해를 불러일으키기 쉽다. 사랑은 의무로 부과될 수 있는 것이 아니기 때문이다. 사랑에 대한 강요는 있을 수 없다. 물론 가족 안에 서로를 돌봐야 할 의무는 존재한다. 특히 부모에게는 자식을 부양할 의무가 있고, 나중에 자식은 (그 보답으로서!) 늙은 부모를 봉양해야 할 의무를 갖는다.

그러나 자식에 대한 호감과 애정이 부모에게 부과된 '천부적 의무'이기 때문에 부모가 항상 그런 감정으로 자신을 대할 것이라고 믿고, 부모의 호감과 애정에 대한 보답을 계속 게을리 한다면 그 자식은 어느 날 믿는 도끼에 발등 찍히는 (최소한 스스로의 기대에 훨씬 못 미치는 호감을) 경험을 하게 될 것이다. 부모에 대한 자식의 애정이나 형제간의 애정도 마찬가지다. 사회에서 나타나는 가족 안에서 벌어지는 갈등은 대개 이런 착각에서 기인한다. 사회가 지닌 이상적인 가족의 모습은 가족의 모든 구성원이 끊임없이 서로에 대한 호감에 '투자'할 때만 현실로 나타날 수 있다.

투자는 상호성의 원칙에 기초한 경제 행위의 전략이다. 경제 행위는 결코 물질적 재화에 국한되지 않는다. 가족의 화목을 위해 '천성'으로부터, 즉 '천부적 사랑'으로부터 기대할 것은 아무것도 없다. '천부적 사랑'이란 애당초 존재하지 않기 때문이다. 사랑은 문화적 진화의 한 현상으로 등장했다. 사랑은 인간에 종속된 것이며 아마도 오직 인간에게만 있을 것이다. 내가 알고 있기로는 그 어느 누구도 이 지구상의 다른 생명체에서 사랑의 존재를 증명해내지 못했다. 그렇기 때문에 행동연구가들은 사랑을 생물학적으로 설명하는 데 큰 어려움을 겪는다. 사랑이 '어린 새끼 돌보기'에서 시작되었다는 가설이 있기는 하지만 이 또한 증명되지는 않았다. 사랑을 '개인적 결합'으로 정의한 것은 매우 포괄적이어서 연구에 아무런 도움도 주지 못한다. 사랑과 무관한 '개인적 결합'의 방식도 많기 때문이다.

콘라드 로렌츠는 사랑을 공격성에서 도출해냈다. 회색기러기들은 두 마리가 짝을 지을 때 다른 새들에게 위협적인 몸짓을 보임으로써 둘만의 방어 공동체를 형성하며, 이런 위협의 '의식'은 두 기러기를 평생 동안 한 쌍으로 묶어준다고 로렌츠는 주장했다. 그렇다면 이것이 사랑의 생물학적 기원일까? 그러나 로렌츠의 제자인 아이블 아이베스펠트는 이 주장에 대해 비판하기 시작했다.

인간은 놀이하는 존재다

경제 행위는 이익을 추구한다. 이것은 모든 시대의 모든 인간과 문화에 똑같이 적용되는 말이다. 이익 추구는 인간의 기본적인 특성이다. 비단 인간만이 아니라 다른 모든 생명체들도 나름대로의 형태로 이익을 추구한다. 이것은 생물학적 진화의 원칙이다. 문화적 진화도 역시 이익을 추구한다. 오해를 피하기 위해 한마디 덧붙이자면, 여기서 이익은 물질적 이익만을 의미하지 않는다. 넓은 의미에서 이익이란 아직 존재하지 않는 것을 얻기 위해 노력함으로써 기존의 것이 증대됨을 뜻한다. 그러므로 인식을 얻고자 노력하는 것도 이익 추구에 속한다. 예를 들어 '동물로부터의 해방'을 추구하는 문화적 진화의 모든 과정은 인간의 정체성과 관련된 이익 추구라고 하겠다.

'인간은 놀이하는 존재다'라는 말은 경제 행위의 이익 추구에 속하는 인간의 또 다른 기본적 행동방식을 표현해준다. 세계사와 문화사는 놀이에 대한 인간의 열정을 잘 보여준다. 여기서 '열정'이란 표현을 사용한 것은 인간의 내면에 정신적 놀이에 대한 충동이 존재하기 때문이다. 이러한 내적 충동은 행위의 가능성이 발견되는 순간 실제 행동으로 전환된다. 물론 이런 전환은 선택적으로만 이루어진다. 일부 극단적인 도박꾼들을 제외하면 인간은 대체로 주어진 놀이의 틀을 웬만해서는 벗어나지 않는 조심스러운 놀이꾼이다. 따라서 대다수의 사람들은 '위험의 최소화가 이익의 최대화에 선행한다'는 원칙을 고수한다.

인간의 '놀이본능'이나 '놀이충동'을 다룬 책은 이미 많이 나와 있으므로 여기서 자세히 다루지는 않기로 한다. 나의 주된 관심은 인간이 놀이꾼이란 것이 실제로 '천성적으로', 즉 유전적으로 주어진 본능에 속하는지의 여부다. 인간의 놀이는 근본적으로 호기심과 이기심에서 나온다. 호기심은 '정보에 대한 굶주림'을 의미한다. 호기심을 통해 인간은 주어진 한계를 뛰어넘을 수 있는 가능성을 탐색한다. 다른 생활공간으로의 '이주移住'는 가능성에 대한 호기심이고 놀이이자 적에 대한 도전이며 사회적 금기에 대한 의식적 파기다.

"무슨 일이 벌어지는지 어디 한 번 보자!"

호기심은 생물학적으로 주어진 발생사적 유산인가? 행동연구가들은 그렇게 주장하지만 그다지 설득력이 없다. 동물이 먹잇감의 흔적을 뒤쫓는 것도 호기심에 속한다는 설명 역시 나로서는 받아들이기 힘들다. 젖먹이가 이리저리 기어다니고 만지면서 주변의 사물을 익히는 것은 흔히 주장하듯이 '탐색'이나 '조사'의 행위가 아니다. 탐색이나 조사는 의식적으로 알고 있는 것(기존의 지식)을 미지의 것(가능성의 지식)과 연결시키는 사고의 과정을 의미하기 때문이다. 이것은 반성적 사고과정으로서 문화적 교육에 의해 얻는 것인데, 갓난아기는 아직 이와 같은 교육을 받지 않았으며 동물에게서도 그런 것이 증명된 바 없다.

호기심이 없었다면 문화적 존재로서의 인간도 존재하지 않았을 것이다. 호기심은 창조적 정신과 탐구정신을 위한 결정적인 요소이기 때문이다. 여기에는 다른 사람들에 대한 지식을 소유함으로써 권력 수단을 획득하고자 하는 욕망도 담겨 있다. 따라서 호기심은 인간 집단의 사회적 구조가 형성되는 데에도 본질적인 기여를 했다.

욕구의 진화

경제 행위는 인간의 욕구에 맞추어져 있다. 그렇다면 욕구란 무엇인가? 경제학의 이론들은 대개 '무한한 욕구'나(산업국가의 수요이론) 제3세계 국가들의 농업문화에서 발견되는 '단순한 욕구'를 상정한다. 이 부분에 대해서는 다른 곳에서 좀더 자세히 살펴보기로 하고, 지금은 경제 행위의 문화적 진화와 관련하여 이런 욕구가 수행하는 역할에 관심의 초점을 맞추도록 하겠다. 이를 위해 먼저 '욕구'라는 상당히 모호한 개념을 좀더 정확히 파악해야 한다.

'은밀한 장소' - 문화의 싸움터

인간의 일상은 전체적으로 생물학적 욕구에 지배된다. 아침에 일어나면 우리는 몸을 손질하고 생물학적 욕구를 해결하기 위한 일련의 문화적 용무들을 수행한다. 방광과 장을 비워내는 것은 포유동물로서 인간에게 부과된 피할 수 없는 행위다. 어느 문화에서건 인간은 이를 위해 집단에서 벗어난 외진 곳 또는 주거공간과 분리되어 특별히 마련된 공간을 찾는다. 대부분의 문화에서 이곳은 다른 사람의 눈길을 피할 수 있는 '은밀한 장소'로 여겨진다. 이곳은 그 존재를 가능한 한 감추어야 하는 불편하고 후미진 장소로서('뒷간'), 사람들은 이곳과 결합된 생물학적 욕구를 수치스럽게 생각하는 것처럼 보인다.

서구 문화에서는 관광객에게 궁전이나 성과 같은 역사적 건물을 보여줄 때 왕과 제후들이 기본적인 욕구를 해결하던 이른바 '은밀한 장소'로 데려가는 일은 극히 드물다. 수세식 변기가 발명되고 화장실의 시설이 호화롭게 발전되면서 비로소 동물적인 '장 비워내기'는 어느 정도 문화적인 형태를 띠게 되었다. 어떤 문화의 사람들은 그냥 동물들이 사는 '야외에서', 즉 인간의 문화적 영역 바깥에서 볼일을 본다.

아프리카 사바나 지역의 촌락에서 지낼 때 나는 아침마다 사람들이 뻔질나게 야외의 덤불숲으로 가는 것을 볼 수 있었다. '덤불숲bush'은 야만과 동물을 뜻하는 개념으로서 문화와 인간을 뜻하는 '마을'의 개념에 대비된다. 광활한 초원을 이동하며 살아가던 유목의 시대에는 '뒷간'을 따로 마련할 수 없었다. 그래서 사람들은 천막에서 조금 떨어진 들판에서 넓은 옷으로 엉덩이를 가린 채 쪼그리고 앉아서 볼일을 보았다. 사방이 트여 있으므로 쪼그리고 앉은 모습이 다른 사람들에게 노출되기는 해도 보여서는 안 될 중요한 부분은 넓은 옷으로 가려서 해결했다.

이슬람교도들이 입는 넓은 겉옷은 바로 이런 기능을 위해 만들어진 것으로, '교인'을 '이교도'와 구분해주는 역할을 했다. 이들에게 기독교도들은 서서 오줌을 누고 '동물처럼' 드러내놓고 볼일을 보는 야만인이었다. '교인'이라면 쪼그리고 앉아서 겉옷으로 엉덩이를 가린 채 욕구를 해결하는 것이 당연했다. 이교도는 문화가 없는 동물적 존재이며, 오직 교인만을 문화적이고 인간적으로 보는 이와 같은 차별은 아프리카의 모든 이슬람 사회에서 행해졌고, 이와 결합된 가치평가는 아프리카의 역사에서 자행된 수많은 사건을 합리화하는 근거로 제시되었다. 노예 제도를 예로 들면, 이교도 노예는 사람이 아니라 '물건'에 지나지 않는 존재였다(이런 표현은 많은 아프리카 언어에서 찾아볼 수 있다). 이것은 또한 인종 말살에 대한 합리화로도 작용했다. 기독교와 이슬람교는 이교도를 근절시킨다는 목표에서만큼은 수백 년 동안 일치했다. 1537년에 처음으로 교황 바오로 3세는 이교도를 '베리스 호미네스veris homines', 즉 '진짜 인간'으로 인정했다.

'똥오줌 가려누기'는 많은 문화권에서 '사회적 능력'을 가늠하는 전제 조건으로 작용한다. 한 사회의 성숙한 구성원이 되려면 배변에 대한 생물학적 욕구를 해당 문화의 규범에 상응하는 방식으로 반드시 처리해야 했다. 똥오줌을 못 가리는 젖먹이와 어린아이는 많은 문화권에서 (아직) 완전한 인간으로 간주하지 않는다. 이들은 말하자면 인간이 되기 이전 단계에 있다. 이런 아이들도 생물학적으로는 엄연히 호모 사피엔스에 속하는 존재이지만 문화를 지니지 못한 탓에 아직 '본래적인 의미에서의 인간'으로 볼 수 없다.

이런 사고방식을 보여주는 사례는 많다. 많은 문화권에서 젖먹이 때 죽은 아이에게는 다른 구성원들처럼 무덤을 만들어주지 않고 장례 절차도 생략한다. 이런 경우 죽은 아이는 별도의 어린아이 공동묘지에 묘비 없이 익명으로 묻히거나 주거 지역을 벗어난 '야외에' 그냥 매장된다. 또 많은 문화권에서 젖먹이 갓난아기를 죽이는 것은 사회적으로 용인된 행위인 반면, 똥오줌을 이미 가리기 시작한 아이를 죽이는 것은 살인을 의미한다.

식사의 기술

인간에게 음식의 섭취는 매우 까다로운 일이다. 생물학적으로 생명을 유지하려면 인간은 먹어야 한다. 하지만 음식을 먹으려는 욕구는 문화적으로 통제를 받는다. 인간의 문화적 에너지와 능력의 상당 부분은 양식을 얻는 데 사용된다. 먹고 마시는 것은 포유동물로서의 인간에게 피할 수 없는 일이다. 물론 음식을 (원칙적으로) 익혀서 먹는다는 점에서 인간은 다른 동물들과 결정적으로 구분된다. 이런 점에서도 불의 사용은 인간적 문화의 가장 중요한 요소를 차지한다.

그러나 음식을 아무리 익혀서 요리한다 해도 인간은 '동물처럼' 먹는다. 인간도 여느 포유동물과 똑같이 음식을 (크건 작건) 쩝쩝 소리를 내며 씹고 삼킨다. 먹고 마시는 동물적 행위를 문화적인 것으로 만들기 위해서 모든 문화에서는 이른바 식사예법이라는 것을 고안해냈다. 이에 대해서 프랑스의 문화인류학자 레비 스트로스는 매우 의미 있는 책을 쓰기도 했다. 각 문화의 식사예법은 제각각이지만 모두 같은 목적을 지니고 있다. 그것은 식사를 문화적 행위로서 동물의 생물학적 과정으로부터 분리시키는 것이다.

인간도 먹어야 한다. 하지만 인간은 '잘' 먹기를 원한다. 만족스러운 식사는 국제무역을 생겨나게 한 중요한 자극 중 하나였다. 향신료(특히 소금)의 발견은 음식문화의 진화를 위한 획기적인 전환을 가져다주었다. 향신료의 거래와 더불어 세계무역이 시작되었다! 특정한 향이 가미된 매력적인 식사는 17세기에 이른바 '발견의 시대'가 도래하는 데 커다란 역할을 했다.

대부분 이름 모를 요리사들이 이루어낸 식사문화의 발전은 인간의 삶을 쾌적하게 만드는 데 익히 알려진 획기적인 발명들보다 훨씬 더 많은 기여를 했음이 틀림없다. 식사습관과 요리법은 사회적 관계를 투영하는 거울과 같다. 2백 년 전까지만 해도 서구 문화에서는 귀족의 식탁과 농사꾼이나 노동자의 식탁은 재료의 종류와 먹는 방식에 따라 확연히 구분되었다. 그후 사회가 변화하면서 오늘날 이런 구분은 더 이상 존재하지 않게 되었다.

사회계층의 구분이 뚜렷한 인도, 인도네시아, 남아메리카 등지의 문화에는 '계층별 음식'이 존재하기도 한다. 예를 들어 인도네시아의 귀족들은 아무리 배가 고파도 농사꾼들의 음식으로 배를 채우지 않는다. 유럽의 문화에는 '계층별 음식'은 없지만 차이가 분명 존재한다. 그것은 유럽인들의 식사습관을 채식, 친환경식, 패스트푸드 등으로 구분했다. 이렇듯 음식의 섭취는 문화에 따라 다양한 형태이지만 근본적으로는 여전히 생물학적 과정에 머문다.

이런 구분과 제한에 만족하지 못하는 문화권에서는 더 나아가 식사를 금기나 수치심과 결부시켜 통제했다. 대표적인 예가 식사 때 남자와 여자가 함께 자리하지 못하게 하는 것이다. 아프리카에서 우리 부부는 (대부분 젊은) 남자들이 내 아내와 함께 식사를 하느니 차라리 굶는 쪽을 택하는 경우를 자주 경험했다. 이런 종류의 수치심에 따른 통제는 동성의 젊은이와 늙은이 사이에서도 나타난다. 예를 들어 아프리카에서는 시어머니와 며느리, 장인과 사위 사이에 이런 금기가 작용하는 것을 자주 볼 수 있다.

이와 관련하여 사하라 지역의 투아레그족에게서는 아예 입 자체를 금기시하는 현상도 나타난다. 이곳의 성인 남자들은 입을 (종종 코까지) 천으로 가리고 다니는 풍습이 있다. 이들은 먹고 마실 때도 천으로 입을 가려 남에게 보이지 않도록 신경을 쓴다. 이것은 남자로서의 정체성을 보여주는 확고한 표시이자 자신을 꾸미는 장식 수단으로서 고대 리비아 문화에까지 거슬러 올라가는 매우 오랜 관습이다.

몸을 가린 왕

수단 지역의 아프리카 국왕들은 대중 앞에 나타날 때 항상 눈 밑까지 몸을 감싼 채 등장한다. 온몸은 넓은 천으로 겹겹이 휘감겨 있고 발에는 긴 장화를 신고 있기 때문에 한 군데도 맨몸이 그대로 드러난 부분이 없다. 다시 말해 왕의 생물학적인 육체는 화려한 옷과 장신구로 모두 가려져 있다. 이렇듯 아프리카의 왕은 인간의 생물학적 여건을 모두 감춘 인공적인 형상으로 백성들 앞에 나타난다. 이때 생물학적 인간은 문화적 인격체인 '왕'으로 완전히 바뀌어 있다. 왕을 보는 사람들은 누구나 그 속에 자신들과 똑같이 생리적 욕구에 복종해야 하는 인간의 육체가 감추어져 있음을 알고 있지만, 이런 인식은 왕이라는 문화적 형상과 궁중의 화려한 의식에 묻혀 사라지고 만다.

이방인의 눈에는 이런 것이 기만이나 '정치적 쇼'에 지나지 않지만, 왕을 포함한 당사자들에게는 생물학적 육체가 문화적 형상으로 바뀌는 변형을 의미한다. 이런 변형은 수단의 왕뿐만 아니라 서양의 역사에 등장하는 지배자들에게도 볼 수 있다. 궁정화가들이 그린 초상화들을 한 번 보라. 왕의 육체 중에서 우리가 볼 수 있는 것은 오직 얼굴뿐이고 다른 부위들은 모두 가려져 있다. 옷, 장갑, 망토, 모자, 장신구 따위가 온통 그림을 뒤덮고 있다. 이런 초상화에서 중요한 것은, 아이블 아이베스펠트가 생물학적으로 해석했듯이 "수컷다운 위압적 행동의 유발"이 아니라 왕을 모든 생물학적 육체성을 초월한 형상으로서 문화적으로 연출하는 것이다.

이와 관련하여 에른스트 칸토로비츠Ernst H. Kantorowicz의 「왕의 두 육체」에 관한 연구는 시사하는 바가 많다. '왕의 두 육체' 개념은 영국의 엘리자베스 1세 여왕(1533~1603) 시절에는 확고한 정치적 도그마로 작용하기도 했다. 생물학적 육체가 문화적 제도로 바뀌는 이와 같은 변형은 태곳적부터 세계의 여러 문화에서 찾아볼 수 있다. 이때 왕은 유한한 생물학적 육체와 불멸의 정치적 육체를 갖는다. 이런 사고 패턴은 나중에 '국가의 불멸성'으로 전환된다.

위장의 전략

몸을 가리는 옷의 발명은 문화인으로 나아가는 문화적 진화의 결정적인 발걸음을 뜻한다. 선사시대를 연구하는 학자들의 주장처럼 실제로 인간은 날씨 때문에 옷을 발명했을 수도 있다. 하지만 이것은 단지 한 가지 측면에 불과하다.

생존을 위해 옷이 필요하지 않은 지역에서도 인류는 옷을 만들어 입었다. 인류가 동아프리카의 열대기후에서 탄생한 것이 사실이라면 옷의 발명도 생물학적 필요에 따른 것이 아니라 '동물적' 육체를 가리려는 욕구에서 비롯되었다고 봐야 한다. 아마도 인류는 아주 초기부터 '문화적 피부'인 옷이 몸을 가릴 뿐만 아니라 장식하고 변형시킨다는 사실을 발견했을 것이다. 사람들은 미적으로 부족하게 느껴지는 육체적 특징을 감추고 바람직하게 작용하는 다른 특징을 더욱 효과적으로 부각시키는 방향으로 자신의 몸을 연출했다.

오늘날 서구 문화의 유행을 선도하는 사람들은 이 점에서 탁월한 능력을 발휘한다. 예를 들어 어깨와 목을 노출시키는 데콜테 decollete 패션은 여자들이 자신을 표현하는 일종의 커뮤니케이션 수단으로 기능한다. 이를 통해서 여자들은 자신이 누구인지(누구이고 싶은지), 상대방이 언제 어떤 방식으로 자신에게 접근하길 원하는지 등의 메시지를 전한다. 목을 완전히 가린 보수적 스타일에서부터 가슴을 온통 드러낸 도발적인 패션에 이르기까지 데콜테를 통해서 전달되는 문화적 코드의 형태는 아주 다양하다.

성적 표현을 연출하는 문화적 전략은 엉덩이와 허벅지 부위의 패션에서도 찾아볼 수 있다. 이것은 남자와 여자 모두에게 적용된다. 몸에 딱 달라붙어 근육질의 엉덩이를 그대로 드러내는 남자 바지와 같이 몸매를 강조하는 패션은 디스코 시대에 처음으로 생겨난 것이 아니다. 18~19세기의 돈 많은 여자들은 상당한 양의 옷감과 재단이 엄청 복잡한 화려한 치마를 입고 다녔다. 그래서 이런 옷은 상류층의 신분적 상징이기도 했다. 이것을 아프리카나 태평양 지역의 여자들이 춤출 때 입는 깃털치마와 비교하는 몇몇 생물학자들의 시각을 나는 상당히 미심쩍게 생각한다. 이들은 여성의 엉덩이 부위를 가임기可姙期 여성의 성적 징표로 간주한다. 아이를 잘 낳을 것 같은 넓은 골반은 여자의 뛰어난 생산력을 담보하는, 이른바 '종족 보존 능력을 알리는 기능'을 지니고 있다는 것이다. 하지만 나는 이런 주장에 큰 의구심을 갖는다. 엉덩이를 흔드는 여자를 보고 흥분한 남자는 머릿속으로 그 여자와의 은밀한 관계를 상상하지, 그녀와 아이를 갖고 싶다는 생각을 하지 않는다. 또 엉덩이를 열심히 흔들어 남자를 혼란에 빠뜨리는 여자 역시 일차적으로 에로틱한 경험을 꿈꾸지, 임신을 바라지는 않는다.

그러므로 에로틱한 문화적 전략의 첫 단계에 '짝짓기 행동mating behavior'이라는 생물학적 개념을 적용하는 것은 다소 지나치다고 생각한다. 게다가 이런 문화적 행동방식이 인류의 발생학적 유산

투아레그족의 아메노칼(부족연합의 추장). 본문 104쪽 이하 참조.

으로 보아야 할 만큼 널리 확산되어 있는 것도 아니다.

위압적 행동

어깨 부위를 강조하는 남성적 패션이 여기에 해당한다. 군복, 사제복이나 법복, 다양한 형태의 예복 등은 보잘것없는 몸매에 당당한 풍채를 부여하도록 재단되고 장식된다. 이런 종류의 남성적 자기 연출은 명백히 문화적 특성이 있다. 하지만 생물학자들은 여기서도 발생학적 유산을 보려 한다. 그들은 어깨를 강조한 의상의 기원을 유인원 조상들의 어깨를 뒤덮고 있었을 털에서 찾았다. 물론 이 가설은 입증되지 않았다.

화려한 제복·허리띠·견장·장식줄·모피 모자 등 동서양을 막론한 군인들의 의상, 인도의 커다란 깃털 왕관, 수많은 문화에서 나타나는 전쟁 문신 등과 같은 문화적 현상들을 생물학자들은 발생사적 유산으로 해석하려 한다. 이들은 '위압적 행동'이라는 개념을 통해서 공작의 화려한 깃털이나 사슴의 뿔 등으로 대표되는 동물의 위협적이고 성적인 행동을 인간에게로 전이시키려고 한다. 로렌츠의 주장에 따르면, '유기적 자연의 근본적인 법칙성'은 '인간의 문화적 발전에도 똑같이' 적용되기 때문이다.

그러나 여기에는, 앞으로 살펴보겠지만 근본적인 오류가 담겨 있다. 세계 어느 곳에서든 전쟁에 참여하는 남자들은 특별한 복장과 장식을 몸에 걸친다. 그렇다면 화려한 제복이나 깃털 왕관, 문신 따위의 기능이 실제로 행동연구가들의 주장처럼 '위압적'으로 자신을 내보이기 위한 것일까? 만약 그렇다면 그들은 누구에게 자신을 내보이려는 것일까? 똑같은 방식으로 치장한 적에게? 싸움에서 그런 것에 기죽을 전사는 아무도 없다! 그렇다면 여자들에게? 그럴 수도 있다. 하지만 군인 제복이 그런 목적으로 발명되지는 않았을 것이다! 전사의 몸치장은 생물학적으로 설명되지 않는다. 동물들은 전쟁을 모른다. 전쟁은 문화적 진화로 생겨난 현상이다.

이 문제를 이해하려면 먼저 전쟁과 전사의 기능이 무엇인지 알아야 한다. 전사戰士는 사회의 보편적인 가치('살인하지 말라!')와 목적('되도록 오래 살아남기 위해 노력하라!')에 모순되는 행동을 하는 사람들이다. 이 모순은 전사를 사회로부터 분리할 때만이 해결된다. 그래서 사람들은 전사의 존재에 다른 본질을 부여한다. 전쟁이 지속되는 동안 전사에게는 평소의 모든 가치들을 무시하는 것이 허락된다. 전사의 복장과 장식은 그가 '사회로부터 분리'되었다는 외적 징표다. 생물학적인 '위압적 행동'과는 아무런 관계도 없다. 생물학자들의 오해는 대부분 제복의 형태가 실제로 동물을 모범으로 삼아 만드는 경우가 많다는 사실에 기인한다.

오해의 소지가 없도록 한마디 덧붙이자면, 나는 특정한 신체 부위가 성적 신호로 기능하며 이것이 발생사적 유산에 속하리란 사실을 전적으로 부정하지는 않는다. 그러나 인간이 이런 신호들을 사용하는 방식에는 명백하게 문화적 진화의 특성들이 나타난다. 옷은 모든 '동물적 요소'를 감춰주긴 해도 그 때문에 성적인 신호 작용이 축소되지는 않는다. 오히려 인위적인 재단을 통해서 그런 작용을 더 강력하게 만들 수도 있다.

여자들이 코사지corsage로 가슴의 성적 신호 작용을 강화시키는 것을 우리 사회는 용인한다. 재단 기술을 통해 가슴을 이상적인 형태로 보이도록 만드는 것도 가능하다. 남자들의 바지도 엉덩이나 성기 부위를 두드러지게 강조하도록 만들 수 있다. 오늘날의 서구 문화는 이런 것들을 모두 허용한다. 하지만 여자가 공공장소에서 가슴을 그대로 드러내거나 남자가 엉덩이를 노출한 채 다니는 것은 문젯거리가 된다. 감춘 상태에서는 모든 것을 두드러지게 강조하는 것은 괜찮다. 문화적이기 때문이다. 하지만 벌거벗은 것은 '동물적'이므로 관습에 어긋난다.

탈인간화

강제로 벌거벗기는 것은 굴욕과 처벌의 수단이다. 옷을 강탈당한 인간은 자신을 문화적 존재로 만들어주는 겉모습을 상실한 것과 다름없다. 벌거벗은 채로 사람들 앞에 서는 것은 포유동물의 생물학적 속성으로 되돌아간 것을 의미한다. 승자의 승리는 곧 패자의 굴욕이다. 이런 예를 보여주는 이야기는 아주 많다.

영국의 귀부인 레이디 고다이바Lady Godiva에 대해 노래한 영국의 시인 테니슨Tennyson의 발라드는 유명하다. 이 여인은 코번트리 시를 다스리는 폭군인 남편 레오프릭 백작에게 도시에 부과한 과중한 세금을 줄여줄 것을 부탁했다. 그러자 남편은 벌거벗은 채로 말을 타고 도시를 통과한다면 그 요청을 들어주겠다는 굴욕적인 조건을 제시했다. 레이디 고다이바는 이 굴욕을 받아들였다. 현명한 시민들은 그녀가 나체로 도시를 통과할 때 모두 문을 닫고 쳐다보지 않음으로써 굴욕을 승리로 탈바꿈시켰다. 굴욕은 이제 백작의 몫으로 떨어졌고 고다이바는 오늘날까지 축제를 통해 기억되는 민중의 영웅으로 떠올랐다.

아르투어 슈니츨러Arthur Schnitzler는 「엘제 양Fräulein Else」이라는

단편소설에서 남자들에게 인기가 많은 젊고 아름다운 한 여인에 관해서 이야기한다. 여자는 구애를 거절당한 한 남자로부터, 그녀가 벌거벗은 모습으로 자신 앞에 선다면 그녀의 아버지가 처한 경제적·사회적 파산의 위기를 모면하게 해주겠다는 협박을 당한다. 여자는 어쩔 수 없이 그의 요구에 따르지만 스스로 '탈인간화'로서 받아들인 나체의 굴욕을 정신적으로 극복하지 못하고 결국 죽음을 택하게 된다.

구약성서에는 노아의 아들 함에 관한 일화가 기록되어 있다. 함은 아버지가 술에 취해 벌거벗은 채 잠들어 있는 모습을 우연히 목격한 뒤에 이를 형제들에게 말한다. 함의 형제들은 아버지의 벌거벗은 모습을 보지 않으려고 뒷걸음으로 다가가 아버지의 몸을 천으로 덮어드린다. 잠에서 깨어난 노아는 이 이야기를 듣고 이스라엘 민족의 금기를 깬 함과 그 자손에게 저주를 내린다.

중세에 '동물적 나체'는 마녀를 상징했다. 마녀는 '동물적인 도취' 속에서 벌거벗은 채 악마와 교접을 했다.

최근의 예로는 차드 북부 사하라 지역의 티베스티 산악 지대에 거주하는 부족인 투부족에게 일어난 사건을 들 수 있다. 1965년에 차드공화국에는 커다란 소요가 발생했다. 사하라 북쪽의 투부족은 여기에 참여하지 않았지만 권력층들은 몹시 예민해진 상태였다. 그러던 중 1965년 9월 바르다이 오아시스에서 문제가 발생했다. 밤에 춤을 추다가 투부족의 청년들과 군인들 사이에 싸움이 벌어진 것이다. 투부족 청년들은 군인 한 명을 칼로 찔러 죽이고 다른 세 사람에게도 큰 상처를 입혔다. 다음날 아침, 이 사실을 알게 된 군대 지휘관이 그곳에 있던 투부족 사람들을 모이게 한 뒤 남자와 여자를 가리지 않고 모두 벌거벗긴 채 군인들 사이를 지나가게 했다. 이때 군인들은 나체의 투부족 사람들을 채찍과 몽둥이로 때리고 대검으로 찌르며 상처를 입혔다. 이 사건은 투부족에게 커다란 분노를 불러일으켰다. 투부족에게 사람들이 보는 앞에서 벌거벗도록 강요하고 동물처럼 채찍으로 때린 것은 죽음보다도 더 끔찍한 일이었다. 투부족은 그들의 명예를 짓밟은 국가를 상대로 일제히 봉기했고, 반군 편에 가담하여 정부군을 무너뜨리는 데 결정적으로 공헌했다.

자기 피부를 인위적으로 꾸미는 것도 옷과 같은 역할을 한다. 1959년, 내가 백나일강White Nile의 딩카족 부락에서 머물고 있을 때 그곳 사람들은 대부분 나체로 다녔다. 그들은 아랍이나 유럽의 옷을 잘 알고 있었지만 입기를 거부했다. 그들은 옷을 입는 사람은 병이나 신체적 장애를 감추려는 의도가 있다고 생각했다. 하지만 그들은 자신이 벌거벗었다고는 생각하지 않았다. 그들의 몸에는 장식용 부조가 새겨지고 문신이 그려져 있었으며 장신구들이 치렁치렁 매달려 있었다. 이런 것들은 다른 문화에서의 옷과 마찬가지로 동물적 육체성을 인위적으로 변화시키는 기능을 했다.

레비 스트로스는 『슬픈 열대』라는 책에서 브라질의 카두베오족 인디언을 대상으로 같은 주제를 다루었다. 카두베오족 인디언들은 문신을 극도로 완성된 형태로 발전시켰다. 그들은 이런 '이교도적 관습'을 없애려는 선교사들의 시도에 완강히 저항했는데, 인간이 되기 위해서 카두베오족은 몸에 반드시 문신을 그려 넣어야 했기 때문이다. 이들에게 문신은 인간을 동물과 구분시켜주는 것이었다.

▶ 일본의 화가는 화려하고 풍성한 옷을 통해 에로틱한 장면을 그려내고 있다. 본문 53쪽 이하 참조.

▼ 브라질의 카두베오족 여인의 얼굴 문신.

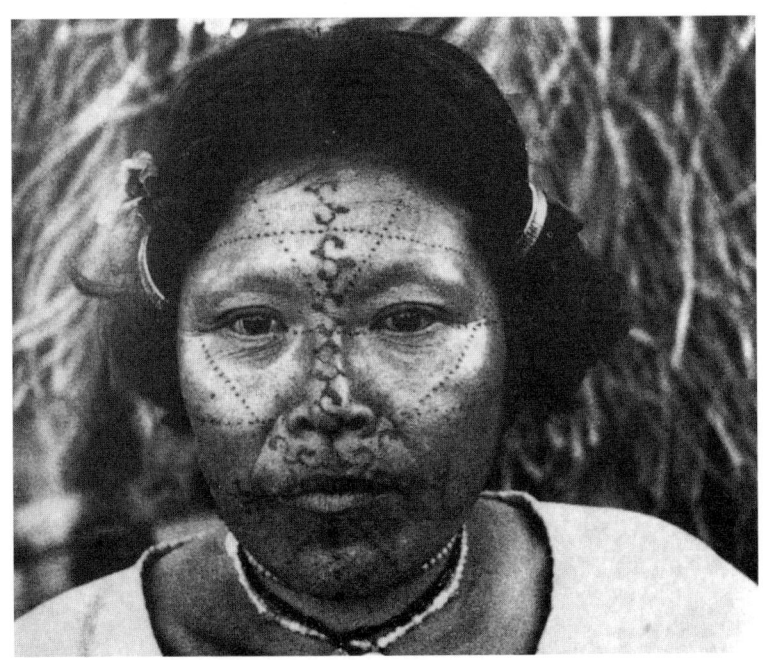

사랑이란 무엇인가?

사랑은 무엇이며 성性과는 어떤 관계인가? 사랑은 세계의 모든 문학과 연극, 오페라, 영화 등의 중심 테마다. 화가나 조각가도 사랑을 창작의 중요한 테마로 다룬다.

대부분의 사람들이 사랑에서 관심을 갖는 것은 파트너적 측면, 즉 이성간의 관계다. 다시 말해서 일차적으로 중요한 것은 에로틱한 감각적 사랑이다. 하지만 그것만이 전부는 아니다. 감각적이고 성적인 사랑은 대개 새로운 생명을 탄생시키기 위한 짝짓기 행동과 관련이 있는 것으로 묘사된다. 이는 동물이나 인간이 모두 마찬가지다.

인간 파트너간의 성적 결합은 원칙적으로 다른 포유동물들의 짝짓기와 똑같이 진행된다. 이것은 그 어떤 행위보다도 확실하게 인간으로 하여금 포유동물과의 친근성을 의식하게 해준다.

이 과정에서는 모든 문화적 요소들이 벗겨져 나간다. 이 과정은 벌거벗은 채, 즉 생물학적으로 원초적인 상태에서 이루어진다. 성교하는 인간의 모습은 기이하고 종종 당혹스러운 광경을 연출한다. 문화적 존재로서의 인간은 도대체 어디로 가버렸는가? 인간으로서의 위엄과 체면은 모두 어디에 있는가? 그 사람의 성행위 모습을 담은 사진이나 영상보다 더 좋은 협박의 자료는 없다. 그래서 마피아나 비밀정보국은 자주 이런 수단을 사용한다. 하지만 쾌락의 감정은 수치심이나 당혹감보다 더 강하다. 사랑의 행위를 통해서 도달하는 오르가슴에는 비단 육체적인 만족뿐만 아니라 (이상적인 경우에는) 강렬한 행복감과 정서적 결합의 느낌이 뒤따른다. 그리고 인간이 가질 수 있는 최고 형태의 친밀감을 느끼도록 해준다.

성과 에로틱의 연출

성행위는 어떤 문화에서든 폐쇄적 공간에서 이루어진다. 사람들은 대개 캄캄한 밤을 택한다. 왜 그래야 할까? 아침이나 오전 시간이 차라리 더 나을 텐데 말이다. 성행위를 하려면 몸에 활력이 필요한데, 하루 종일 일을 한 뒤 휴식을 취해야 하는 저녁때보다는 잠을 자고 난 바로 다음이 훨씬 더 좋기 때문이다. 그럼에도 대부분의 문화에서는 성행위의 시간으로 밤을 선호한다. 포유동물들은 일반적으로 낮 시간을 이용해서 짝짓기를 한다. 다시 말해서 밤을 선호하는 인간의 취향은 우리의 동물 선조들로부터 유전적으로 물려받은 것이 아니다. 인간의 성행위와 동물의 성행위에서 유일한 공통점은 교접의 물리적 과정뿐이다.

포유동물들의 성행위는 대부분 상당히 신속하고 '시시하게' 이루어진다. 소리는 거의 내지 않는다. 어떤 수말들은 사정을 할 때 간혹 눈동자가 돌아가기도 하지만 암말들은 그와 유사한 어떤 반응도 보이지 않는다. 이것은 발생사적으로 인간과 매우 가까운 원숭이의 경우도 크게 다르지 않다.

반면 성행위를 할 때 인간이 연출하는 에로틱을 생각해보면, 포유동물의 성과 인간의 성이 정말로 생물학자들이 주장하듯이 아무런 문제없이 서로 비교될 수 있는 것인지 의심스러워진다. 정말로 인간은 행동연구가들의 주장처럼 성에서 '문화적으로 길들여진 영장류'에 불과한 존재일까?

폐쇄적 공간, 은밀함, 어둠 등은 어느 문화에서건 성행위의 에로틱한 연출이 만족스럽게 이루어지기 위해서 필요한 외적 요소로 꼽힌다. 생물학자들은 이것을 성교 중에 외부의 공격을 받아 위험에 빠지는 것을 막기 위한 장치로 설명한다. 하지만 이것을 입증하는 문화학적 증거는 전혀 없다.

이런 외적 요소들이 필요한 이유는 오히려 인간의 수치심에서 찾아야 한다. 수치심은 생물학적으로는 설명되지 않는 문화적 행동이다. 모든 생명체 중에서 오직 인간만이 수치심을 느낀다. 수치심은 특히 '동물적'으로 간주되는 행동방식과 밀접한 관계가 있다. 이 점은 에로틱한 나체에서도 잘 드러난다. 우리는 성행위를 할 때 평소에 교묘하게 감추었던 신체적 단점이 드러남에도 불구하고 옷을 벗는 것을 당연하게 여긴다.

에로틱한 관계에서 나체가 포기할 수 없는 한 부분이라는 것은 이제 우리 사회의 문화적 규범이 되었다. 이것은 비단 서구 문화에만 국한된 것이 아니라 대부분의 인류 사회에 적용되는 사실이다. 성행위가 성공적으로 이루어지기 위해서는 '짝짓기의 원초적 상태'가 요구된다는 것이다.

그런데 이런 일반적인 설명이 과연 사실일까? 평소에 항상 옷을 입은 채 생활하며 나체를 '동물적'이라고 여기는 사람들이 파트너 앞에서 거리낌없이 나체를 드러내기란 쉬운 일이 아니다. 사회의 미적 이상에 부합하는 잘 빠진 몸매를 지녔다면 얘기가 다르겠지만 대부분의 사람들 몸은 그런 완벽함과는 거리가 멀다. 성인들은 누구나 그러한 '진실의 순간'을 경험한다. 처음으로 함께 벌거벗었을 때의 놀라움이란!

사람들은 또한 이런 위기의 순간을 극복하는 저마다의 전략을 갖고 있다. 문화는 그들에게 다양한 도움의 손길을 제공한다. 향수를 뿌리거나 상대방의 관심을 특정한 신체 부위로 향하도록 '포인트'를 주기도 하고, 아예 문신을 새기거나 화려한 보석으로 치장하기도 한다. 진주목걸이, 금줄, 보석 허리띠 등 여자들이 그런 순간을 위해 몸에 두르는 장신구들은 많은 문화에서 공통적으로 나타난다. 에로틱 지침서들에는 이런 상황에 대처하는 상세한 설명과 충고들로 넘쳐난다.

그러나 어떤 문화에서는 나체의 동물성이 도저히 극복할 수 없는 문제로 간주되기도 한다. 이런 곳에서는 성행위를 할 때 육체를 가리는 것이 사회적 규범으로 자리 잡고 있다. 이들은 성교를 위해 불가피한 성기만 노출을 허락한다. 인도에서는 낮은 카스트에 속하는 힌두교 여자들의 경우 성행위를 할 때 옷을 벗어서는 안 된다고 한다.

17~19세기 사이에 그려진 일본의 춘화春畵들을 보면 성행위를 하는 사람들이 대부분 화려한 옷을 겹겹이 입고 있는 모습으로 등장한다. 이런 의복은 그림에서 에로틱한 장면을 연출하기 위한 중요한 요소로 사용되기도 한다. 이때 벌거벗은 몸은 옷 속에 감추어진 채 성희의 본질적인 요소로 감촉된다. 사무라이는 심지어 검을 허리에 찬 채로 성행위를 한다. 그림 속의 묘사가 당시 일본인들의 실제 성행위와 일치하는지 어쩐지는 알 수 없다. 하지만 적어도 그림을 구입하는 사람의 취향과는 일치한다고 보아야 할 것이다.

에로틱을 배제한 채 후손을 생산하고자 했던 기독교의 경건주의자들은 온몸을 다 가리는 긴 잠옷을 벗지 않은 채로 성행위를 했다. 북아메리카의 어떤 인디언 부족은 이보다 더 엄격했다. 이 부족들의 남자는 자기 아내와 잠자리에 들 때 이른바 '순결의 이불'이란 것을 여자에게 덮어씌운 다음 중간에 난 구멍으로 자기 페니스를 집어넣어 성교를 했다. 이 보조 수단은 성행위를 하는 동안 다른 신체 부위가 서로 닿는 것을 막아주었다.

수치심은 사랑이 어둠 속에서 벌어지는 이유를 부분적으로밖에는 설명해주지 못한다. 여기에는 또 다른 이유가 있다. 몸을 더듬으며 서로를 탐색하고 자극하고, 더 본질적으로는 금기를 넘어서고자 하는 것이다.

모든 문화에서 성기 부위는 신체의 금기 영역이다. 이 부위를 가리지 않은 채 일상생활을 영위하는 사회는 거의 찾아볼 수 없다. 나체로 살아가는 것으로 알려진 부족들도 성기만은 가린다. 남자들은 일종의 성기 주머니를 착용하고, 여자들은 간단히 국부만을 가리는 앞치마를 이용한다. 이런 사회에서도 성기 부위는 금기 영역에 속한다. 성인들 사이에서 다른 사람의 성기를 만지는 것은 허용되지 않는다. 이것은 인류의 보편적인 문화적 금기로서, 문화사의 시작과 더불어 아주 먼 옛날부터 줄곧 지켜져 오고 있다.

성기 부위를 이렇듯 금기로 여기는 이유는 과연 위험 때문일까? 아니면 그 부위가 신성하기 때문에? 중요한 번식기관이 마법이나 다른 힘을 통해서 해를 입을지도 모른다고 생각했을 수도 있다. 그러나 수치심도 한몫을 했을 것이다. 여러 문화에서 이 부위를 '치부恥部'라고 표현하는 것은 이와 무관하지 않다.

성기를 손으로 부드럽게 만지는 것은 서구 문화에서는 에로틱한 행위의 하나로 받아들인다. 하지만 다른 문화에서도 모두 그런 것은 아니다. 가령 손으로 성기를 만지는 것이 금기시되는 문화도 많다. 또 서구인들은 당연한 것으로 여기는 많은 행위들이 다른 곳에서는 허용되지 않는다. 그중 한 예가 입이나 다른 '성감대'에 키

스하는 것이다.

　인간은 새로운 것을 만들어내기를 좋아한다. 에로틱의 연출에서도 예외가 아니다. 접촉의 금기도 그렇게 극복되었다. 차드 중부 지역에 거주하는 당갈리트족 여인들은 좋아하는 남자의 페니스를 발기시키기 위해서 땅콩기름을 바른 모피 조각으로 페니스를 쓰다듬는다. 나는 이 부족의 남자들이 자기가 얼마나 여자들에게 인기가 있는지를 자랑하기 위해 다리 사이가 기름으로 흠뻑 젖었다고 떠벌리는 것을 들은 적이 있다. 이는 맨손으로 만지는 것을 금지하는 그 금기를 극복하기 위해서 만들어낸 문화적인 에로틱의 한 예라고 하겠다.

　실제로 성적 결합이 이루어지는 순간에는 종종 모든 종류의 금기가 허물어지기도 한다. 이 단계에서는 대개 개인적 취향이나 소망이 문화적 규범보다 더 강력하게 작용하기 때문이다. 에로틱의 문화사를 관찰해보면 어느 시대 어느 지역을 막론하고 인간들은 가능한 한 모든 문화적 방식을 이용하여 성행위를 해왔음을 알 수 있다. 한계는 오로지 인체의 해부학적 구조에 의해서만 주어졌다.

　성행위 지침서들에 흔히 등장하는 '체위'들은 각 문화마다 독자적인 형태로 재생되어 나타난다. 물론 모든 정보가 다 주어지는 것은 아니다. 각 문화마다 몇 가지 '기본 체위'에 국한되는 성행위 규범들이 있기 때문이다. 하지만 이런 규범을 과감히 뛰어넘어 에로틱한 상상력을 마음껏 발휘하는 사람들 또한 어떤 문화에든 있게 마련이다.

▲ 차드의 티베스티 지역에 거주하는 투부족의 남자와 여자, 본문 47쪽 이하 참조.

▶ 장신구로 치장한 당갈리트 족 여인.

육체의 사슬

일상의 노고, 삶에 동반되는 물리적·정신적 고통, 고도의 문화적 발명들이 없었다면 생존할 수 없었을 육체의 불완전성에 대한 체험 등은 모두 유토피아의 환상과 천국에 대한 갈망에서 생겨난다. 이런 종류의 사고 패턴은 세계 어느 곳에서나 발견할 수 있다. 생물학적 육체성에서 벗어나 새롭고 영원한 낙원에서 살아가는 삶에 대한 인간의 동경은 보편적으로 존재한다.

그러나 이 새로운 삶은 오직 죽음을 대가로 해서만 얻을 수 있는 것으로, 대부분의 사람들에게는 너무 높은 대가다. 그래서 그 대안으로 제시된 것이 고대의 황금 시대나 성서의 낙원과 같은 역방향의 유토피아를 만들어내는 것이다. 곧 태초의 인간은 죄를 짓고 낙원에서 추방된 뒤 그 벌로 인간적 실존의 고통을 감내하며 지상에서 살아가야 한다는 것이다. 이런 생각의 기저에는 초기 인간의 완전성이 신화로 자리 잡고 있다. 신화의 근거를 캐묻는 것은 물론 허락되지 않는다.

또 하나의 대안은 '더 나은 세계', '이상적 사회'에 대한 비전이다. 이런 종류의 비전은 비단 서양의 정치 제도나 철학, 종교에서만이 아니라 모든 인간 사회에서 발견할 수 있다. 하지만 '이상적 사회'도 그 어떤 사회적 조건보다도 더 강력한 힘을 발휘하는 생물학적 육체성으로부터 인간을 해방시켜주지는 못한다. 예를 들어 부를 통한 빈곤의 타파와 같은 생활조건의 근본적 개선도 육체의 불완전성 속에서 살아가야 하는 인간적 실존을 털끝만큼도 바꾸어놓을 수 없다.

서구 산업문화에서는 육체를 변하지 않도록 그대로 유지시키거나 원하는 대로 바꾸어주는 서비스 업종이 발달했다. 성형외과, 피트니스 센터, 피부미용 관리실 등이 좋은 예다. 현대 의학은 병들거나 노화한 기관을 교체하고, 약해진 뼈를 금속 재료로 대체하는 기술도 발전시켰다. 심장 박동의 리듬을 기계적으로 또는 화학적으로 조작하여 정상적 수치에 근접시키거나 아예 심장 자체를 교환하는 것도 가능해졌다. 시인들은 이제 자신만의 감정을 표현하는 것으로 '심장' 말고 새로운 개념을 찾아내야 할 것 같다. '타인의 심장'이 자기 감정 세계의 중심에 있을 수는 없는 일 아닌가?

성형수술로 얼굴이 바뀐다면 그 사람의 정체성도 달라지는 것은 아닐까? 어쨌든 생활 감정의 일부가 달라질 것은 분명하다. 수술이 성공적으로 끝난다면 말이다. 만약 수술이 잘못된다면 변화는 단지 거기서 그치는 것이 아니라 삶을 완전히 재난에 빠뜨릴 수도 있다. 늙어 죽을 때까지 오랜 삶을 살고(이런 사람은 점점 더 많아진다) 충분한 돈과 시간 그리고 상처가 아물 때까지 기다릴 수 있는 인내심이 있다면, 사람들은 이제 평생 동안 여러 개의 얼굴을 가질 수 있다. 프랑스의 행위예술가 올랑Orlan은 자신의 얼굴을 작품으로 삼아 일종의 해프닝을 벌이기도 한다. 올랑은 성형수술을 통해 자신의 모습을 예술사의 유명한 인물들과 비슷하게 변형시킨다.

여기서 우리는 문화적 발전에는 언제나 시행착오와 오류가 존재했다는 주장을 펼칠 수도 있다. 또 가능한 한 모든 것을 실현시키는 것이 과연 의미 있는 일인가라는 식의 문제를 제기할 수도 있다. 하지만 지금 우리가 문제 삼고 있는 것은 그 안에서 드러나고 있는 시대 정신, 즉 유전적으로 주어진 육체의 특성을 문화적 수단을 통해서 '세계로부터' 제거하려는 노력이다.

이런 방식으로 변형된 육체는 '자연적(생물학적)'인가, 아니면 '인위적(문화적)'인가? 여기서 우리는 인간의 육체가 오직 창조자인 신의 모습과 똑같을 정도로 성공적이고 완벽한 것으로 여겨졌다는 사실을 다시 한 번 상기해야 한다. 성서에서는 신이 자신의 모습을 본따서 인간을 만들었다고 말한다. 인간의 모습이 신과 같다는 것이다! 얼마나 대담한 주장인가. 하지만 이것은 개체로서의 인간은 불완전하며 부족한 존재라는 수많은 현대 의학적 연구 결과에 배치된다. 의학적으로 볼 때 인간의 육체는 신과 닮았다고 하기에는 상당히 문제가 있다.

인위적으로 의식을 확장시킴으로써 (부분적이고 일시적으로, 그리고 당연히 가상적으로) 자신의 육체성을 극복하려는 보편적 욕구는 이와 같이 도달할 수 없는 비전을 실현시키려는 일종의 보상 행동이다. 마약이나 환각제는 이런 바탕에서 생겨나서 사용되었다. 이는 특정 식물성 물질의 단순 복용에서부터 복잡한 제조 공정의 발명과 마약과 관련된 하위문화의 탄생에 이르는 광범위한 영역을 포괄한다.

동물적 육체를 뒤로하고 의식의 또 다른 차원으로 진입하여 달리 체험할 길이 없는 미지의 감정을 소유하려는 욕구는, 그것을 자의적으로 통제할 수 없게 되는 순간 중독으로 바뀐다. 그 결과 인간의 정신은 생물학적 존재의 현실에서 완전히 벗어나게 된다. 이런 마약에 손대는 사람이 사회 안에 소수라도 존재하는 한 갈등은 피할 수 없다. 이 경우 사회적 환경은 마약중독자라는 낙인과 차별로 반응한다. 이에 대한 반작용이 의도적 이탈과 하위문화의 탄생이다. 하위문화의 구성원들 역시 그에 상응하는 외모의 연출을 통해 스스로 경계를 긋는다.

가상의 세계

마약을 통해 인간 실존의 생물학적 현실로부터 도피하는 것과 텔레비전에서 보여주는 가상적 현실 사이에는 문화적인 연관성이 존재한다. 현대적 산업문화 안에서 살고 있는 사람들은 매일같이 아무 때나 단추 하나만 누르면 현실을 임의로 재구성하는 장면들을 소비할 수 있다. 이런 장면들은 실제로 존재와 허상을 구별할 수 없을 정도로 서로 뒤섞여 있는 가상적 세계를 만들어낸다. 텔레비전을 보면서 진짜와 가짜, 현실과 가상의 경계를 인식하는 사람은 없다.

무엇보다도 오락성을 중요하게 여기는 텔레비전의 화면에는 온갖 허구들이 넘쳐난다. 이는 전 세계적 현상인 교육성 부재의 결과다. 소수의 전문가를 제외한 나머지 사람들은, 평범한 일상의 체험보다 훨씬 더 강력하게 자신의 소망에 부합하는 세계의 모습을 눈앞에 펼쳐 보이는 시청각 매체의 본질에 대한 통찰을 그 어디에서도 얻을 수 없다. 새로운 계몽이 필요하다. 이성의 능력을 통해 미디어의 가상적 세계를 올바르게 받아들이는 비판적 정신이 다시 요구된다.

철학자들은 언제나 생각이 곧 인식은 아니라고 말한다. 정보는 아직 지식이 아니다. 산업사회에 이르러 미디어가 발전함에 따라 흘러넘치는 정보의 홍수는 이를 잘 보여준다. 요즘 들어 부쩍 늘어난 '문화'라는 표현의 사용에 힘입어 '미디어 문화'의 개념도 등장했다. 보고 듣기는 인간이 지닌 생물학적 지각 능력의 기본 요소들이다. 하지만 미디어에 의해 생산된 대량의 시청각 정보들은 더 이상 지식으로 연결되지 못하고 부분적 시각 장애와 청각 장애를 일으킨다.

날마다 아침부터 저녁까지 끊임없이 음악이 울려나오는 매장에서 일해야 하는 판매원은(이것이 판매를 촉진시킨다고 주장하는데, 실제로 증명된 사실일까?) 음악을 더 이상 듣지 못한다. 부분적 청각 장애의 상태인 셈이다. 텔레비전이 하루 종일 틀어져 있거나 시각적 화면이 항상 배경을 장식하고 있는 곳에 있는 사람들 또한 이런 그림의 홍수에 반쯤 장님이 된다. 포르투갈의 노벨문학상 수상 작가인 주제 사라마구José Saramago는 장편소설 「눈먼 자들의 도시」에서 사람들이 문화적 장님이 되어가는 과정을 언급한 바 있다. 한 인터뷰에서 사라마구는 이렇게 말했다.

우리는 점점 더 많이 볼 수 있지만 더 적게 봅니다. 우리는 점점 더 많이 보지만 더 적게 인식합니다……

인조인간

텔레비전의 문제는 멀티미디어 기술의 발명과 함께 이제 다른 차원에서 재현된다. 이 (부분적으로만) 새로운 기술의 생산자들이 자신의 제품을 광고할 때 기술·과학·교육 영역의 건설적 기능보다 오락적 차원의 기능을 더 중요하게 내세운다는 사실은 현대 서구 문화의 특징이다. 이들이 만들어낸 전자적 '가상 인간'이 히트송들을 멋지게 불러대는 사이버걸cyber girl이라는 점은 이를 잘 보여준다. 일본에서 탄생한 사이버걸은 교토 데이트Kyoto Date라는 영어식 이름으로 불린다. '팝 문화의 디바'로 선전되고 있는 사이 버걸에서는 인조인간 '호문쿨루스homunculus'에 대한 인류의 오랜 꿈이 드러나 있다. 인조인간은 생물학적 육체가 없는 백 퍼센트 문화적인 피조물이다.

 미국에서는 인공두뇌학적 유기체, 즉 사이보그CYBORG(Cybernetic Organism)를 만들어냈다는 소식이 들려온다. 사이보그 개념은 미국인 작가 도나 해러웨이Donna Haraway의 에세이 「사이보그의 출현Cyborg Manifesto」에도 등장한다. 여기서 해러웨이는 사람들이(아니면 오직 미국인들만이?) 자기도 모르는 사이에 이미 사이보그가 되었다고 주장한다. 그러므로 사람들은 이제 인간의 육체를 '생명을 지닌 한 성분'으로, '인공두뇌학적 커뮤니케이션 시스템'으로 보아야 한다. 해러웨이는 페미니스트의 미래적 비전을 픽션과 사실의 잡종인 사이보그에서 찾는다. 그녀에게 사이보그는 문화적 존재인 인간에게 생물학적 육체성을 통해서 덮어씌운 모든 한계, 즉 포유동물로서의 인간이 지닌 모든 한계를 뛰어넘는 존재를 의미한다.

 이런 생각은 몹시 매력적이지만 단지 생각의 유희에 그칠 뿐이다. 컴퓨터라고 막연하게 지칭되는 전자기계는 아무리 뛰어난 능력을 지녔다고 해도 놀이기구에 지나지 않는다. 이 기계는 사람들(더 정확히 말하면, 이런 기계를 조작할 줄 알고 또 그럴 시간이 충분한 사람들) 안에 내재된 놀이에 대한 열정을 전례를 찾아볼 수 없을 정도로 크게 일깨워놓았다. 인간은 원래부터 놀이를 좋아하는 존재다. 누구나 이미 알고 있듯이 말이다.

자원의 진화

▶ 일본에 있는 어느 정원에 꾸며진 '인공적 자연.'

▼ 사하라 사막 파치 오아시스의 한 가족.

지구는 누구의 것인가?

인간은 지구라는 행성이 '마치' 자신들의 것인 양 행동한다. 하지만 그렇지 않다는 사실을 그들도 잘 알고 있다. '마치'라는 표현은 여기에 해결될 수 없는 문제가 담겨 있음을 보여준다. 해결될 수 없는 문제에 부딪힐 때 사람들은 종종 '마치'라는 표현을 통해서 문제를 덮어버리는 전략을 사용한다. 지구의 소유도 그런 문제에 속한다.

지구에는 인간 종 이외에 수많은 종의 생명체들이 살아가고 있다. 그것들은 모두 이 땅에 대해 인간과 똑같은 권리를 요구할 수 있다. 그것들은 그 권리를 비록 언어적이고 법적인 방식으로 표현하지는 않지만(이런 것은 오직 인간만이 할 수 있다) 엄연히 존재하며 또 요구할 수 있다. 사람들은 대개 이런 종류의 요구가 자신들의 소유권을 위협한다고 생각하여 걱정을 하고 화를 낸다.

이는 특히 동식물이나 곤충, 미생물 따위와 끊임없이 씨름을 해야 하는 농부들에게 해당된다. 이런 생명체들은 농부들의 경작지를 자신들의 생활공간으로 요구한다. 대부분의 나라에서는 이런 '해충'들을 화학적 방법을 동원하여 제거하는데, 이 방법은 경작물에도 유해한 영향을 준다. 해충들은 대부분 완전히 근절되지 않고 어딘가에 살아남아서 증식한 뒤에 다시 경작물에 침투하기 때문에 화학물질의 사용은 점점 더 빈번해질 수밖에 없다.

유럽의 농부들은 일정한 시간 간격을 정해놓고 때가 되면 화학물질을 경작지에 뿌린다. 이들이 과연 자신들의 행위를 땅을 놓고 벌이는 인간 대 다른 생명체의 싸움으로 인식하는지 어쩐지는 잘 모르겠다. 하지만 아프리카의 농부들은 들판의 곡식이 익어갈 무렵이면 새떼와 원숭이, 영양, 기린, 코끼리 따위에 맞서 수확물을 지키려고 매번 엄청나게 힘든 싸움을 벌인다. 노인네부터 어린아이까지 걷고 소리칠 수 있는 마을 사람 모두가 들판으로 나가서 잠시도 한눈팔 새 없이 감시를 한다.

야생동물을 쫓아내는 가장 효과적인 방법은 소음이다. 그래서 사람들은 북이나 양철통, 솥뚜껑 등 시끄러운 소리를 낼 수 있는 물건들을 들고 가서 두드려댄다. 이런 소음은 새들을 쫓아내기는 하지만, 고작 근처의 나무까지 도망가게 하는 게 전부다. 새들은 소음이 멎으면 곧 다시 곡식이 있는 곳으로 접근한다. 영양이나 기린도 소음으로 쫓아버릴 수 있다. 하지만 원숭이는 사람들의 전략을 곧 간파하여 소음에 아랑곳하지 않고 곡식을 약탈한다. 그러면 사람들은 나무나 창, 돌멩이 등을 가지고 원숭이를 공격하여 죽이거나 때려서 쫓아내야 한다. 그러나 원숭이들은 멀리 도망가지 않고 근처에 있다가 사람들이 물러가거나 밤이 되면 다시 돌아온다. 그렇다면 코끼리는 어떨까? 이놈들은 아무것도 두려워하거나 신경 쓰지 않고 경작지를 하나씩 차례로 황무지로 만들어버린다. 총을 쏘거나 여러 사람이 무리를 지어 횃불을 들고 위협하면 비로소 물러난다. 다른 모든 동물들처럼 코끼리도 불을 두려워한다.

자신의 수확물을 지키기 위해서 농부들이 경작지에서 다른 생명체들과 벌이는 싸움은 그 밖에도 또 있다. 땅에서 곡식들이 싹을 틔우고 자라나듯이 그 사이사이로 잡초들도 싹을 틔우고 자라난다. 이런 잡초들로부터 곡식을 지키는 유일한 방법은 잡초를 제거하는 것뿐이다. 이것은 쉴 새 없이 달려야 하는 장거리 경주와도 같다. 농부는 빠르게 자라나는 잡초들이 상대적으로 성장이 더딘 경작물들을 완전히 뒤덮어버리기 전에 제거해야 한다.

씨 뿌리기에서 시작하여 수확으로 끝나는 농토에서 펼쳐지는 드라마는 자기가 사는 땅에 대한 소유권을 주장하는 사람들을 이해하는 열쇠다. 그리고 땅과 함께 그 안에 있는 모든 생명체들도 그들의 소유다. 물, 나무, 풀, 흙 등 모든 자원이 그들의 것이다. 이런 총체적인 요구와 더불어 사람들은 한시도 마음 편할 날이 없다. 땅에는 온갖 힘들이 가득하다. 그것은 뿌려진 씨앗의 싹을 틔우고 줄기를 자라게 하고 꽃을 피우고 열매를 맺게 한다. 거기에는 축복, 저주, 행복, 절망이 모두 담겨 있다.

많은 언어에서 땅은 여성으로 표현된다. 여성과 땅을 본질적으로 유사하게 파악하는 것은 전 세계에 널리 퍼져 있는 사고방식이다. 땅은 풍요로운 생산성과 순환성을 뜻한다. 모든 생명은 땅에서 나서 다시 땅으로 돌아간다. 사람들은 예로부터 유난히 땅에 집착했다. 이는 현대 산업사회를 살아가는 사람들도 마찬가지다. 이들은 이제 자기가 사는 땅을 경제적 재화의 하나로 여기고 상품처럼 거래하는 데 익숙하다. 하지만 그것은 수많은 제약이 따르는 특별한 종류의 상품이다. 아직 지구상의 어떤 사회나 국가에서도 땅의 임자라고 자기 땅을 자기 마음대로 할 수 있는 곳은 없다.

땅은 인류가 가장 열망하는 중요한 경제적 재화다. 그래서 태곳적부터 사람들은, '땅이 어떤 집단이나 개인의 소유물이 될 수 있을까? 땅은 모두의 소유물이자 어느 누구의 소유물도 아닌 게 아닐까?' 하는 물음을 던지곤 했다. 아직도 많은 문화가 이런 의미에서 땅을 신성시하고 있다. 그래서 땅을 단지 개인 소유물로 파악하는 서구 자본주의 세력이 진출하려고 할 때 갈등이 빚어지곤 한다. 나는 아프리카에서 이런 광경을 여러 번 보았다. 이것은 그 밖의 수많은 지역에서도 자주 발생하는 문제로서 경제적 세계화를 통해 한층 더 첨예화되고 있다. '땅'과 관련된 다양한 문화적 측면들을 아프리카를 예로 들어 설명하기로 한다.

아프리카에서 땅은 전통적으로 경제적 교환가치의 범주에 들지 않는다. 아무도 땅을 사고 팔거나 선사할 수 없다. 땅은 오직 후손에게 대물림될 뿐이다. 유산으로 물려받은 땅은 대체로 거주지와 신화적으로 결합되어 있다. 땅은 아프리카에서 (그리고 다른 대륙의 여러 문화에서) 촌락을 이루고 농사를 지으며 살아가는 물질적 토지만을 의미하지 않는다. 땅은 여성적 신성神性으로 간주되며, 숭배를 통해 이 신성과 일정한 관계를 맺고 있는 사람들만이 지속적인 거주자로서 그 안에서 살아갈 권리를 갖는 비물질적 측면도 지닌다. 이런 제례적 관계는 처음 그 땅의 소유권을 획득한 사람들의 직계 후손들에 의해 계속 이어진다.

민족학자들이 대개 '추장'이라고 표현하는 사람들의 지위는 바로 이런 제례의식을 주관하는 역할과 결합되어 있다. 추장의 지위를 계승한 남자 또는 여자에게는 땅에 대한 사용권도 함께 부여된다. 이 권리는 그 땅을 지속적으로 그리고 직접적으로 사용한다는 조건하에서 승계된다. 그러므로 땅을 사용하지도 않으면서 소유하는 형태의 권리는 여기서는 존재하지 않는다(이와 비슷한 조항은 옛

게르만족에게서도 찾아볼 수 있다). '추장'은 비록 땅의 주인이지만 땅을 팔 수는 없다. 그러므로 그들은 땅의 상징적인 소유주로 이해되어야 한다. 다시 말하지만 땅은 그 위에 거주하는 모든 사람들의 소유다. 이것은 하나의 신성이 그것을 믿는 모든 사람에게 똑같이 소유될 수 있는 것과 같다. 아프리카의 많은 지역에서 이런 기본 원칙은 오늘날까지 그대로 유지되고 있다. 물론 이것이 서구적 형태의 토지소유권을 인정하는 국가들의 현대적 토지법과 중복되는 경우도 있다. 하지만 아프리카인들에게 땅과의 신화적 결합은 '영원한' 것이다.

주로 문제가 되는 곳은 일찌감치 유럽의 식민지주의자들이 이주하여 농장을 건설한 동아프리카와 남서아프리카 지역이다. 아프리카 원주민들은 이제 이러한 농장들을 다시 자신들의 소유로 바꾸고 있다. 물론 그에 대한 보상은 없다. 아프리카인들이 이해하는 바에 따르면, 유럽인들은 그 농장들의 땅을 결코 소유한 적이 없기 때문이다. 그들에게는 단지 그 땅을 일시적으로 사용하도록 허락되었던 것일 뿐이다.

여기에는 처음부터 오해가 있었다. 유럽인들이 식민지를 개발하기 위하여 원주민의 우두머리들과 맺은 이른바 '보호조약'이라는 것은 오직 유럽적인 법 개념에 근거하고 있으며, 이에 대한 아프리카인들의 이해는 전혀 달랐다. 이것은 유럽인 농장주들이 행한 '토지 거래'에서도 분명하게 나타난다. 아프리카인들은 백인 농부들이 이런 방식으로 땅에 대한 자신들의 권리를 완전히 빼앗아 갈 것이라는 사실을 곧 알아차렸지만 식민지 시대가 끝날 때까지 이를 묵인할 수밖에 없었다. 식민지 정부의 권력에 대항할 실제적인 힘이 없었기 때문이다. 아프리카 원주민들이 토지소유권을 주장하며 백인 농장주들에게 맞서 싸웠던 케냐의 마우마우 봉기를 비롯한 저항 시도는 모두 실패로 끝났다.

하지만 식민지 시대의 종말과 새로운 아프리카 국가들의 독립도 전통적인 토지소유권의 회복을 가져다주지는 않았다. 권좌에 오른 아프리카인 엘리트들은 도처에서 예전 식민지 지배자들의 모범을 그대로 답습하며, 그들이 한때 그토록 거세게 저항했던 식민지 구조를 유지했다.

예전에 '식민지적 착취'라고 불렸던 것은 이제 '현대적'이란 수식어로 미화되고 있다. 그 단적인 예가 토지사유화의 계승이다. 땅은 이제 상품으로서 신흥 부자들의 투기 대상이 되었다. 이들은 막대한 양의 토지를 마음대로 주무르는 국가로부터 헐값으로 사들여 식민지 시대부터 유래하는 토지대장에 자신들의 소유물로 기입했다. 땅은 이런 방식으로 정치경제적 이익집단들의 노리개가 되었고, 마침내 아프리카 신흥국가들의 경제발전에 참담한 결과를 초래했다. 한때 아프리카에서 가장 부유한 나라로 손꼽히던 동아프리카와 남서아프리카 국가들은 오늘날 모두 극빈국으로 몰락했다. 하지만 아프리카의 '추장'들은 여전히 존재한다. 대부분의 '현대적' 아프리카인들은, 이들 '추장'들이 그들의 소유지에서 땅의 여신에 대한 제례의식을 정기적으로 거행하는 원래의 역할을 계속하기를 바라고 있다.

'삶'은 항상 땅 위에서의 삶을 뜻한다. 많은 동물들이 이른바 '영역표시행동'(냄새물질이나 노랫소리를 통해서 자기 영토를 표시하는 행동)을 한다. 특히 인간 이외의 영장류들이 보이는 '영역표시행동'

차드 하제라이족의 추장.
모자, 팔찌, 부채, 검, 지팡이 등은 모두 그의 지위를 상징하는 물건들이다.

은 많은 관심의 대상이 된다. 생물학자들은 인간의 영역표시행동을 '영장류의 시절의 옛 유산'과 연결시켜 관찰하려는 경향이 있다. 하지만 땅과 관련된 사람들의 경제적 행태를 관찰하는 데 생물학적 문제 제기는 그다지 중요하지 않다. 인간의 영역표시행동은 학습을 통해서 습득되고 구체적인 목적을 지향하는 문화적 행동이기 때문이다.

작은 마을이나 부락의 주민들이 주장하는 '영토권'과 한 국가의 영토권 주장 사이에는 큰 차이가 있다. 인간이 주장하는 영토권은 삶의 터전으로서의 '고향'에 대한 욕구와 밀접한 관련이 있다. 이 모호한 개념은 인간의 일대기와 결합되어 있다. 고향은 사람들이 태어나고 자란 장소이고 또 많은 경우 묻히기를 원하는 장소이다. 그곳은 또한 가족, 직장, 소속 집단과 관련된 중요한 생활들이 이루어지며 크고 작은 모든 희로애락이 연결된 장소이기도 하다. 땅이 갖는 문화적·사회적·감성적 의미는 그 땅이 법적으로 누구의 소유이며 누가 그 위에서 경제 행위를 하는가와 무관하다.

인간은 자신의 생활공간인 땅을 '문명화'시킨다. 다시 말해 인위적으로 변화시킨다. 인간은 거의 모든 자연경관을 문화적 경관으로 탈바꿈시킨다. 아르놀트 겔렌Arnold Gehlen은 이것을 '문화영역'이라고 부른다. 겔렌에 따르면, 인간은 주어진 생물학적 장비가 좋지 않은 탓에 자연적 환경 속에서 그대로 살아갈 능력이 없었으며 "그래서 자신의 형편없는 신체기관을 보완해줄 두 번째 자연, 즉 인위적으로 가공하여 적합하게 만든 대체 세계를 만들어내야 했다." 이것은 옳은 생각이긴 하지만 문화사적으로 아직 불완전하다. 자연의 인위적 변화에는 육체적 불충분에도 불구하고 인간의 생존을 가능하게 해준 문화적 진화의 단계가 선행되어야 하기 때문이다. 인간은 이 단계를 거치고 나서야 비로소 구약성서에 씌 있는 대로 '땅을 다스릴 수' 있었다.

그러나 인간은 거기에 만족하지 않았다. 몇몇 문화에서는 비록 조그만 형태이지만 땅을 변화시켜 '인위적 자연'으로 만드는 데 심혈을 기울이기도 했다. 르와르의 빌랑드리Villandry 성 정원은 그 좋은 예다. 이곳의 사람들은 화초들이 지닌 자연적인 모습을 완전히 바꾸어 정원 자체를 하나의 예술작품으로 만들어냈다. 또 다른 예는 독특한 인위적 정취를 만들어내는 것으로 유명한 일본 정원들이다. 단 한 그루의 화초도 자라지 않는 이 정원에서는 모래와 돌로 치장된 완벽한 작위성이 모든 자연스러움을 몰아낸다.

유전공학은 환경의 인위적 변형을 이제껏 전혀 경험해보지 못한 차원으로까지 끌어올렸다. 이는 가히 혁명적이다. 종의 돌연변이는 이제 더 이상 자연적이 아니라 문화적으로 일어난다. 생물학적 진화는 조작을 통해 문화적 진화로 바뀐다. 이것이 과연 진보인지를 놓고 의견이 분분하지만, 아무튼 문화적 진화가 새로운 국면으로 접어든 것만은 확실하다. 이것이 어떤 결과를 초래할지 전체적으로 내다보는 것은 아직 불가능하다. 어떤 사람들은 이를 통해서 인류의 미래, 더 나아가 지구 자체의 미래가 위협받고 있다고 생각한다. 하지만 어떤 사람들은 지속적인 인구팽창과 같은 인류의 당면 위기를 극복할 수 있다는 희망을 여기서 보기도 한다.

여성 경제와 남성 경제

인류의 양성성은 태곳적부터 현재까지 알려진 모든 문화에 영향을 미친 생물학적 사실이다. 여성 하위문화와 남성 하위문화의 대립은 모든 문화에서 나타나는 것으로 입증되고 있다. 이것은 종종 성적인 위계를 고착화시키려는 정치적 또는 종교적 체제에 의해서 은폐되기도 한다. 이런 경우 대부분의 문화에서 남성이 여성에 비해 우위를 차지한다. 전체 문화의 80퍼센트 가량에서 부계상속이 이루어지며, 양성의 관계도 부권적 질서를 띤다. 부권사회의 발전은 단지 과거의 유산이 아니라 현재진행형이기도 하다. 이슬람교와 기독교 내부의 근본주의 운동과 힌두교의 특수 형태에서 이런 발전과정을 발견할 수 있다.

중앙 차드에 거주하는 당갈리트족의 경우, 30여 년에 걸친 내전을 통해 이슬람교의 근본주의가 유입되면서 여자들은 그전까지 누려오던 강력한 사회적 지위와 정치적 영향력을 빠르게 상실했다. 그것은 이런 영향력이 주로 당갈리트족의 토착종교에 기반하고 있었기 때문에 가능했다. 토착종교가 금지되고 그와 결합된 모든 관습과 기능이 추방되면서 여성과 남성 사이의 사회적 균형이 무너지고 가부장적인 남성 지배권이 들어섰다.

성별에 따른 노동 분화

내가 직접 경험한 아프리카의 모든 문화에서 (어떤 종교를 신봉하든 상관없이) 부부는 서로 떨어져서 일상생활을 영위한다. 아침에 일어나면 두 사람은 곧 헤어져서 각자의 동성집단 속에서 하루를 보낸 뒤 저녁이 되면 다시 만난다. 소속된 집단이 클수록 이런 구별은 더욱 뚜렷하게 나타난다. 하는 일도 성별에 따라 정해진다. 여자 일과 남자 일이 따로 존재하며, 이 경계를 지키지 않는 것은 도리에 어긋나는 행동이다.

중앙 차드의 하제라이족은 남자와 여자가 모두 들판에 나가서 일을 하지만 남자와 여자의 경작지가 구분되어 있다. 남자들은 '남자 밭'에서 기장과 목화와 같은 '남자 작물'을 재배하고, 여자들은 '여자 밭'에서 야채, 콩, 깨, 땅콩 등의 '여자 작물'을 키운다. 남자는 아들과 함께 자신의 경작지에서 잡초를 뽑고 수확을 하고, 여자는 딸과 함께 자신의 경작지를 돌본다.

이와 비슷한 형태의 '성별에 따른 노동 분화'는 대부분의 문화에서 발견된다. 물론 모든 문화에서 하제라이족처럼 엄격하게 노동 분화가 지켜지는 것은 아니다. 또 작은 집단의 경우 현실적인 이유로 경계가 허물어지기도 한다. 유목민들의 경우, 가축 사육 이외에 다른 일을 하기 위해서 남자들이 오랫동안 자리를 비워야 할 때가 있다. 이럴 때 가축을 돌보는 일은 몇 달 동안 여자와 아이들에게 전적으로 맡겨진다. 이들은 그 기간 동안 다른 모든 '남자 일'들도 직접 처리해야 한다.

이런 종류의 노동 분화는 예전의 서구 문화에서도 이루어졌다. 이를 근본적으로 바꾸어놓은 것은 두 차례에 걸친 세계대전이었다. 변화의 시작은 물론 그보다 한참 전으로 거슬러 올라가 사회의 산업화 과정과 밀접하게 연관되어 있다.

하지만 결정적인 변화는 제2차 세계대전과 당시에 촉구된 '총체적 전쟁'으로 실현되었다. 전쟁은 수백만의 여자들에게 그전까지

한 번도 경험해보지 못한, 힘든 남자들의 일을 하도록 강요했다. 여자들은 심지어 군인으로 복무할 것까지 요구받기도 했다. 전통적으로 여자에게 부과되었던 역할의 대부분이 이런 계기를 통해서 시대의 저편으로 넘어가버렸다. 전쟁의 충격은 역사에서 이미 오래전부터 존재했던 여성 해방의 노력이 결정적으로 실현되도록 도와주는 촉매로 작용했다. 이와 같은 발전과정은 행동연구가들이 내세우는 성역할의 생물학적 근거들과 명백히 모순되는 것이다. 이는 '포유동물로서의 인간'에게 주어진 생물학적 조건들이 성역할을 결정하는 원인으로 작용한다는 주장이 애당초 잘못되었거나, 아니면 문화적 진화로 이런 결정 요인들이 희석되고 부분적으로 극복되었다는 것을 의미한다.

여성과 남성의 특징적인 하위문화는 사회적·경제적·정치적·종교적으로 주어진 특정한 성역할과 연결되어 있다. 이런 성역할은 문화에 따라 다르게 정의된다. 각 사회는 여자와 남자에 대한 고유 개념을 가지고 있다. 자신의 성역할에 의문을 제기하고 사회적 규범에 따라 정해진 한계를 의식적이고 도발적인 방식으로 뛰어넘으려는 사람들은 어느 사회든 항상 존재하게 마련이다. 이런 노력들이 광범위한 지지 세력을 발견하게 될 때 사회적 변화가 발생하고 새로운 제도가 탄생하는데, 이러한 과정은 항상 갈등을 동반한다.

여성의 확고한 성역할을 최초로 무너뜨린 것은 여자들의 '비즈니스 유전자'였다. 이 과정은 현대적 산업사회로 들어서면서 더욱 뚜렷하게 진행되고 있다. 이 과정을 강력하게 뒷받침해주는 페미니즘 운동은 광범위한 사회 영역에서 변화를 이끌어내고 있다. 비록 서구 산업사회의 한 현상으로 시작되었지만, 페미니즘 운동은 현대적 미디어에 힘입은 전 세계적인 커뮤니케이션 과정을 통해서 다른 문화에도 커다란 영향을 주고 있다. 하지만 이에 대한 반작용 또한 만만치 않다. 이슬람교의 근본주의자들은 페미니즘뿐만 아니라 서구 문화 전반에 대해 반대하는 움직임을 이미 오래전부터 보이고 있다. 이런 움직임은 점차 다른 곳에서도 발견될 것이다. 이와 비슷한 행동방식은 이미 여러 문화에서 나타난 바가 있다. 여기에 대해서는 나중에 다시 살펴보기로 한다.

소유로서의 사랑

그대는 나의 것 / 나는 그대의 것, / 이것은 절대 변치 않으리. / 그대 내 가슴속에 갇혀 있으며 / 열쇠는 사라지고 없다네, / 이제 그대는 영원히 내 안에 머물러야 한다네.

중세에 쓴 작자 미상의 이 시는 시인이 사랑을 상대방에 대한 '소유'로 이해하고 있음을 잘 보여준다. 이런 사고 패턴을 보여주는 예는 요즘의 문학에서도 많이 찾아볼 수 있다. '나는 그대의 것'이란 말은 연애시에서 다양한 형태로 빈번하게 등장한다. 감정이 고양된 상태에서 사람들은 자기 자신에 대한 권리를 스스로 포기하고 자신을 상대방의 소유물로 선언한다. 동시에 이렇게 함으로써 또한 상대방을 자신의 소유물로 삼는다.

사랑을 소유로 파악하는 행태는 대상을 소유와 소유권의 범주에 맞추어 경제적으로 사고하는 데 익숙한 서구 문화에서 주로 나타난다. 그에 상응하여 사랑으로 인한 질투 역시 독점적 소유권의 방어로 이해할 수 있다. 사람들은 파트너를 배타적으로 독점하기를 원한다. 이것은 일종의 가상적 소유다. 사랑과 같은 감정이 어떤 물건이나 글처럼 소유할 수 있는 것이 아니라는 사실을 알면서도 사람들은 사랑을 소유했다고 믿고 싶어한다. 하지만 다른 문화에서는 사랑을 이처럼 쌍방 간의 자기 포기라는 낭만적인 안경을 끼고 보지 않는다.

아프리카 사회에서 사람들은 서양의 기준으로는 소유권과 결부시킬 수 없는 많은 것들을 소유할 수 있다. 가령 그들은 제례의식이나 성인식 따위도 소유한다. 하지만 사랑을 소유의 개념과 결부시키려는 생각은 아무도 하지 않는다. 아내 역시 남편의 소유가 아니다. 아내는 여자의 친족 그룹이 남자와 그의 친족 그룹에게 제공한 일종의 '장기 대여물'이다. 결혼을 함으로써 남자는 한 개인의 여자를 맞이한 것이 아니라 아이를 낳고 집안을 돌보는 아내로서의 역할을 자기 집으로 끌어들인 것이다. 여자는 남편이 속한 집단에서 상당한 지위를 누린다. 하지만 나이가 들어 남편이 죽고 아이들도 다 자라면, 즉 아내로서의 역할을 끝마치면 대부분 자신의 원래 친족 집단으로 돌아가서 죽음을 맞는다.

사랑하는 남자 또는 여자가 구애에 아무런 반응도 보이지 않을 때 상대방에게 사랑의 감정이 생겨나게 만들기 위해서 갖은 전략을 다 사용해야 하는 것만 보아도, 사랑이 원래 소유와 얼마나 거리가 먼지 잘 알 수 있다. 수많은 문화에서 이런저런 형태의 사랑의 마법이 발전되었는데, 이런 것들은 대부분 그 지역의 종교와 결합되어 있다. 문화학적으로 사랑의 마법은 부족한 생물학적 매력을 문화적 수단을 통해 만회하려는 실제적인 노력을 의미했다.

이미 획득한 사랑을 잃지 않기 위한 사랑의 담보물들도 생겨났다. 서구 문화에서는 일반적으로 반지가(가능하면 귀금속으로 된 것) 가장 효과적인 담보물로 여기지만, 다른 물건도 사용된다. 가령 금이나 은으로 된 목걸이의 메달은 큐피드의 화살에 맞은 심장을 상징한다. 고대 신화에 등장하는 사랑의 신 큐피드는 기독교 시대에 그에 비견할 만한 존재가 없었던 탓에 오늘날까지도 여전히 대표적인 사랑의 수호자로 상징되고 있다.

사랑의 선물은 여러 문화에서 나타나는데 시공을 초월하여 한결같이 사랑스럽다. 가령 정교하게 조각된 가이아나의 장식용 머리빗들은 세계적으로 유명하다. 남아프리카 줄루족의 여자들은 사랑하는 남자를 위해 흰색, 노란색, 빨간색의 유리구슬로 엮은 장신구로 몸을 단장한다. 사랑의 메시지이기도 한 이 장신구에서 흰색 구슬은 사랑을, 빨간색 구슬은 눈물로 붉어진 눈을 상징하고, 노란색 구슬은 '신부값'으로 제공되는 소를 의미한다. 사하라의 투아레그족 여자들은 사랑하는 남자가 낙타의 안장에 항상 매달고 다니는 가죽 배낭에 사랑의 메시지를 암시하는 무늬들을 자수로 새겨 넣는다.

다시 한 번 사랑에 대한 서양식의 소유 관념으로 돌아가 보자. 흔히 서구 사회의 윤리적 토대로 강조되는 일부일처의 결혼 제도는 소유로서의 지속적인 파트너 관계에 기초한다. 배우자들은 서로를 아무런 시간적 제한 없이 '영원히(죽음이 갈라놓을 때까지)' 소유한다. 사람들은 흔히 이 '영원히'를 애정 관계에 의한 충성 서약으로 이해하려 하지만 실제로는 감정의 표현에 불과하다. "사랑의 맹세는 더 이상 맹세가 아니다"라고 이미 플라톤은 말한 바 있다.

결혼식에서 하는 충성 서약은 당사자를 법정에 세울 수 있는 법적 의무를 뜻하기도 한다.

현재 서구 문화에서 통용되는 일부일처제의 결혼이 사회적으로 추구하는 것은 합법적인 애정 관계다. 작가나 영화인들이 표현하는 사랑 이야기 속에서 해피엔드는 항상 결혼식으로 나타난다. 관객과 작가 사이에는 이 사랑 이야기가 결혼한 뒤에도 계속해서 이어지리라는 것에 대한 암묵적인 동의가 형성된다. 우리에게서 이런 생각을 앗아가는 작가에게 화 있을진저! 영원히 지속되는 사랑 이야기로서의 결혼은 서구 문화의 상투적인 단면을 그대로 보여준다. 그런 생각이 대부분의 경우 현실과 일치하지 않는다는 것을 어른이라면 누구나 인생 경험을 통해서 알고 있는 사실임에도 사람들은 한사코 거기에 집착한다.

사람은 누구나 변하게 마련이며 따라서 감정도 항상 똑같을 수는 없다. 나는 지금 결혼이 애정 관계가 아니라고 주장하려는 것은 아니다. 오히려 그 반대다. 하지만 사랑은, 문화에 의해 주어진 결혼 제도의 틀 안에 묶여 있는 한 시간이 지남에 따라 끊임없이 질적인 변화를 겪을 수밖에 없다. 서구 문화에서 이루어지는 모든 또는 대부분의 결혼이 어떤 형태로든 애정 관계와 일치하는지 여부를 여기서 낱낱이 조사해볼 생각은 없다. 중요한 것은 서구 문화에서는 일부일처제의 절대 요구가 이와 같은 사회적 이상과 결합되어 있다는 사실이다.

단혼과 복혼의 비교

통계적으로 보면 전체 문화의 17퍼센트만이 일부일처의 단혼

monogamy을 사회적 규범으로 받아들인다. 그 밖에 대부분의 문화에서는 복혼polygamy이 사회적 규범이다. 이렇게 볼 때 인류의 대부분에서 결혼은 영원히 지속되는 사랑 이야기와는 한참 떨어져 있는 것이라고 하겠다.

복혼은 일부다처polygyny나 일처다부polyandry의 형태를 띤다. 다시 말해서 복혼은 이 두 개념을 모두 아우르는 상위개념으로서 남자든 여자든 한 명의 파트너가 여러 명의 이성 파트너들과 결혼하는 것을 뜻한다.

일부다처는 많음을 뜻하는 그리스어 'polys'와 여자를 뜻하는 'gyne'가 합쳐져서 만들어진 단어로, 한 남자가 동시에 여러 명의 여자들과 결혼하는 결혼 형태를 표현하는 민족학적 개념이다. 서구 문화에서는 일부다처의 결혼 형태를 흔히 '야만적', '원시적', '여성 학대적'이라고 생각한다. 일처다부는 한 여자가 여러 명의 남자들과 결혼하는 것을 뜻한다.

앞에서 인용한 통계에 따르면 전체 결혼의 82퍼센트가 일부다처고 1퍼센트만이 일처다부라고 한다. 이에 근거해서 어떤 사람들은 일부다처가 일부일처보다 인간의 문화적 욕구에 더 잘 일치하는 결혼 제도라고 주장한다. 반면에 어떤 사람들은 일부다처가 널리 확산된 것은 부계적 사회구조 탓이라고 말하기도 한다. 이들은 일부다처가 남자들에게만 좋은 결혼 제도라고 주장한다. 기독교는 오직 일부일처제만을 신이 원하는 결혼 제도로서 인정한다. 하지만 이런 생각이나 주장들은 모두 잘못된 것이다! 이런 것들은 모두 일부다처제의 본질에 대한 무지와 자민족 중심주의의 표현에 불과하다.

일부다처제의 근본적 요소는 안정과 지위의 확립이다. 일부다처제의 기능은 남녀를 맺어주고, 아이를 낳고, 가정의 틀 안에서 사회적·경제적 안정을 찾는다는 점에서 다른 결혼 형식들과 차이가 없다. 여기서 사회적·경제적 안정의 측면은 자라나는 아이는 물론 노인이나 과부, 고아, 병자, 신체 부자유자들에게도 적용된다.

대부분의 인간 사회에는 결혼 적령기의 여자들이 같은 또래의 남자들보다 많다. 또 일반적으로 남자들의 기대 수명이 여자들보다 짧다. 이런 (그리고 또 다른) 이유로 해서 일부일처제의 사회에는 항상 일정한 수의 여자들이 처녀로서 또는 과부나 이혼녀로서 배우자 없이 살아가야 한다. 이 문제는 전쟁이 끝나고 난 직후에 특히 심각해진다. 그런데 인류의 역사는 곧 전쟁의 역사다. 승자가 누구건 간에 패자는 항상 여자들이었다.

그러나 일부다처제의 사회에는 배우자가 없는 여자는 없다. 과부들도 원하기만 한다면 '형사취수제兄死娶嫂制'를 통해서 죽은 남편의 형제에 의해 다시 배우자의 지위를 획득할 수 있다. 이혼한 여자는 아무 때건 마음대로 다시 남편을 구할 수 있다. 일부다처제 사회에는 여자를 찾는 남자들이 사방에 널려 있기 때문이다. 이곳의 남자들은 항상 여자 부족에 시달린다. 따라서 일부다처제임에도 불구하고 대부분의 남자들은 한 여자와만 결혼한다.

일부다처제의 사회에는 여자 구하기 경쟁이 지나치게 과열되어 사회의 내적 평화가 위협받는 일이 생겨나지 않도록 하는 문화적 조절 장치들이 있다. 예를 들어 '신부값'도 그런 조절 장치의 하나다. 신부값은 결혼할 때 신랑(또는 그 가족들)이 신부의 부모(또는 그

가족들)에게 건네는 돈이나 값진 물건들을 말한다. 신부값은 신부의 부모가 딸에게 그때까지 쏟아부은 투자에 대해서, 그 수혜자라 할 수 있는 신랑 측이 선사하는 답례인 셈이다. 그 밖에도 신부값에는 결혼 계약을 유효한 것으로 만드는 증거의 기능도 있다. 이로써 남편과 아내는 서로에 대한 의무를 이행하고 권리를 존중한다. 대부분의 문화에서 신부값은 신부가 가져오는 결혼 지참금을 통해서 상쇄된다. 따라서 시간이 지나면 신부값과 결혼 지참금은 결혼을 통해 묶인 두 친족 집단 사이의 선물 교환 행위로 바뀐다.

또 다른 조절 장치로는 누가 누구와 결혼할 것인지에 대해서 (종종 매우 엄격하게) 규정하는 '금혼령'이 있다. 예를 들면 족외혼 exogamy 규정이다. 족외혼은 서로 다른 씨족 집단에 속하는 배우자 간에만 결혼을 허락하는 풍습이다. 파치 오아시스에서는 금혼령이 곧 성관계의 금지를 의미한다. 이 규정은 (부계적으로) 혈연 관계에 있는 모든 사람들뿐만 아니라 '젖을 통해서' 서로 연결된 친족들에게도 해당된다. 이때의 젖은 물론 모유를 말한다. '젖을 통해서 연결된 친족'이란 (아버지와 상관없이) 어머니가 같은 형제자매나 어머니의 자매들이 낳은 자식들을 뜻한다. 이에 대해 파치의 주민들은 "자매들은 모두 같은 젖을 먹었고, 또 그 자식들에게도 같은 젖을 주기 때문"이라고 말한다.

결혼과 성관계의 금지는 그 밖에도 한 번이라도 씨족의 일원과 결혼한 적이 있는 모든 남자와 여자 사이에도 적용된다. 이것은 결혼이 이미 오래전에 찢어진 상태라 해도 마찬가지다. 파치에서는 이혼과 재혼이 매우 빈번히 이루어지는데, 오아시스라는 지리적 특성상 결혼 또는 성관계의 파트너를 소수의 집단에서 찾아야 하기 때문이다. 그러므로 이런 조절 장치의 의미는 치정 관계로 인한 싸움이나 갈등을 최소화하려는 데 있다고 하겠다.

모든 사회는 구성원의 규모를 가능한 한 크게 유지하고자 노력한다. 이때 집단 내 여자들의 출산 능력을 완전히 가동하는 것은 오직 일부다처제에서만 가능하다. 또한 일부다처제는 자식을 낳지 못하거나 여러 차례의 임신을 감당할 수 없는 여자들에게도 안식처를 제공한다. 사랑을 나누기에는 늙어버린 여자의 문제를 인도적인 방식으로 해결하는 것 역시 오직 일부다처제에서만 가능하다. 남자가 젊은 여자를 좋아하는 것은, 이것이 얼마나 부당한 일인지를 떠나서 일단 세계 어디에서나 공통적으로 발견되는 일상적 현실이다. 이렇게 볼 때 이혼이라는 방식을 통해서 수십 년 동안 함께 산 아내를 개인적 파산 상태로 몰아넣는 것과 둘째 부인을 맞아들임으로써 결혼의 틀을 계속 유지하는 것 중 어느 것이 더 인간적인 방법일까?

독일 에어푸르트 시의 성모 마리아 대성당에 있는 튀링겐의 제후 글라이헨 백작의 묘비(1250년경 제작)에는 이와 관련된 재미있는 일화가 담겨 있다. 묘비에는 두 명의 아내와 함께 잠들어 있는 백작의 모습이 새겨져 있다. 이야기는 십자군 원정에 참여한 백작이 포로로 잡혀 있던 동양에서부터 시작된다. 그곳에서 오리엔트의 공주가 이 고귀한 포로와 사랑에 빠져 그를 탈옥시키고 함께 이탈리아로 도망치게 된다. 로마에서는 교황이 직접 두 사람의 결혼식을 집전했고, 두 사람은 함께 튀링겐을 여행했다. 하지만 그곳에는 또 한 명의 글라이헨 백작 부인이 몇 년 동안 오매불망 남편의 무사 귀환을 기다리고 있었다.

독일 에어푸르트 시의 성모 마리아 대성당에 있는 튀링겐의 제후 글라이헨 백작의 묘비.

이 상황에서 백작은 과연 어떻게 해야 할까? 그의 목숨을 구했을 뿐만 아니라 자유를 되찾아주었고 헌신적인 사랑까지 바친 오리엔트의 공주를 죽음이 기다리고 있을 것이 확실한 자기 나라로 되돌려 보내야 할까? 이것은 너무나 비인간적인 처사다! 그렇다면 합법적인 조강지처를 내쳐야 할까? 이 역시 비인간적이다! 백작은 두 여자를 모두 사랑했고, 그녀들 역시 남편을 사랑했다. 결국 그들은 모두 함께 지내기로 했고, 묘비의 그림이 보여주고 있듯이 죽을 때까지 서로 화목하게 지냈다. 비록 기독교의 땅인 튀링겐이지만 일부다처가 절실히 요구되는 경우였다.

강력한 글라이헨 백작은 그 뒤로도 계속해서 기독교 교회의 중요한 수호자로서 제 역할을 다했고, 오늘날에도 성모 마리아 대성당을 찾는 사람들은 사랑과 인간성이 법 조항의 낱말보다 더 강력하게 작용했던 당시의 일화를 들으며 즐거워한다.

일부다처제의 내부 구조는 화목한 공동생활을 이루어내기에 적합한 방식으로 조절된다. 대부분의 일부다처제 문화에서 각 부인들은 집안일에서 저마다의 고유한 역할을 가지며, 많은 경우 독자적인 거처도 소유한다. 심지어 중앙 차드의 하제라이족에서는 부인들이 자기 농장을 하나씩 갖고 자기가 낳은 아이들과 함께 살아간다. 남편은 정해진 주기에 따라 아내들의 집을 옮겨 다니며 생활하는데, 이때 어느 한 여자를 편애해서 싸움이 벌어지게 해서는 안 된다.

나는 아프리카에서 오랫동안 일부다처의 가정에 기거하면서 일부다처의 남편이 발휘하는 무한한 인내심에 큰 감동을 받은 적이 있다. 여러 명의 아내들과 조화로운 결혼 생활을 꾸려가려면 일부다처의 남편은 매우 강력하고도 균형 잡힌 인격의 소유자여야 한다. 나는 또한 한 남자를 남편으로 둔 여러 명의 여자들이 서로 진정한 우애로 결합하여 남편도 어쩌지 못하는 연대감 속에서 함께 살아가는 모습도 자주 볼 수 있었다.

한 여자가 여러 명의 남자와 결혼하는 것은 일처다부제polyandry라고 부른다(그리스어에서 'poly'는 많다는 뜻이고, 'ander'는 남자라는 뜻이다). 일처다부제에서 여러 명의 남편들은 형제들인 경우가 많다. 이런 경우 신부는 남편의 형제들과도 자동적으로 결혼을 하게 된다. 하지만 신부값은 한 번만 지불하면 된다. 일처다부제는 현재 남인도, 히말라야(티베트), 수마트라, 폴리네시아(마르케사스 섬) 등지에서 찾아볼 수 있다. 일처다부제는 고대 그리스에도 존재했다(스파르타). 일처다부제 사회에서 여자들은 매우 높은 사회적 지위를 누린다.

자원으로서의 남자

여자들이 자신의 매력을 남자들에게 이기적으로 사용하는 것에 대해서는 많은 문화에서 당연하게 받아들이고 있다. 민족학자 베로니카 퓌스트Veronika Fuest는 흥미로운 한 연구에서, 고학력과 서양의 모범에 따른 현대적 라이프 스타일을 지닌 서아프리카(라이베리아)의 젊은 여자들이 생활의 문제를 해결하는 방식에 대해서 언급했다.

이 여자들은 학교에 다닐 때부터 이미 영향력 있는 남자들(교사들)로부터 좋은 성과를 얻어내기 위해 자신들의 성적 매력을 의도적으로 사용한다고 한다. 학교를 졸업한 뒤에는 관청이나 좋은 회사에서 자리를 얻기 위해 앞서와 똑같은 전략을 구사한다. 전혀 일자리가 없는 관계로 이 전략이 통하지 않으면 스스로 회사를 차리기도 하는데, 그 역시 높은 자리에 있는 고객들과 밀접한 관계를 유지할수록 잘 굴러가는 종류의 회사다.

라이베리아에서 높은 자리들은 거의 남자들이 차지하고 있기 때문에 매력적인 여성은 많은 것을 이룰 수 있다. 많이 배운 여성은 부유하고 교양 있는 남자와의 지속적인 연인 관계를 통해서 아무런 직업 활동을 하지 않고도 잘 살아갈 수 있다. 물론 남자는 여자가 기대하는 사치스런 생활을 제공한다. 돈 많고 성공적인 유부남들이 가능한 한 많은 여자들과의 애정 행각을 통해서 자신의 능력을 증명하려고 하는 경향도 이 젊은 여성들에게 좋은 기회로 작용한다. "가정에 충실한 남편들은 이들의 흥미를 끌지 못한다"고 퓌스트는 말한다. 많은 여자들이 이런 기회를 이용한다. 그들은 동시에 여러 명의 애인들과 관계하기도 하는데, 물론 이때 남자들이 서로를 알아서는 안 된다. 이것의 의미를 민족학적으로 풀이하면 다음과 같이 말할 수 있다.

> 여자들은 한편으로는 남자 애인들의 비공식적인 일부다처제에 속해 있지만, 자기편에서는 비공식적인 일처다부제를 실행하고 있다.

오해를 피하기 위해서 한마디 덧붙이면, 여자가 자신의 성적 매력을 자원으로 활용하는 것은 서아프리카에서뿐만 아니라 많은 아프리카 문화에서 오랜 전통으로 자리 잡고 있다. 다만 라이베리아의 고학력 여성들은 이러한 전통을 새로운 사회적·경제적 조건에 접목시켰을 뿐이다. 게다가 여기에는 다음과 같은 여성의 보편적 전략이 작용하고 있다. 남자들이 자원을 배타적으로 통제할수록 그들 자신은 점점 더 심하게 여자들에게 자원으로 이용된다.

자원으로서의 자식

'위험의 최소화가 이익의 최대화에 선행한다'는 경제 원칙은 '안전'이 인간에게 얼마나 중요한 요소인지 잘 보여준다. 인간은, 취약하고 불완전한 육체를 문화적 발명을 통해 보완할 수 있게 해준 지능 덕분에 '자연 선택'의 과정에서 간신히 살아남을 수 있었을 정도로 위태로운 존재다. 그러므로 '미래에 대한 준비'는 경제 행위에서 대단히 중요한 요소로 작용한다.

여기서 말하려는 미래에 대한 준비는 흉작이나 기근 또는 전쟁과 같은 특수한 재앙이 발생했을 경우를 대비한 경제적 형태의 사전 준비를 뜻하는 것은 아니다. 그런 것들은 예외적인 상황이며, 각 사회는 일정한 문화적 수단을 통해서 그에 대한 준비를 하고 있다.

반면에 노후나 죽음 또는 그 이후를 경제적으로 대비하는 것은 매우 원초적인 행위에 속한다. 기본적으로 주어진 노후 대책은 자식이다. 하지만 이럴 경우 합법적인 자식이어야 한다. 오직 합법적인 자식만이 나이 든 부모를(또는 친족 내의 다른 사람을) 봉양하는 의무를 다하기 때문이다. 합법적인 자식을 두려면 결혼이 사회적 제도로서 존재해야 하며, 혈통이나 친족 관계 따위를 관리하는 체계도 갖추어져 있어야 한다. 사회 형태의 생성과 발전은 미래를 준비하기 위한 경제 행위에 뿌리를 두고 있는 것이지, 생물학자들이 주장하는 것처럼 동물적 번식에서 비롯된 발생사적 유산의 결과가 아니다.

이에 대한 경험론적 문화 연구의 사실 한 가지를 예로 들어보자. 인간의 성생활을 관찰해보면, 인류의 생물학적 진화가 다른 포유동물들의 경우와는 다른 방식으로 진행되었음을 분명하게 확인할 수 있다. 인간은 원할 때면 언제라도 성행위를 할 수 있지만 다른 포유동물들은 오직 1년에 한 번, 그것도 비교적 짧은 발정기 동안에만 가능하다. 왜 그런지에 대해 생물학에선 만족스런 해답을 내놓지 못한다. 하지만 인류의 문화적 진화와 관련해서 이 사실은 대단히 중요한 의미를 갖는다. 이 문제를 좀더 자세히 살펴보자. 적극적인 성적 충동은 인간이 의식적으로 다스릴 수 있는 유일한 '동물적 본능'이기도 하다. 그런 연유로 몇몇 생물학자들은 이것을 '본능'이 아니라 그 전단계의 욕구 충족 행위로 보기도 한다.

식욕의 본능은 아무리 강력한 의지력을 발휘해도 일정 기간 이상을 억압할 수 없다. 극단적 저항의 수단으로 사용되는 단식 투쟁은 물도 한 모금 마시지 않을 경우 길어야 열흘을 넘기기 어렵다. 저항이 그 이상 진행될 경우 단식자는 죽음에 이르게 된다. 또 소화 작용이나 대소변을 의식적으로 중단시킬 수 있는 방법도 없다. 반면에 성행위는 하지 않아도 전혀 물리적 생명을 위협받지 않은 채 살아갈 수 있다. 하지만 인간의 대부분이 성행위를 포기하는 것은 곧 인류의 종말을 의미한다. 급격한 인구 감소는 높은 출산율보다 인류의 생존에 더 위험하다. 인류에게 멸종의 위험은 인구 팽창으로 인한 정치경제적 압박이나 자원 부족 등의 문제보다 항상 더 큰 위협으로 여겨왔다.

태곳적부터 인류는 항상 위험이 덜한 길을 선택해왔으므로, 이 경우에도 인구 수를 늘리는 데 모든 문화적 역량을 사용했다. 가장 성공적인 전략은 성행위를 사회적으로 공인된 합법적이고 지속적인 배우자 관계의 문화적 틀 안에서 이루어지게 하는 것이었다. 모든 문화에서 아이들은 이러한 사회적 목적에 맞추어 교육되었다. 그 어떤 영역에도 이처럼 커다란 문화적 가치가 부여되지는 않았다. 이는 개인적 욕구가 아니라 소속 집단의 생존, 더 나아가 인류 전체의 존속을 위한 필요와 결합된 것이었다.

결혼 제도와 가족 제도에도 그에 상응하는 높은 문화적 가치가 부여되었으며, 사회의 구성원들에게는 결혼과 출산의 사회적 규범을 따르도록 하는 커다란 사회적 압력이 가해졌다. 이것은 많은 사회에서 핵심적인 문화적 목표로 자리 잡았으며, 종교도 여기에 기여했다. 이러한 사회적 기대에 맞서 자기 나름대로의 인생관을 펼치기란 대부분의 사회에서 불가능하다. 이는 '계몽된' 서구 산업사회에서도 마찬가지다. 여기에서도 의도적으로 아기를 낳지 않는 부부는 '특이한' 사람으로 여겨질 뿐만 아니라 사회보장을 위한 시스템에 기여하지 않는다는 이유로 종종 비사회적이라는 비판을 당하기도 한다.

요즘 서구 사회에서는 '피임약'으로 인한 지속적인 인구 감소의 결과, '아이 낳기'가 새로운 사회적 흐름으로 바뀌고 있다. '선천적으로' 불임인 사람들이 있다는 사실도 더 이상 문제가 되지 않는다. 재생의학의 발전으로 '인공수정'이 가능해졌기 때문이다. 이로써 서구 산업사회는 자식이 없는 것을 불행이나 재앙으로 여기는 지구상의 여러 문화와 다시 가까워졌다. 이런 문화에서는 스스로의 결정에 따라 자식을 갖지 않겠다는 것은 생각도 할 수 없는 일이다.

자식을 얻기 위해 얼마나 많은 사회적·경제적·종교적 수단들이 동원되는지를 고려해볼 때 이것은 당연한 일이라 하겠다. 당연히 사회적으로 가장 바람직한 부모는 모든 에너지를 자식에게 쏟아붓는 부모다. "자식을 위해 모든 것을 희생했다"라는 말을 듣는 것은 모든 문화에서 최상의 칭찬이자 명예로 여긴다. 대부분의 문화에서 남자와 여자는 결혼을 하고 아이를 낳았을 때 비로소 완전한 가치를 지니는 사회 구성원이 된다. 서구 문화에서도 이와 다른 주장을 하는 견해들은, 비록 그 수는 옛날에 비해 많아졌지만 여전히 비주류에 속한다.

앞에서 간단히 언급한 문화적 수단들의 동원은 번식의 문제가 모든 문화에서 가장 중요한 사회적 관심사로 작용하고 있다는 사실을 잘 보여준다. 이와 연관된 두려움은, 사람들이 애정과 파트너십에 대한 자기 욕구를 충족시킴과 동시에 사랑의 행위가 곧장 출산으로 이어지는 것을 피하기 위해서 사용하는 문화적 수단들에서 잘 드러난다. 피임을 위한 방법들은 문화진화론적으로 볼 때 사랑의 행위와 임신의 인과적 고리에서 성생활을 해방시키기 위한 노력이라고 할 수 있다.

성적으로 성숙한 대부분의 젊은 사람들은 애당초 번식에는 관심이 없다. 이 점은 서구 사회에서 특히 분명하다. 서양의 젊은 남녀들에게는 이성 교제의 기회가 아주 풍부하게 주어지는데, '피임약'이 발명된 이후로 이들의 이성 관계는 더 이상 원치 않는 임신의 위험 때문에 방해받지 않게 되었다. 에이즈의 등장으로 이들의 자유로운 성생활은 다소 제약을 받게 되었지만, 그 영향은 본질적인 것이 못 된다.

출산을 염두에 두지 않은 미혼의 동거 관계는 지속적으로 증가하고 있다. 물론 그중에는 간혹 아이를 원하는 쌍들도 있다. 하지만 아이가 태어나면 관계의 근본적인 변화가 불가피하다. 합법적으로 결혼식을 올렸든 아니든 상관없이 그때부터 그들은 하나의 가정을 이루게 되기 때문이다. 유럽에서는 그와 같은 파트너십이 사회적으로 용인되고 있지만 대부분의 문화에서는 그렇지 않다. 비유럽 문화 중 상당수는 이런 형태의 남녀 관계를 사회의 기본적 가치를 손상시키는 행위로 여겨 엄격한 제재를 가하기도 한다.

성생활은 누리지만 출산은 원치 않는 사람들은 의식적으로 반생물학적으로 행동한다. 생물학자 볼프강 비클러Wolfgang Wickler와 우타 자이프트Uta Seibt는 "피임은 유전적 행동기제와 모순되는 문화적 행동기제의 대표적인 예"라고 언급한 바 있다. 인간이 번식의 최대화를 추구하도록 유전적으로 프로그래밍된 것이 사실이라면, 피임 수단의 발명은 육체의 생물학적 특성에 정면으로 맞서는 셈이다. 하지만 앞에서도 언급했듯이 대부분의 사회는 구성원의 수를 가능한 한 최대로 늘리는 것을 목표로 삼고 있다. 이로써 문제는 더욱 복잡한 양상을 띠게 된다.

종종 출산을 강요하려는 시도들도 행해졌다. 고대 스파르타에서는 국가가 개인에게 결혼과 출산의 의무를 부과하고 이를 직접 통제했다. 나이 든 독신 남자들은 다른 사람들과 구별되는 정해진 옷을 입어야 했고, 경우에 따라서는 아예 나체로 다니게 함으로써 사람들의 웃음거리가 되도록 했다. 또 특정 축제일에는 시장 광장에서 여자들에게 몰매를 맞기도 했다.

결혼의 의무는 고대 로마에도 있었다. 과부들은 반드시 재혼을 해야 했다. 부유한 여자들은 돈을 주고 가난한 남자와 위장 결혼을 함으로써 이 법망을 피해갔다. 이런 법이 생겨난 이유는 물론 가능한 한 많은 자손을 얻고자 하는 국가적 목표 때문이다. 또 예비 신랑 신부가 결혼 전에 미리 잠자리를 같이함으로써 신부가 아이를 가질 수 있는지 여부를 확인하는 풍습도 여러 문화에서 나타난다. 가령 발리에서는 임신한 신부만이 결혼식을 올릴 수 있다. 이런 풍습은 서구 문화에서도 찾아볼 수 있다. 과거 유럽에서는 귀족들뿐만 아니라 농부들도 후손의 확보를 처녀 신부에게 장가들고 싶은 소망보다 더 중요하게 여기는 경향이 많았다.

고대 그리스의 위대한 극작품들은 남녀 간의 사랑이 신에 의해 허락된 결혼으로 맺어지지 못할 때 얼마나 위험하고 파괴적이 되는지를 보여주는 교훈들로 가득 차 있다. 이런 교훈은 요즘의 문학이나 연극, 영화, 텔레비전 연속극에서도 그대로 반복된다. 다른 문화에서는 신화가 이 기능을 수행한다. 그 밖에 또 다른 수단을 지닌 문화도 많다. 가령 동년배 집단들도 비슷한 기능을 갖는다. 비교적 엄격하게 조직되는 동년배 집단은 성인식을 통해 구성되며 지위에 대한 상징물을 갖는다. 각 동년배 집단은 저마다 특수한 기능을 담당한다.

자라나고 나이를 먹는 것에 맞설 수 있는 문화적 수단은 존재하

지 않는다. 누구나, 원하든 원하지 않든 언젠가는 번식의 과제를
담당하는 기혼자 집단에 속할 나이를 맞이한다. 이 집단의 일원이
되면 사회는 그 보답으로 매력적인 역할을 제공한다. 이 집단의 구
성원들은 사회적 명망을 누리고, 정치적이거나 종교적인 일을 관
장하는 지위에 오르며, 특권을 행사하고, 중요한 정치적 결정에 참
여한다. 아이를 많이 낳을수록 이런 지위는 더욱 높아진다.

그러나 이런 문화적 행동이 지구의 인구 과잉을 불러와 언젠가
는 인류의 생존을 위협할 것이라고 미리 걱정할 필요는 전혀 없다.
기술, 의학, 생물학의 발전과 그로 인한 인구 증가, 인구통계학적
구조의 변화, 환경의 변화 등은 필연적으로 문화적 혁명을 가져올
것이고, 결국 인류의 오랜 문화적 진화의 원칙을 근본적으로 바꾸
어놓을 것이기 때문이다.

결혼과 그 밖의 지속적 관계들

결혼과 가족에 대해 생물학자들은 아기들에게 필요한 오랜 기
간의 보호와 양육 때문에 생겨난 생물학적 현상이라고 주장한다.

> 결혼을 통해 지속적 공동체를 이루도록 인간을 프로그래밍한 자연
> 선택의 압박들은 오랜 기간 아이를 돌봐야 하는 필연성에서 나왔다.

그럴 수도 있다. 하지만 정말 그럴까? '지속적 공동체'란 무엇을
뜻하는가? 얼마나 지속되어야 '지속적 공동체'가 되는가? 평생 동
안? 아니면 배우자들이 아직 생식 능력이 있는 동안? 아이에게 보
호가 필요하지 않을 때까지? 다른 포유동물들처럼 아이가 혼자서
음식물을 구해서 먹을 수 있을 때까지? 하지만 인간은 음식을 요

리해서 먹어야 한다. 게다가 인간은 대부분의 음식을 직접 생산해야 하고, 또 이를 위해서 생산 수단을 사용할 줄 알아야 한다. 이 모든 능력을 인간은 성인이 되어야 비로소 제대로 갖추게 된다. 포유동물에게는 간단한 일들이 인간에게는 몹시 복잡하다.

지속적 공동체는 언제 '결혼을 통한' 것이 되는가? 나는 생물학이 문화학과는 다른 결혼 개념을 사용하리라고 생각하지 않는다. 결혼은 남녀 파트너십의 사회적 합법화를 뜻한다. 그러므로 결혼이 성립하려면 제도화된 사회, 다시 말해서 발달된 사회 조직이 먼저 존재해야 한다. '지속적 공동체'는 결혼을 통해서 담보될 수 없다. 결혼이 있다면 이혼도 있게 마련이다. 종종 결혼은 짧은 기간 동안만 지속되기도 한다. 매우 짧아서 '아이 돌보기'의 과제를 미처 수행할 수 없는 경우도 많다. 이럴 때는 결혼도 아니고 지속적 공동체도 아닌 다른 문화적 장치가 그 과제를 떠맡는다.

결혼은 생물학적 여건이나 필연성이 아니다. 결혼은 자연적인 현상이 아니라 오로지 문화적인 현상이다. 결혼은, 이제부터 내가 설명할 이유에서 인간이 만든 것이다. 동물들에게는 결혼이 존재하지 않는다. '결혼의 초기 형태' 같은 것도 없다. 침팬지나 기러기 등과 같이 생물학자들이 인간의 결혼에 관한 발생사적 설명을 이끌어내려고 애쓰는 동물들의 경우도 마찬가지다.

이 과정에서 수많은 오류와 잘못된 해석들이 쏟아져 나왔고, 겉보기에 큰 유사성을 지닌 듯한 현상들이 '자연'과 인간적 문화 안에서 관찰되었다. 가령 '평생 파트너십', '일부일처', '일부다처' 또는 '일처다부' 등과 같은 다양한 형태의 파트너 관계들이 그것이었다. 들참새의 경우 수컷이 '과부가 된' 암컷을 받아들인다고 하는데 생물학자들은 이를 일종의 '형사취수제'로 설명한다. 새들에게도 '과부'가 있다는 주장은 몹시 놀랍다. 그러자면 새들에게도 사회적 제도로서의 결혼이 존재해야 하기 때문이다.

과부가 죽은 자의 형제와 다시 결혼하는 '형사취수제'도 마찬가지다. 이런 것들은 새나 다른 동물에게는 없고 오직 인간에게서만 찾아볼 수 있다. 인간적 지능만이 이런 제도를 만들어낼 수 있기 때문이다. 이런 형태의 사이비 유추를 통해서 인간의 결혼 형태들이(예를 들어 일부일처제) 자연적으로 주어졌다는 결론을 이끌어내는 것은 명백한 사고의 오류다. 그것들은 서로 아무런 관련성도 갖지 않는 아주 다른 차원에 지나지 않는다.

남자와 여자 그리고 둘 사이에서 태어난 자식들로 이루어진 생물학적 파트너십으로서의 가족은 부모의 결혼 없이도 존재할 수 있다. 결혼 없이 이루어진 가족들은 서구 문화에도 늘 존재해왔다. 하지만 모두 개별적인 경우들로서 사회구조에는 아무런 영향도 미치지 않았다. 대다수의 이런 가족들은 새로운 현상으로, 우리 사회는 아직 이 문제를 어떻게 처리해야 할지 모른다.

하지만 일부일처제를 유일하게 적법한 생활 공동체의 형식으로 받아들이지 않으려는 시도는 서구 문화에서 이번이 처음은 아니다. 물론 과거에 있었던 이런 시도들은 모두 (종종 폭력적으로) 억압을 받았다. 예를 들어 모르몬 교도들은 구약성서에 근거한 일부다처제 때문에 극심한 탄압과 박해를 받아야 했다. 다른 문화에서는 여러 가지 결혼 형태의 공존이 가능했으므로 그와 같은 폭력적인 갈등은 벌어지지 않았다.

결혼에 대한 개인적 욕구와 사회적 필요는 모든 인간 집단에 공통적으로 나타난다. 서구 사회에서도 마찬가지다. 요즘 서구 사회에서는 미혼의 파트너십 관계를 국가가 인정하고 합법화하기를 요구하는 추세다. 이것은 현재 유일한 결혼 제도로 여기는 일부일처제 이외에 두 번째 형태의 결혼 제도를 수립하겠다는 것이나 다름이 없다. 비록 '결혼'이라는 표현을 사용하지는 않았지만 그것은 내용적으로 (그리고 법적으로) 결혼에 해당하기 때문이다.

어쩌면 이런 방식으로 일부일처제의 독점이 깨지고 다양한 형태의 결혼 제도들이 사이좋게 공존하게 될지도 모른다. 그러면 서구 문화 안에서 살고 있는 이슬람교도들의 일부다처 형태의 결혼도 국가적 적법성을 획득할 수 있을 것이다. 물론 그렇다고 해서 배타적인 일부일처제 옹호론자들의 주장처럼 서구 문화의 근간이 흔들리는 일은 절대로 없을 것이다. 인류의 모든 문화가 그렇듯이 서구 문화 역시 항상 변화하기 때문이다. 변화는 문화의 본질이다. 그것은 문화를 위협하는 것이 아니라 계속 이어지도록 하는 결정적인 요소다.

친족이란 무엇인가?

현대 산업사회에서 가족은 대개 부부와 자식으로 구성된다. 이것은 가족의 가장 작은 형태로서 산업사회 발달의 결과, 비교적 최근에 생겨났다. 하지만 대부분의 문화에서 가족은 조부모의 세대로까지 확장되며 종종 형제자매의 배우자와 그 자녀가 추가되기도 한다. 이런 대가족은 지금으로부터 150년 전쯤에는 유럽 사회에서도 일반적인 가족 형태였다.

대부분의 문화에서 '가족family' 개념은 공동의 조상에서 유래한 모든 사람들을 포함하는 친족 집단을 뜻한다. 민족학적 용어로는 씨족 또는 혈족을 가리키는 말로 사용되기도 한다. 씨족clan은 수천 명이 넘는 매우 큰 집단을 이루기도 한다. 씨족은 단지 친족의 감정을 통해서 비교적 느슨하게 결합되어 있지만, 일정한 경계를 지닌 거주지에서 함께 생활할 경우 엄격한 조직력을 갖춘 정치적 집단을 형성하기도 한다.

이들의 친족 관계는 혈통에 근거한다. 공통의 가계에 속한 사람들의 몸속에는 모두 같은 피가 흐르고 있는 것 같은 '혈족'의 개념은 서구 문화에서도 자주 등장한다. 이것은 하나의 신화로서 어느 문화에서나 찾아볼 수 있다. 간혹 이런 신화를 곧이곧대로 받아들이는 사람들이 있다. 이들은 심지어 병원의 수혈조차 거부하기도 한다. 조상으로부터 물려받은 '고귀한 피'를 더럽힐 수 없다는 것이다.

유럽에서는 귀족 혈통을 지닌 사람은 일반 대중과는 질적으로 다르다는 뜻으로 '푸른 피'를 지녔다고 은유적으로 말하기도 한다. 물론 피가 사회적 계층이 아니라 혈액형에 따라 구분하는 것뿐이라는 사실을 누구나 다 알고 있다. 하지만 신화의 힘은 과학적 인식보다 더 강력하다. '왕가 혈통'의 후손이 시민 가문의 사람과 결혼하는 것은 아직도 큰 화젯거리가 된다. 그로써 2세들의 '왕가 혈통'의 품질이 떨어지기 때문이다.

민족학자 브리기타 하우저 쇼이블린Brigitta Hauser-Schäublin은 피가 정치적 수단으로 사용되고 있음을 증명하는 연구를 내놓았다. 성별, 인종, 계급, 민족, 친족 집단 등의 사이에서 이루어지는 모든 차별과 불평등은 피의 순수하고 순수하지 못함에 기초하고 있다.

이를 잘 보여주는 예가 힌두교 사회의 카스트 제도다. 카스트 제도의 근간은 각 신분 계급이 다른 신분 계급과 접촉함으로써 '오염'이 발생하는 것을 피해야만이 유지된다. 따라서 서로 다른 계급에 속하는 사람들 사이의 성관계는 엄격히 금지된다. 피가 섞임으로써 '오염된 자식'이 생겨나는 것을 막기 위해서다. 하지만 피는 카스트 제도와 무관하게 자연적으로 주어지는 것일 뿐이다. 이 말은 힌두교 사회에만 해당되는 것이 아니다. 예나 지금이나 모든 인종주의적 이데올로기는 '피의 순수성'을 요구함으로써 타문화의 배제를 정당화한다.

친족의 범위는 결혼을 통해서 현저하게 늘어난다. 사돈 관계를 통해 배우자의 가족들도 친족에 포함되기 때문이다. 따라서 결혼은 친족 집단의 강화를 의미한다. 사돈 관계로 맺어진 친족들 사이의 권리와 의무에 대한 규정은 문화에 따라 다르지만 '친족적 연대감'은 어디에서나 항상 나타난다. 이것은 친족의 공간적 확장은 물론이고 새로운 사회적·정치적 관계를 가능하게 해주는 등 많은 이점을 가져다준다.

친족에 관한 민족학적 방법론으로 정부 기관을 조사해본다면 아마도 의회와 정부 전체를 포함하는 광범위한 정치적 친족 관계의 네트워크를 발견할 수 있을 것이다. 국가에서부터 도시나 작은 마을에 이르기까지 모두 마찬가지다. 여러 곳에 친족들이 포진해 있는 것은 직업적으로도 큰 이점으로 작용한다. 나는 북아프리카 해안에서부터 중앙아프리카에 이르는 광범위한 친족 네트워크를 통해 큰 부를 쌓고 있는 아프리카의 상인들을 알고 있다. 이런 네트워크는 숙식의 비용을 절감해줄 뿐만 아니라 지역의 상품과 매매 상황에 대한 '내부 정보'에 접근할 수 있는 기회를 제공해준다. 또 중국의 기업가들이 전 세계에 퍼져 있는 친족 네트워크를 통해 사업을 성공적으로 꾸려간다는 것은 유명한 사실이다.

계보학

동물에는 '가족'이 없다. 가족은 오직 문화적으로 조직된 '사회'로서의 인간 집단에만 존재한다. 계보학의 핵심은 바로 이러한 가족이다. 누가 누구로부터 유래하는가의 문제는 예로부터 인간 사회에서 중요한 역할을 했다. 가계도는, 문자를 통해서든 기억을 통해서든, 모든 사회에서 매우 세심하게 기록되었다. 현대적 국제법이 도입되기 전까지 수천 년 동안 국제적 관계는 계보학의 토대에서 다루어져 왔다. 북아프리카와 중동 지역의 이슬람 왕조는 오늘날에도 자신들의 지배권의 정당성을 예언자 무함마드에까지 거슬러 올라가는 계보학에 의존하고 있다.

가계도를 기록하는 방법은 세 가지다. 서구 문화에서는 가계도를 따질 때 부계와 모계를 모두 포함시킨다. 양면적 가계도는 부친(과 그 친족)뿐만 아니라 모친(과 그 친족)의 혈통도 인정함을 뜻한다. 이것은 비단 물질적 가치만이 아니라 지위(예를 들어 기사의 작위)나 권리(예를 들어 토지소유권이나 저작권)에도 해당된다. 만약 서구 문화가 이와는 다른 방식으로 가계도를 기술했다면 오늘날 유럽의 정치적 지도는 완전히 다른 모습을 띠고 있을 것이다. 봉건시대의 제후들과 황제들에게 과거 역사와는 전혀 다른 형태의 유산 상속이 이루어졌을 것이고, 그에 따라 국가와 민족 그리고 주민들의 운명도 크게 달라졌을 것이기 때문이다.

대부분의 문화에서 가계도는 유럽에서와는 달리 한쪽 방향으로만 진행되는데, 이 경우 부계의 혈통이 모계의 혈통보다 더 자주 나타난다. 그 이유를 놓고 문화학자들 간에 종종 격론이 벌어지기도 하지만 실제로는 아주 단순한 사실에 기초하고 있다. 어떤 문화권에서는 아이의 출생을 위해 결정적인 요인이 어머니라고 생각한다. 어머니가 자기 몸속에서 태아를 키우기 때문이다. 태아는 태어날 때까지 모든 물질대사를 어머니의 몸에 의존하며, 이런 밀접한 육체적 관계는 출생 이후에도 수유(모유는 문화적으로 아기를 위한 음식 이상의 것을 의미한다)와 아기 돌보기를 통해서 계속 이어진다.

엄마와 아기의 각별한 관계를 설명하는 생물학적 요소들은 그 밖에도 아주 많다. 하지만 그런 것들이 사회학자 H. 타이렐Tyrell의 주장처럼 '홀어머니 가족'이 가족의 근원적 형태임을 입증해주지는 못한다. '홀어머니 가족'은 오히려 남편의 도움 없이 여자 혼자서 자식을 기르고, 부족한 것은 다른 가족들과의 사회적 네트워크를 통해 보충하며 살아가는 것이 충분히 가능한, 현대 서구 문화에서 나타나는 현상이다.

사하라 지역의 유목 민족인 투아레그족은 어머니를 아버지보다 훨씬 더 중요하게 본다. 물론 이들도 아이를 낳기 위해 남자가 반드시 필요하다는 것을 알고 있으며, 일반적으로 이 남자는 여자의 남편이다. 이것은 문화적으로 정해진 규범에 속하지만 사람들이 항상 규범에 따라 행동하는 것은 아니다. 투아레그족에게는 어머니와 그쪽 가계도가 아이에게 결정적인 의미를 갖는다. 투아레그족의 아이에게 어머니의 남자 형제는 사회적인 측면에서 가장 중요한 영향력을 갖는 남자다. 아이가 감정적으로 친아버지를 더 가깝게 여긴다고 해도 마찬가지다. 이와 비슷한 사회적 구조는 모계 혈통에 따라 가계도를 기술하는 문화에서 발견할 수 있다. 이런 사회에서 아버지의 '친권'은 문화적으로 정의되며, 생물학적 관계는 뒤로 물러난다. 이런 문화적 친권은 오늘날의 입양에서도 찾아볼 수 있다. 여기에는 독일의 작가 레싱이 『현자 나탄』에서 시적으로 묘사했듯이, 높은 윤리적 가치가 결합되어 있다.

하지만 아버지가 단지 피에 의해 생겨나는 것일까? 아버지는 피만으로 만들어지는 것이 아닙니다! 동물에게 아버지란 존재하지 않으니까요. 피는 고작 아버지란 이름을 얻을 수 있는 일차적 권리에 불과합니다!

생물학자들은 모계 혈통주의의 근거를 '친권의 불확실성'에서 찾으려고 한다. 유전적으로 볼 때 남자는 그가 낳은 자식과 50퍼센트의 동질성을 갖는다. 그러나 자기 누이의 자식들과도 이와 똑같은 비율의 동질성으로 친족 관계를 맺고 있다.

자식 돌보기 행위가 유전적으로 프로그래밍된 상태에서 친권의 불확실성은 남자로 하여금 아내의 자식들 대신 누이의 자식들을 돌보게 한다. 그것이 자신의 유전자를 더 확실하게 후대에 전해줄 것이기 때문이다.

아내가 그를 속이고 다른 남자의 아이를 낳았을 경우 아이에 대한 그의 유전적 친권은 제로다. 그러므로 남자는 자기 누이의 아이를 돌보는 편이 오히려 더 유리하다. 이 경우 "아이의 아버지가 누구고 언제 아이가 태어났는지 따위는 몰라도 상관없다." 이것이 외삼촌과 조카 사이의 사회적 관계를 의미하는 민족학적 개념인 '외삼촌 우선권avunculate'에 대한 발생사적 설명이다. 외삼촌 우선권은 여자들에 대한 남자의 통제와도 결합되어 있다. 여자는 이처럼 결혼 전뿐만 아니라 이후에도 남자 형제의 통제를 받는다.

하지만 이 생물학적 모델은 문화학적 연구에 의해 깨지고 만다. 동물의 경우에는 그럴 수도 있다. 다른 수컷의 새끼를 돌보는 일이 없도록 하기 위해서 암컷을 보호하고 감시할 수도 있고, 그런 행동이 진화생물학적으로 이점을 가져다줄 수도 있다. 그러나 여러 차례 강조했듯이 반성적 사고를 시작한 이후에 인간은 더 이상 다윈 이론의 의미에서 '진화생물학적으로 올바르게' 행동하지 않는다. 인간의 행동은 생물학적 목표가 아니라 문화적 목표에 맞추어져 있다. 이는 여자들이 사회생활에서 핵심적인 지위를 차지하는 모계 사회에서 특히 잘 나타난다. 여기서 여자들은 생물학자 볼프강 비클러와 우타 자이프트가 주장하듯이 남자들에게 통제받는 것이 아니라 반대로 남자들에 대한 포괄적인 통제권을 행사한다.

가령 투아레그족의 경우 모든 문화와 역사는 여자들의 주도로 이루어져왔다고 말할 수 있다. 남자가 씨족 연합의 최고 추장인 '아메노칼'의 자리에 오르려면 모친의 혈통이 가장 중요한 기준이 된다. '아메노칼'의 어머니는 막강한 영향력을 지니며, 중요한 결정 사항들에 대해서 일종의 거부권을 행사한다. 투아레그족은 매우 호전적인 부족으로 수많은 전쟁을 치르며 살아왔다. 이때 실제로 전쟁터에 나가 싸우는 것은 남자들이지만 전쟁의 추진력으로 작용하는 것은 여자들이었다.

투아레그족 여인

프랑스인들이 투아레그족의 중심지인 중앙사하라 지역의 호가르 산맥에 처음 발을 들여놓았을 때 남자들은 외세에 맞서 저항할 것인지 여부를 놓고 오랫동안 고민하며 결정을 내리지 못했다. 이때 한 여자가 지혜와 힘을 발휘하여 마침내 결정을 내리게 되었다고 한다. 그녀는 남자들이 프랑스인들과 맞서 싸워 무찌르지 않고 협상이나 벌인다면 앞으로 부족 사람들은 그들의 노예로 살아가게 될 것이라고 경고했다.

여자의 말에 따라 온 부족은 적에 대한 분노를 폭발했고, 급기야는 부족의 전사들이 모두 집결하여 프랑스인들을 공격하기에 이른다. 죽음을 두려워하지 않는 영웅적인 용기와 전투 의지에도 불구하고 투아레그족의 칼과 창은 프랑스인들의 총을 당해낼 수 없었다. 투아레그족은 이 전쟁에서 참담한 패배를 맛보아야 했다. 결국 그들은 막대한 희생을 치른 끝에 프랑스인들의 식민지 지배 하에 들어가고 말았다. 이 사건의 경과를 더 이상 세세하게 언급하지 않기로 한다.

이와 비슷한 예를 우리는 지구상의 수많은 모계 문화에서 쉽게 발견할 수 있다. 나는 지금 이런저런 경우에 여자들의 영향력이 그 사회에 유리했는가 아니면 불리했는가에 대해서 토론하려는 것이 아니다. 중요한 것은 여성에 대한 남성의 통제에 관한 생물학적 가설이 인간에게도 적용될 수 있는가 하는 점이다.

모계 혈통주의와 '친권 불확실성'의 연관성에 대한 명백한 증거는 없다. 또 남편이 이주 노동자, 군인, 떠돌이 장사꾼 등으로 몇 년씩 아내와 떨어져 있게 될 경우 부계 사회 역시 '친권 불확실성'의 문제가 발생한다. 그럴 때 사람들은 임신 기간이 2년 이상 길어질 수도 있다거나 남편의 혼이 항상 아내와 함께 있기 때문에 그가 없는 동안 아내가 누구의 아이를 가졌든 상관없이 남편의 아이로 여길 수 있다는 등의 '믿음'에 대한 사회적 동의를 만들어냄으로써 문화적으로 이 문제를 해결한다. 이런 종류의 예방적 조치들은 가정 비극이나 굴욕감이 발생하는 것을 막아주는 효과를 발휘한다. 이렇듯 인간은 진화발생학적으로 행동하는 것이 아니라 사회가 발전시킨 문화적 가치에 부합하는 방식으로 행동한다.

부계 혈통을 따르는 문화는 아이를 낳을 때 여자보다 남자의 역할을 더 중요하게 생각한다. 고대 그리스의 비극작가 아이스킬로스Aischylos(기원전 525~456)는 『오레스테이아Orestie』에서 이 문제를 이렇게 말한다.

> 아이를 낳는 이는 어머니라 불리는 사람이 아니라네. 이 여인은 그저 갓 심은 싹을 돌보는 유모일 뿐. 아이를 낳는 이는 여자를 임신시킨 사람. 여자는 다만 이 손님이 맡긴 것을 보호하는 것이라네.

이런 오류는 문화의 피상적 현상을 지나치게 과대평가하여 무비판적으로 받아들이는 데서 발생한다. 하지만 확실해 보이는 현상들 이면에는 풍부한 가정을 가능하게 하는 사실들이 감추어져 있다.

실제로 많은 문화에서 겉으로는 남자들이 집단의 대표인 것처럼 보인다. 집단의 우두머리가 대부분 남자이며, 다른 집단과 협상을 하고 전쟁을 수행하고 평화 조약을 맺는 것도 남자들이다. 부계 사회에서건 모계사회에서건 마찬가지다. 하지만 문화의 내부를 좀 더 자세히 들여다보면 모계 사회에서 남자들을 통제하던 여자의 모습을 모든 남자에서 발견할 수 있다. 여자들에게 직접적인 참여의 기회를 좀처럼 허락하지 않는 부계 사회에서도 남자들은 여자들의 조종을 받고 있다.

그 좋은 예가 사하라 사막의 오아시스 지역인 파치다. 이곳의 주민들은 전형적인 부계 사회의 외형을 지니고 있다. 부계 혈통을 따르고, 가장인 아버지가 권위를 갖고 자식들의 교육과 결혼에 대한 결정권을 행사하며, 경제적 자원을 모두 소유하고, 모든 공적인 지위와 직책을 담당하는 등 모든 것이 남자들의 손에서 이루어지고 있다.

게다가 대부분의 남자들이 이슬람교의 전통에 따라 여자들에게 권위를 요구하고 행사하는 듯이 보인다. 모든 것이 남자가 결정하는 부계 사회의 외형이 모두 허상이라는 것을 발견하기까지는 적잖은 시간이 걸렸다. 하지만 그곳 사회 현실이 서서히 참모습을 드러냈다. 우리가 이런 관계를 제대로 이해하게 되자 그곳 남자들 중 아무도 더 이상 우리 앞에서 자신이 집안의 우두머리라고 주장하지 못했다. 파치에서는 그 어떤 일도 여자의 뜻을 거역하고 관철할 수 없다는 사실을 남자들도 인정했기 때문이다. 겉으로 보기에는 남자들이 결정을 내린다. 하지만 그들이 결정하는 일들은 모두 여자들에 의해서 이미 정해진 것들이다.

파치의 여자들은 모든 것을 자신이 옳다고 생각하는 대로 행동하지만, 그 책임은 이슬람교의 가르침에 따라 모두 남자가 짊어져야 한다. 자식들의 결혼 문제도 공식적으로는 아버지들이 결정한다. 그러나 실제로 결혼은 양가 어머니들의 은밀한 만남으로 결정한 뒤 아버지들에게 통보될 뿐이다. 물론 남자들에게 동의 이외에 다른 가능성은 주어져 있지 않다. 더 자세한 이야기는 이미 확인된 내용을 보충하는 것에 지나지 않으므로 여기서는 생략하기로 한다. 결론적으로 말하자면, 부계 사회의 절대적 남성 지배권은 단지 피상적 현상에 불과하다.

친족의 미래

산업사회 탄생의 문화진화론적 의미는 기술적 발전뿐만 아니라 산업적 생산방식과 결합된 사회적 변화에서도 찾을 수 있다. 산업사회의 임금 노동은 이동성, 가족의 분화, 사회의 산업화 등과 밀접한 관계가 있다.

현대 의학의 장기이식 기술은 서구 산업사회에서 새로운 상황을 이끌어냈다. 친족 관계가 다시 중요해지기 시작한 것이다. 이는 뇌사자의 장기 적출 문제를 둘러싼 중요한 결정들이 친족법에 의거한다는 사실이다. 여기서는 혈족과 결혼으로 맺어진 친족이 더 이상 구별되지 않는다. 출생으로 얻는 혈통 이외에 '개인적 연대감'이나 '신뢰'와 같은 친족의 정서적 측면을 강조하는 범주들도 등장했다.

사회의 기본 구조는 이제 의미가 바뀌고 있다. 이와 관련한 앞으로의 발전을 미리 가늠해보면, 친족의 개념은 (어떤 이유에서건) 각별하게 가깝게 느껴지는 사람들로 점차 확대될 것이라 예상한다. 오늘날 수많은 환자들이 이름도 모르는 죽은 사람의 장기를 이식받은 덕에 목숨을 건진다. 이들은 자기 몸 안에서 어떤 형태로든 계속해서 살아 있는 장기 기증자에 대해 좀더 정확하게 알고, 그의 친지들과 연락을 취하고 싶어 한다.

중요한 신체적 요소의 일부를 주고받음으로써 친족 관계가 맺어진다는 것은 아주 오랜 문화적 사고방식이다. 피로써 의형제를 맺는 것이 대표적인 예다. 이와 똑같은 사고방식에 따라 우리는 '장기로 맺은 친족 관계'도 생각해볼 수 있다. 예를 들어 건강한 사람이 콩팥이나 다른 장기의 일부를 떼어내 병자에게 이식하는 경우 두 사람 사이에는 이런 형태의 '각별한 관계'가 생겨난다고 할 수 있다.

이런 관계가 앞으로 어떻게 발전해나갈지는 아무도 모른다. 친족 개념의 변화를 통해 인간 공동체의 새로운 문화적 형식이 생겨나게 될지 어떨지는 두고 봐야 할 일이다.

노동의 문화

서구 산업사회의 특징은 인간의 모든 활동을 노동이냐 아니냐의 도식에 맞춰 윤리적으로 평가한다는 것이다. 노동은 긍정적이고 비노동은 부정적이다. 오직 '노동'으로 표현될 수 있는 활동만이 사회적으로 인정받는다. 독일어의 표현을 보면, 죽은 자를 슬퍼하고 애도하는 것은 '애도의 노동Trauerarbeit', 유쾌하게 파티를 즐기는 것은 '즐거움의 노동Spaßarbeit'이라고 한다. 부끄러움을 느끼는 사람은 '부끄러움의 노동Schamarbeit'을 수행하는 것인데, 이것이 살아오면서 저지른 과오나 실수들을 돌이켜보는 것일 때는 '죄의 노동Schuldarbeit'이 된다. 고통을 견디는 것은 '고통의 노동Schmerzarbeit'

이고, 종교적 참회를 하고 기도를 올리는 등 신을 공경하는 행위는 '신의 노동Gottesarbeit'이다. 이 모든 개념들은 서구 사회에서 노동이 얼마나 높은 사회적 가치를 지니는지 잘 보여준다.

서구인들은 "인간은 노동하기 위해서 살아간다"고 말한다. 하지만 대부분의 문화권 사람들은 "인간은 살기 위해서 (필요한 최소한의 만큼만) 노동한다"라고 정반대로 말한다. 막스 베버Max Weber에 따르면, 우리는 이런 노동의 의미 전도를 '프로테스탄트적 금욕주의'에 빚지고 있다. 17세기의 청교도들은 끊임없는 노동으로 점철되지 않는 삶은 '죄악'이며 '비도덕적'이라고 비난했다. 인간의 활동은 신의 뜻에 맞는 노동과 나태(죄악에 빠진 비노동)의 두 가지로 분류되었다. 여기에서 자본주의 경제체제의 노동 윤리가 발전되었으며, 이것은 다시 사회주의 계획경제의 (더욱 엄격한) 노동 개념에 영향을 주었다. 사회주의의 '노동 영웅'은 곧 청교도의 '성자'에 해당한다. 여가는 노동의 효율성을 높이기 위해 휴식이 필요한 만큼만 허락되었다.

현대 자본주의 경제체제가 제대로 기능하려면, 기본적 욕구를 충족시키기 위한 것 이외에 생활에 절대적으로 필요하지 않은 더 많은 물품을 구입하려고 더 많은 돈을 벌기 위해 자신의 노동력을 최대한 가동하는 사람들이 필요하다. 이것은 경제적 순환을 위해서는 고무적이지만 인체의 순환을 위해서는 그렇지 않다. 그래서 사람들은 이렇게 벌어들인 수입의 많은 부분을 건강을 위해 지출해야 한다.

사람들은 임금이 더 높다고 노동을 적게 하거나 느리게 일하지 않는다. 그러나 자본주의가 막 시작되던 17세기 청교도 기업가들의 전략으로 미루어 짐작하건대, 이 시기의 노동자들은 그렇지 않았다. 당시의 기업가들은 대부분의 사람들이 오직 궁핍에 몰렸을 때만 노동을 한다는 가정에서 출발했다. 따라서 생활을 위해 필요한 최소한의 것보다 더 많은 돈을 버는 노동자는 더 적게 그리고 더 느리게 일할 것이므로 임금이 낮아야 생산성이 높아진다고 생각했다.

사실이야 어찌되었든, 지금은 그렇지 않다. 노동 시간을 줄이면 일자리가 많아질 것으로 생각했지만, 실제는 그렇지 않은 것으로 밝혀졌다. 많은 노동자들이 일이 없는 시간을 '사회적 여가'를 위해서 쓰지 않고 두 번째 (또는 세 번째) 일자리에 할애하기 때문이다.

서구 문화에서 여가는 이미 '게으름'과 동일한 의미로 낙인찍혔다. 하지만 이는 잘못이다. 이런 오류가 발생하는 이유는, '사회적 여가' 및 그와 결합된 노동 연대를 통한 안정의 원칙에 담긴 사회적 의미가 서구 산업문화에서 국가적인 또는 사적인 보장 체계에 의해서 뒤로 밀려났기 때문이다. 이 문제를 좀더 잘 이해하려면 (다시 한 번) 다른 생활방식에 따라 살아가는 다른 문화를 살펴보는 게 좋다.

유럽 이외의 문화에서 노동과 여가, 천연자원 사용의 관계에 대해서는 지금까지 수많은 경험주의적 연구가 이루어져 왔다. 그러므로 우리는 대부분의 문화에서 노동이 필수적인 수요를 충족시킬 수 있는 최소한의 물품을 공급하는 데 맞춰져 있다는 사실을 이미 알고 있다. 다시 말해 노동의 목적은 생존을 위한 최소치를 확보하는 데 있다. 이것이 충족되었다면 비록 사용할 수 있는 자원(예를 들어 농토)이 아직 남아 있다 해도 더 이상 노동할 필요가 없다.

이제 사람들은 '사회적 여가'를 위한 시간이 풍족하게 얻는다. 공동체 구성원들 간의 상호연대의 끈을 참신하고 굳건하게 만들어주는 모든 활동은 바로 여가 시간에 이루어진다. 예를 들면 이웃과 이야기를 나누고, 친지들을 방문하고, 사교 클럽에 가입하고, 지역 주민들과 함께하는 종교적 행사나 마을 축제에 참여하는 등의 활동이다.

풍족한 '사회적 여가'의 시간을 갖는 것은 생활의 질과 기쁨이 높아지는 것을 의미한다. 이렇게 볼 때 노동 과정의 효율성을 높이는 기술 혁신들이 대부분 생산성 향상이 아닌 노동 시간의 축소를 위해 사용되어야 하는 것은 당연하다. 여기에 담겨 있는 세계관은, 생활의 욕구를 최소화하는 것에 높은 문화적 가치를 부여하고 이를 살아가는 기본 태도로 받아들인 옛 조상들의 생활 지혜와 맞닿아 있다. 그들은 비록 적은 재화를 소유했지만 (그들의 관점에서 보면) 사람이 살아가는 데 필요한 모든 것을 소유하고 있었다.

'사회적 여가'가 줄어듦으로써 노동 시간이 늘어나게 된 것은 문화적 진화의 결과다. 수렵과 채집 생활자들은 비교적 적은 노동 시간으로도 필요한 음식을 확보할 수 있었다. 이는 그들이 유동적 생활방식과 최소한의 물질적 재화, 그와 결합된 적은 수의 인구를 자기 문화의 주어진 조건으로 받아들인 탓에 가능했다. 이런 요인들 때문에 그들은 물질적 욕구를 무한대로까지 끌어올린 농경문화나 산업문화의 생활자들보다 더 수월하게 소박한 욕구를 충족시킬 수 있었다. 여기서 우리는 서양의 자본주의적 생활방식에 맞서는 또 다른 생활방식을 생각해볼 수도 있다. 하지만 지금 우리의 과제는 가치평가가 아니라 노동의 문화적 뿌리가 어디에 있는지,

노동이 삶과 어떤 관계가 있는지 등을 알아보는 것이다. 결론적으로 말하면, 산업문화의 생산방식은 노동과 삶의 관계를 잘못된 길로 들어서도록 이끌었다.

경제적 가치로서의 인간

노동이 임금 노동으로, 더 정확히 말해서 시간당 임금으로 계산되는 노동 시간으로 바뀌면 자원으로서의 인간의 특성도 달라진다. 이때 인간의 경제적 가치에 대한 물음이 새롭게 제기된다(그와 관련된 시간개념에 대해서는 여기서 다루지 않기로 한다). 산업화 이전의 문화에서 이런 물음은 청부살인에 대한 보상금이나 다른 대가를 요구할 때나 제기되었다. 이에 따른 금액은 전통이나 종교에 따라 정해졌는데, 가령 이슬람교에서는 낙타 1백 마리였다.

서구 산업문화에서 인간의 경제적 가치는 노동 시간에 따라 결정되며, 노동 시간은 곧 상품으로 취급된다. 이 사고방식은 이미 확고하게 우리 내면에 자리 잡고 있어서 누군가가 '자신의 구매력을 높이기 위해서'라는 표현을 사용해도 아무도 놀라거나 이상하게 생각하지 않는다. 물론 은유적 표현으로 볼 수도 있다. 하지만 그때 머릿속의 생각이 어떤 방향으로 진행되었는지는 명확하다.

보험 소송에서 사고로 사망한 사람들의 손해배상액을 결정할 경우에는 구체적인 숫자와 금액이 제시된다. 9·11테러 이후에 미국인 변호사 리 크레인들러Lee Kraindler는 테러 희생자 한 사람당 2천 5백만 달러를 국가에 요구했다. 하지만 정부는 사망자에게 25만 달러를 지불하고, 추가로 배우자와 자녀에게 10만 달러를 지불하겠다고 제시했다.

아프가니스탄에서 미국인들은 오폭으로 인한 희생자들에게 사망자 한 사람당 1천 달러를 현금으로 지불했다. 한 인간의 가치는 다음과 같은 방식으로 계산될 수 있다. 지난 3년간의 연수입을 토대로 그가 평생 동안(이것은 통계상의 평균 수명에 따라 산정된다) 벌어들일 수 있는 돈에 임금 상승분을 포함하여 계산한 뒤 생활비로 지출할 액수를 공제하고 나면 그 사람의 금전적 가치, 더 자세히 말해서 그 사람의 노동 능력의 금전적 가치가 산출된다.

경제적 요소로서의 인간의 가치는 '인적 자본human capital'이라는 개념에서 잘 드러난다. 여기서 문제 삼는 것은 인격으로서의 인간이 아니라 오직 육체적이고 지능적인 노동력이다. 노동력은 산술적 크기로 나타낼 수 있는 노동 시간이자 시간당 임금이다. 여기에 근거하여 기업은 생산품의 비용을 계산하고, 임금을 받는 사람은 자기 생활비를 계산한다. 이들 중 어느 누구도 노동을 삶의 기쁨이나 만족감과 결합된 창조적 활동의 체험으로 여기지 않으며, 노동이 분화된 산업사회의 상품 생산에서는 더 이상 가능하지도 않다. 생산품이 복잡해질수록 생산은 점점 더 작은 단계들로 쪼개지기 때문이다.

전체가 궁극적으로 어떻게, 왜 기능하는지를 (설계자를 제외하고) 생산에 참여한 사람들 중 아는 사람은 아무도 없다. 또 자신이 참여해서 제작한 생산품이 좋은지 나쁜지, 유익한지 위험한지, 멋있는지 등에 대해서도 아무도 관심을 보이지 않는다. 노동은 돈벌이로 축소되었고, 그를 둘러싼 문화적 요소들도 모두 벗어던졌다.

이러한 발전을 비판하는 사람들은 노동이 '산업의 노예'가 되었다고 말한다. 하지만 그것은 잘못된 개념이다. 이런 경우의 '노예'

는 경제적·인간적 착취와는 전혀 다른 범주의 개념이다. 여기서 이 개념을 깊이 다루지는 않는다. 그 대신 산업적 형식의 노동과 결합된 사회적 불안을 지적하고자 한다. 그것은 산업문화에서의 물질적 생활수준이 다른 문화에서보다 훨씬 더 높은 탓에 지불해야 하는 대가다.

인류의 역사에서 대중이 지금과 같이 높은 생활수준을 누린 적은 이제껏 없었다. 이것은 마치 자석과도 같이 다른 문화에 영향을 주었으며, 젊고 모험심에 가득 찬 젊은이들을 해외로 내몰았다. 하지만 그것은 또 다른 문제다. 지금 나의 주된 관심은 산업문화 안에서 살아가는 사람들이 그들의 개인적 노동과 산업사회 특유의 생활방식을 어떻게 접목시키는가 하는 것이다. 여기에 모순이 있음은 분명하다.

기독교와 계몽주의로 대표되는 서구 문화의 가치는 인간을 '자본'으로 보는 태도와 맞지 않는다. 아니면 실제로는 잘 맞는 것일까? 아무튼 이런 모순은 문화적 진화라는 요술 보자기에 가려서 좀처럼 실체를 드러내지 않는다. 예를 들면 병으로 고통받는 가난한 아이를 값비싼 수술로 구제해줌으로써 인간의 생명을 다른 어떤 재화보다도 귀중하게 여긴다는 걸 보여주는 전시성 의료 행위나(비용은 물론 매체로 쇄도하는 기부금으로 충당된다) 유명한 예술가나 정치가, 학자들을 초청하여 '인권'이나 '인간의 존엄성' 등에 대해서 토론하는 행사 따위가 그것이다.

자본주의적 산업문화에서처럼 인간의 존엄성이 강조되고, 인권단체가 많이 조직되는 곳은 그 어디에도 없다. 또 이처럼 개인에게 자아실현의 권리를 찾아주기 위해 수많은 싸움이 벌어지는 곳도 찾아볼 수 없다. 우리는 이것이 무엇을 의미하는지 이미 알고 있다. 한마디로, 해결이 불가능한 문제들을 은폐하기 위해 흔히 사용되는 오랜 문화적 전략이다. 이런 전략은 사람들로 하여금 그런 문제를 안고 계속 살아가도록 유도한다. 인간은 이중적 존재다. 나르시시즘에 빠질 정도로 개인주의자이면서 동시에 개인이 온통 함몰된 산업적 노동방식을 따른다.

돈과 진화

파치 오아시스와 빌마 오아시스에서 우리는 직접 물물교환이 이루어지는 것을 경험한 적이 있다. 매년 10월에서 3월 사이의 서늘한 계절에 투아레그족, 하우사족, 다자족, 투부족의 카라반들이 약 1만여 마리의 낙타를 이끌고 이 오아시스 도시들을 찾아온다(빌마에는 2만 5천 마리). 그들이 이곳을 찾는 이유는 파치와 빌마의 염전에서 생산되는 소금 때문이다.

검은 대륙에서는 대부분의 지역이 소금 부족에 시달린다. 소금기가 많은 식물들을 태워서 얻는 것만으로는 사람과 동물에게 꼭 필요한 미네랄을 보충하기에 턱없이 모자란다. 그래서 소금거래는 아프리카에서 가장 오래된 무역 중 하나다. 이것은 아주 수익성이 높은 거래로서, 20세기 초부터 많은 양의 바닷소금이 아프리카로 들어오기 시작했음에도 오늘날까지 계속해서 성황리에 이루어지고 있다. 가축들의 숫자가 크게 늘어났을 뿐만 아니라 아프리카인들이 요리를 할 때나 가축에게 먹일 때 바닷소금보다 사하라 소금을 더 선호하는 탓이기도 하다. 그들은 한결같이 사하라에서 나오는 소금이 훨씬 더 맛있으며, 건강에도 더 좋다고 말한다.

파치와 빌마에 도착하려면 카라반들은 많은 고통을 감내해야 한다. 가는 도중에 지쳐 쓰러진 낙타들을 그대로 버리고 가기도 한다. 테네레 사막을 통과할 때는 매일 열여섯 시간씩 쉬지 않고 가야 하는 살인적인 행군이 이루어진다. 장시간의 거친 여행으로 단련된 카라반들에게도 체력과 인내력의 바닥을 드러나게 만드는 고난의 행군이다. 하지만 그 대가는 더없이 달콤하다. 파치와 빌마에서 사들인 소금으로 카라반들은 사헬의 시장에서 25배의 수익을 얻는다.

카라반들이 파치와 빌마로 가져가는 것은 모두 생필품들뿐이다. 기초 식량인 곡물(대부분 기장), 지방(버터와 땅콩기름), 고기(살아 있는 가축과 말린 고기), 의류(옷감과 기성복) 그리고 사하라 주민들이 포기할 수 없는 기호식품인 차와 설탕 등이 주요 품목이다. 그 밖에도 트랜지스터라디오, 시계, 배터리, 성냥, 담배, 비누, 샌들과 신발 등의 '사치품'과 여자들을 위한 이집트산 향수, 남자들을 위한 실과 바늘, 단추 등이 준비되어 있다.

파치에서는 온 가족의 옷을 남자들이 재단하여 만든다. 우리가 조사한 어느 카라반의 거래 품목은 모두 서른여섯 가지에 달했다. 온전한 포목점 하나가 매년 낙타의 등에 실려 파치와 빌마로 이동하는 셈이다. 이 물건들을 모두, 돈이 아닌 소금과 대추야자 열매와 교환하며, 거래는 매년 카라반의 대표자들과 오아시스 주민들이 흥정하여 정한 비율(가격)에 따라 이루어진다.

예를 들어 소금 두 덩어리(각각 23킬로그램)에 기장 3킬로그램, 대추야자 3킬로그램에 기장 2킬로그램 하는 식이다. 이렇게 교환비율이 미리 정해지는 것은 소금과 대추야자뿐이고 나머지 물품들은 임의로 거래가 이루어진다. 파치의 여자들은 대부분 이런 흥정에 아주 능숙하다.

이런 물물교환의 거래방식은 시대에 뒤떨어진 것이 아닐까? 인류 역사상 가장 발달된 화폐경제의 시대이자 신용카드의 시대인 21세기에 웬 물물교환이란 말인가? 오아시스 주민들과 카라반 상인들도 돈은 있다. 이들은 누구나 가죽으로 된 돈지갑을 목에 걸고 있으며, 그 속에는 나이지리아 통화인 CFA 프랑화 지폐와 동전들이 잔뜩 들어 있다. 하지만 "돈은 먹을 수가 없잖아요"라고 파치 사람들은 말한다. 그들은 자신의 소금을 돈과 바꾸기를 거부한다. 파치에서도 몇몇 작은 상점에서는 옷, 차, 설탕 따위를 돈을 받고 팔기도 한다. 그러나 전체 주민들의 수요에 비추어볼 때 이런 상점들이 갖는 경제적 의미는 극히 미미하다.

한때 (잘못 이해된) 개발 이데올로기에 따라 '시대에 뒤떨어진' 카라반 무역을 트럭을 사용한 현대적 운송 체계로 대체하려는 프로젝트가 수립된 적도 있었다. 이를 위해 유럽연합은 많은 돈을 투자했다. 테네레의 모래 속을 뚫고 사막을 횡단하려면 특수 장비를 갖춘 값비싼 차량이 필요할 뿐만 아니라 연료를 보관하고 공급할 주유소와 부품을 조달할 정비소도 지어야 했다. 그 밖에도 소금을 거래할 마케팅 시스템과 오아시스 주민들의 생필품 공급 체계도 마련해야 했다. 결국 프로젝트는 참담한 실패로 끝났다. 운송비가 소금의 구매 가치보다 몇 배나 더 비쌌기 때문이다.

아이르 산맥과 파치 사이의 테네레 사막을 지나는 투아레그족의 소금 카라반.

▲ 파치에서 장사하는 카라반. 건초 다발들(낙타의 먹이) 앞에 놓여 있는 자루는 낙타에 싣고 가기 위해 포장해놓은 소금이다.

▼ 크고 작은 소금 덩어리들.

그럼에도 잘 돌아가고 있는 교환경제를 화폐경제로 대체하려는 이 시도가 오아시스 주민들의 생활을 파탄에 빠뜨리지 않았던 것은 수많은 카라반 상인들이 시끄럽게 부르릉거리는 트럭들의 소음에 아랑곳하지 않고 그들의 카라반 루트를 그대로 유지했기 때문이다. 이 이야기를 더 이상 길게 늘어놓을 필요는 없을 것 같다.

여기서 흥미로운 점은 이런 물물교환의 거래방식이 불가피해 보인다는 것이다. 식민지 시대(1907~60)에는 이런 거래가 프랑스인들의 보호와 지원을 받았다. 하지만 그와 동시에 다른 식민지들과 마찬가지로 세금을 돈으로 거둬들이기 위해 국가통화가 도입되었다. 그러자 기초 생산품인 소금, 대추야자, 곡식의 교환비율이 점차 금액으로 고정되었다. 물론 이때 돈의 액수는 물물교환에 상응하여 정해졌다. 이것은 지금도 마찬가지다.

돈은 교환비율을 정하기 위한 계산 수단으로 사용된다. 게다가 국가는 세금을 소금이나 기장이 아닌 돈으로 거둘 수 있어 매우 편리하다. 오아시스의 주민들은 인세를 내야 하며, 카라반으로부터 염소나 양을 구입했을 경우 가축세도 내야 한다. 카라반 상인들도 낙타 한 마리당 얼마씩 세금을 지불해야 한다. 그 밖에도 돈은 세금을 지불하기 위해서만이 아니라 상점에서 물건을 사고, 결혼식 등의 행사를 치르고, 종교적 부적을 구입하고, 아내나 다른 친지들에게 선물을 주기 위해서도 필요하다.

이 이야기 속에는 돈의 본질을 보여주는 단서가 담겨 있다. 바로 중개자 기능이다. 돈의 발명으로 사람들은 개별적인 재화의 가치비율을 정하여 교환을 좀더 손쉽게 해주는 수단을 얻게 되었다. 이를 위해서는 상이한 물건들의 가치를 교환비율을 통해서 결정할 줄 아는 지능이 필요했다. 사회학자 게오르그 짐멜Georg Simmel 은 "한 상품의 금전적 가격은 다른 모든 상품들과의 교환성을 가늠케 해주는 척도를 의미한다"고 그의 주요 저서인 『돈의 철학』에서 말한 바 있다. 다시 말해서 금전적 가격은 모든 사물이나 상품, 서비스 따위의 교환비율을 정한다.

어떤 상품의 가격이 바뀌면 그 상품과 다른 상품들 사이의 교환비율도 달라진다. 다소 복잡하게 들리겠지만 실제로는 매우 간단한 문화적 현상이다. 가령 물물교환이 이루어지는 시장에서 사람들은 더 이상 필요하지 않은 물건과 필요한 물건을 교환하는 방식으로 거래를 한다. 그런데 그중에는 누구에게나 필요하고 또한 누구나 가지고 있는 물건이 있다. 아프리카 사헬의 시장에서는 지난 세기의 50년대까지 '가바그'라고 부르는 면포가 그런 물건이었다.

폭이 약 10센티미터인 이 천은 주로 남자들이 베틀로 짠 뒤 3미터 정도씩 잘라서 시장에 내다 팔았다. 이 천으로 아프리카 사람들은 살아 있는 사람의 옷이나 죽은 사람의 몸을 감싸는 수의를 만들고, 제사를 지낼 때 바치는 제물을 감싸는 재료로 사용했다. 식민지 이전 시대의 아프리카 국가에서는 왕에게 바치는 공물도 대부분 '가바그'였다.

하인리히 바르트Heinrich Barth, 구스타프 나흐티갈Gustav Nachtigal 등과 같은 19세기의 아프리카 연구자들은 '가바그'를 중앙아프리카 국가에서 널리 통용되는 화폐로 기록하고 있다. 아프리카에 식민지를 세웠을 때 프랑스인들은 다른 지불 수단이 없었던 탓에 '가바그'로 첫 세금을 거둬야 했다. 하지만 화폐경제에 익숙한 프랑스 관리들은 이렇게 거둬들인 엄청난 양의 '가바그'를 어떻게

아프리카 페달식 베틀에서 천을 짜고 있는 하제라이족 남자.

면포 '가바그'를 사용한 거래.

처리해야 할지 몰라 쩔쩔맸다. 식민지 이전 시대에 아프리카를 다스렸던 통치자들과 군대에서는 '가바그' 수요가 끝도 없었지만, 식민지 시대의 프랑스인들이나 그들이 현지에서 양성한 아프리카인 군인들에게는 '가바그'로 만든 옷이 필요하지 않았기 때문이다.

이 이야기는 이쯤에서 그만 하기로 하자. 지금까지 우리는 경제적 진화의 특정 단계에서 항상 일정한 가치와 지속적인 수요를 지닌 물건이 등장하여 교환가치가 있는 대상으로 사용되는 것을 살펴보았다. '가바그'가 바로 그것이다. '가바그'를 가진 사람은 그것으로 시장에서 다른 상품을 구입하거나 서비스를 이용할 수 있었다. 더 정확히 말하면 상품의 한 품목인 '가바그'는 한편으로는 시장에 진열된 상품들에 대해 일정한 교환가치를 갖지만, 다른 한편으로는 상품 품목으로서의 의미를 넘어서 일정한 경제적 가치의 상징인 '돈'으로 바뀌었다.

문화적 진화의 이러한 발전 단계는 인류의 여러 상이한 문화 안에서 (서로 무관하게 발생하여) 등장한다. 그뿐만이 아니다. 모든 문화에서 이 발전 단계는 끊임없이 진행된다.

일상생활에도 중요한 상품('가바그') 대신 사람들은 이용 가치는 현저히 떨어지지만 '미적' 가치와 희소성 때문에 갖고 싶은 욕망을 불러일으키는 물건을 사용하기 시작했다. 동서양을 막론하고 금과 은이 대표적인 물건이었다. 태평양 지역과 아프리카, 북아메리카 등지의 문화에서는 특정한 조개나 달팽이의 껍질이 '조개 화폐'로 사용되기도 했다.

아프리카에서는 '카우리 화폐'라는 것이 지불 수단으로 통용되었다. '카우리'는 인도양에서 주로 잡히는 바다달팽이 Cypraea anuulus

의 껍질을 말한다. 흰색의 광채가 아름다운 이 타원형의 카우리는 16세기에 아랍 상인들이 아프리카로 들여왔다. 처음에 카우리는 장신구로 사용되었지만(지금도 아프리카에서는 장신구로 애용되고 있다) 곧 화폐로 통용되기 시작했다. 카우리는 일상 용품으로는 아무런 가치도 없었지만 단단하고 가벼워서 지니고 다니기가 수월했고 여러 조각으로 쪼갤 수도 있었다. 이런 점에서 카우리는 불에 잘 녹아 쉽게 다양한 크기나 형태의 동전으로 만들 수 있는 금이나 은과 같은 귀금속과 비슷했다.

 금과 은은 무른 성질 때문에 장신구를 만들기에는 좋았지만 연장이나 무기, 또는 일상생활에 필요한 단추 등의 물건을 만들기에는 적합하지 않았다. 따라서 금과 은의 높은 가치는 순전히 문화적으로 생겨난 것이라고 하겠다. 17세기에 스페인 사람들이 금에 미쳐 남아메리카를 찾았을 때 그곳의 원주민들은 그들이 왜 그토록 금에 집착하는지 이해할 수 없었다. 반대로 유럽인들은 남아메리카 원주민들의 '조개 화폐'에 대해서 똑같은 생각을 가졌다. 금이 지금 그토록 높은 가치를 갖는 이유는 그사이 전 세계가 그 가치를 '믿게' 되었기 때문이다.

 그러나 금이 돈으로서 다른 모든 물건을 능가하는 이유는 문화진화론적으로 설명이 불가능하다. 흔히 말하는 '금의 매력'은 정확히 해명되지 않은 어떤 심리적 요인에 기인하는 것 같다. 하지만 이 문제는 우리의 주제를 벗어나므로 더 이상 깊이 다루지 않기로 한다. 다만 중요한 것은 자연적 산물인 금, 은, 조개껍질 따위가 문화적 산물인 돈으로 전환되었다는 사실이다. 그럼으로써 이들은 통상적인 물물거래의 범위를 벗어나게 되었다. 돈은 모든 경제적

▶ 실에 꿴 카우리 화폐

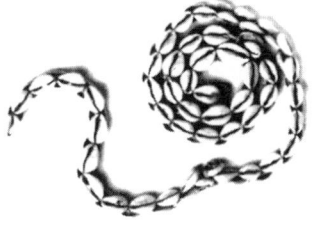

◀▼ 사헬 동쪽에 거주하는 아랍 유목민들에게 카우리로 만든 안장 장식은 매우 귀중한 물건이다. 카우리는 또한 천막의 내부 장식물로도 사용된다.

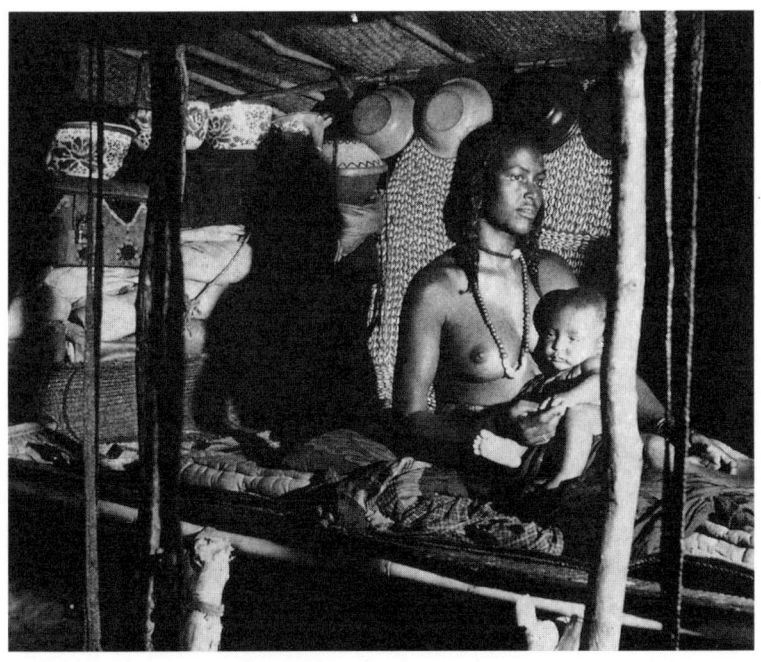

가치에 대응하는 고유한 범주이기 때문이다.

돈은 자기만의 고유한 역동성과 발전 과정을 갖는다. 돈은 원래의 물질적 가치에서 점점 더 멀어지는 방향으로 발전했다. 예를 들어 유럽의 옛 금화는 동전에 함유된 금의 무게와 비슷한 가치를 지녔다. 하지만 동전의 금(또는 은) 함유량은 점점 줄어들었다. 이렇게 된 데에는 여러 가지 원인이 있지만 여기서는 그중 한 가지 사례만을 언급하기로 한다.

프로이센의 왕 프리드리히 2세는 '7년 전쟁'의 전비戰費를 충당하기 위해 동전의 함유량을 줄여야 했다. 이때 프로이센 동전은, 화폐가치는 그대로 유지하면서 은의 함유량이 3분의 1로 줄어들었다. 게다가 지폐의 도입으로 돈의 물질적 가치는 제로의 수준으로 떨어졌다. 돈은 이제 순전히 상징물로 발전했다. 이것은 동시대인들에게 적잖은 충격과 당혹감을 주었다. 많은 사람들은 이것을 순진한 민중에 대한 통치자의 기만 행위로 보았다. 그들 중 한 사람이었던 괴테는 『파우스트』에서 지폐를 악마(메피스토펠레스)의 발명품으로 묘사했다.

어찌되었든 지폐의 도입과 함께 현대적 화폐경제와 새로운 경제적 사고의 시대가 도래했다. 그것은 경제 행위의 진화를 위한 결정적인 발걸음이었다. 돈은 물건, 상품, 서비스 등의 교환성을 포괄적으로 표현해주고 경제 행위의 모든 형태를 하나로 묶어주는 가시적 상징물(지폐, 동전)이 되었다. 그와 함께 경제적 관계와 욕구들도 점차 개별적인 대상들(예를 들어 식품이나 옷)이 아니라 경제적 상징물로서의 돈을 통해서 표현되기 시작했다. '빈곤'은 어떤 물건이 부족하든지 간에 상관없이 '돈의 부족'으로 이해되었다. 사람들은 누구나 돈만 있으면 자기에게 부족한 것들(음식, 옷, 집, 교육, 치료 등)을 얻을 수 있다고 믿었다(구체적인 경우들을 보면 이것은 사실이 아닐 때가 많다). 돈의 부족은 이제 경제적 궁핍과 같은 말이 되었다.

앞에서 나는 식민지 이전 시기의 아프리카에서 면포인 '가바그'가 돈으로 사용되었다고 언급한 바 있다. 그러므로 '가바그'를 짜는 남자들은 돈을 직접 찍어내는 셈이었다. 몰디브의 주민들은 바다에서 열심히 카우리 조개껍질을 주워서 '돈'으로 거래했다. 다양한 종류의 다른 '지역 화폐들(쇠돈, 구리돈 등)'도 이와 비슷한 방식으로 생겨났다. 그러나 화폐의 생산이 다양한 계층의 주민이 아니라 지배 계층을 중심으로 이루어지기 시작하면서 근본적인 변화가 생겨났다. 지금으로부터 4,100년 전 아시리아의 왕들이 자신의 초상화를 동전에 새겨 넣음으로써 처음으로 국가의 화폐 독점이 시작되었다. 그후로 오늘날까지 이것은 국가 화폐의 기본 원칙이 되었다.

돈의 발명은 경제 행위뿐만 아니라 돈을 제작하고 통치하는 정치 제도와 사람들과의 관계도 근본적으로 바꾸어놓았다. 금화나 은화로 된 돈이 화폐가치 이외에 귀금속의 가치도 지니고 있을 동안에는 상당한 양의 돈이 정치적 지배자의 영향에서 벗어나 개인의 수중에 들어 있었다. 이 시기에 상인과 자본가들은 황제와 제후들에게 정치(전쟁) 자금을 제공하며 자신들의 이익을 보호했다. 예를 들어 도시가 점령되면 자본가들은 제후들에게 돈을 건넴으로써 약탈과 파괴를 모면했다. 하지만 지폐가 도입되면서 모든 것이 바뀌었다. 통치자들은 이제 자본가들의 돈에 종속되지 않았고, 따라서 피지배층을 더욱 강력하게 통제할 수 있게 되었다.

단, 지폐의 도입은 시민들이 국가의 제도와 그것을 통제하는 정치가들을 신뢰할 경우에만 가능했다. 이런 신뢰가 자발적인 것이었는지 아니면 강요에 의한 것이었는지의 여부는 우리의 관심사가 아니다. 중요한 사실은 현대적 화폐경제가 믿음에 기초하고 있다는 점이다.

여기서 우리는 돈과 종교의 관련성을 생각해볼 수 있다. 종교가 초월적 권력에 대한 절대적이고 흔들리지 않는 믿음을 의미하는 것처럼, 돈 역시 본래는 목적을 위한 수단임에도 불구하고 그 자체로서 궁극적인 목적이 되었다. '돈은 인생의 목적이다', '돈이 곧 신이다!' 하는 말들이 교회의 성직자들을 자극하기 시작한 것은 이미 오래전부터다. 물론 그들은 중세 때부터 '돈은 악마의 도구다'고 줄기차게 반론을 내세웠다. 이 싸움에 대해서도 흥미로운 이야기가 많지만 그것은 나중에 다시 다루기로 한다.

돈에 대한 '믿음'과 돈을 모으고 투자하는 다양한 형태는 모두 산업문화의 현상들이다. 비산업적인 농경문화에는 현대적 돈에 대한 깊은 불신이 자리 잡고 있다. 은행에 돈을 맡긴 사람은 언제고 반드시 기만을 당하게 마련인 농경 국가들의 재정 관리 상태를 감안하면 그다지 근거 없는 불신도 아니다. 산업사회에서 살아가는 사람들은 그런 종류의 손실을 당하더라도 금방 잊어버리는 경향이 있다. 하지만 농경문화의 사람들은 예로부터 과거에 대한 기억을 마음 깊이 새기도록 교육받아왔으며, 이런 기억이 일상생활에 미치는 영향도 산업문화에서보다 훨씬 더 강하다.

가령 내가 함께 살며 체험했던 아프리카의 문화에서는 집안 살림을 오로지 돈의 수입에 전적으로 의존하는 것을 대단히 위험한 일로 여긴다(서구 문화의 경우 이것은 지극히 정상적이다). 프랑스의 식민지 군대에서 복무했던 아프리카인 연금생활자들도 마찬가지다. 그들의 수입을 지금도 프랑스 정부가 관리·보장하고 있고, 그 연금은 퇴역 군인들과 그들의 가족이 풍족한 생활을 영위하기에 충분한 액수지만, 나는 그들 중에서 이 돈으로만 살아가는 사람을 한 명도 보지 못했다. 그들이 믿는 것은 여느 아프리카 사람들과 마찬가지로 오로지 토지와 가축이었다. 그들은 돈을 받으면 저축하지 않고 곧장 다 써버렸다. 나는 그들이 많은 액수의 돈을 집에 보관하거나 은행에 맡기는 것을 (아마도 무의식적으로) 꺼려한다는 인상을 받았다.

민족학자 마틴 뢰슬러Martin Rössler도 이와 비슷한 경험을 언급했다. 뢰슬러는 가족을 데리고 수년 간 인도네시아 술라웨시 섬의 마카사르족과 함께 지내면서 이 부족의 생활을 연구했다. 임금 노동과 농장에서 자라는 커피의 판매로 이들은 비교적 높은 현금 수입을 올렸지만, 그곳 사람들은 식량(주로 쌀)을 대부분 자기 땅에서 직접 경작하여 조달했다. 그리고 그들은, 쌀은 창고에 비축해두었지만 돈은 저축하지 않았다. 마카사르족 사람들의 말에 따르면 돈은 쓰기 위해서 있는 것이므로 아무도 돈을 은행에 맡기지 않는다.

돈이 생기면 사람들은 높은 신분적 가치를 지닌 사치품들, 예를 들어 화려한 옷이나 오토바이, 고급 침대 시트 따위를 구입하는 데 쓴다. 고가의 침대 시트가 깔린 침대는 잠을 자기 위한 것이 아니라 거실을 장식하는 용도로 사용된다.

그리고 돈의 대부분은 소비가 아니라 친족들로 이루어진 사회적 관계에 투자된다. 여윳돈을 가진 사람은 현재 새집을 짓거나 결혼식을 치르는 등의 일로 돈에 쪼들리는 친척에게 이자 없이 빌려주어야 한다. 이렇게 빌려준 돈은 담보가 없기 때문에 종종 떼이기도 한다. 만약 빌려준 돈의 액수가 크고 채권자 자신이 그와 같은 행사를 치르기 위해서 그 돈을 반드시 돌려받아야 한다면, 그는 채무자에게 다른 친척에게 다시 돈을 빌려서라도 채무를 이행하도록 요청한다. 이런 방식으로 금전적 관계의 복잡한 네트워크가 생겨나고 결국 그 돈은 사라지고 만다. 따라서 마카사르족 사람들은 돈 빌려주는 것을 저축이나 투자가 아니라 사회적으로 강요된 '분배'로 여긴다.

뢰슬러가 인도네시아에서 기록한 내용은 다른 많은 문화에도 적용된다. 내가 잘 아는 아프리카 출신의 동료 교수 한 사람은 토고의 고향 마을을 좀처럼 찾아가는 일이 없다. 친척을 방문하는 데 드는 비용을 감당할 수 없기 때문이라는 게 그의 설명이다.

"친척들은 마치 흡혈귀같이 내 피를 마지막 한 방울까지 모두 빨아먹지. 그래서 고향에서 돌아오면 나는 빚더미 위에 올라앉은 가난뱅이가 되고 만다네."

유럽의 대학에서 근무하는 '돈 많은' 아프리카인에게는 돈을 요구하는 친척들의 성화를 면전에서 거절할 방법이 없다는 것이다. 물론 편지로도 그런 요청들이 쇄도하지만 그건 어렵지 않게 물리칠 수 있다고 했다.

그 이야기를 듣자 북차드에 사는 농부 하룬의 이야기가 떠올랐다. 그는 지독한 가뭄이 들었을 때 어쩔 수 없이 기르던 소들을 팔아치우고 아내와 자식을 데리고 수도인 은자메나로 향했다. 정부가 있는 큰 도시이므로 최소한 자식들을 학교에 보내고 병들면 병원에 가는 등의 최저생활은 할 수 있으리라는 기대에서였다. 은자메나에서는 아내의 오빠가 조그마한 재봉공장을 운영하고 있었으며, 그는 물론 군말 없이 하룬의 가족을 받아들여 숙식을 제공했다. 이는 아프리카에서는 당연한 일이었다.

  소를 판 돈으로 하룬은 무언가 새 일을 시작하려고 했지만 구체적으로 무엇을 해야 할지 알 수가 없었다. 하룬은 도시 경험이 많은 처남에게 그 일을 의논했다. 처남은 하룬에게 금방 돈을 불릴 수 있는 사업과 안정적으로 일할 수 있는 점포를 알아봐주겠다고 했다. 하룬은 자기 돈을 처남에게 모두 맡겼다. 그후 몇 개월이 지나도록 처남은 돈이나 점포에 대해서 아무런 언급도 하지 않았다. 하지만 하룬은 감히 처남에게 독촉하지 못했다. 돈에 대해서는 그 후로 아무런 이야기도 나오지 않았다.

  하룬은 결국 아프리카의 모든 도시들에서 쉽게 찾아볼 수 있는 일용직 노동자들의 대열에 서게 되었고, 그의 아내는 집안의 다른 여자들과 함께 이웃 카메룬에서 밀수로 들어온 물건들을 파는 은자메나의 전형적인 소규모 무역업에 참여했다. 이런 일들을 겪으면서 나이를 먹은 하룬 부부는 이제 모든 희망을 맏아들에게 걸고 있다. 그는 고등학교를 매우 우수한 성적으로 졸업하고 장학생으로 프랑스에서 법학을 공부하고 있다. 공부를 마치고 나면 그는 아마도 늙은 부모와 어린 동생들을 부양하게 될 것이다.

  이 사례에서 볼 수 있듯이 돈은 친척간의 관계를 변질시킨다. 친척들 사이에 경제적인 도움을 주고받는 일은 예전부터 항상 있어왔다. 물물교환 경제에서 이런 도움은 현실적인 한계 때문에 근본적으로 식량과 노동의 원조에 국한될 수밖에 없다. 하지만 돈이 생겨나면서 가치의 이동성은 새로운 차원을 맞이했다. 친족 관계의 네트워크는 금전적 종속을 통해서 전혀 다른 모습을 띠게 되었다. 돈을 소유한 친척에게는 점점 더 많은 요구들이 밀려들었고, 이는 사회에서 종종 갈등의 씨앗으로 작용했다.

돈이 모든 종류의 상품과 서비스에 대해서 독립적인 가치 척도로 작용한다는 사실은 앞에서 이미 살펴보았다. 하지만 돈은 이중적 역할을 한다. 특정한 조건에서 돈은 곧 상품이 되기도 한다. 가령 돈 자체가 구매의 대상일 때가 그렇다. 다른 화폐를 구매하거나 이자 때문에 실제 화폐 가치보다 돈을 더 비싼 값으로 사야 하는 경우가 여기에 해당한다. 이럴 때 사람들은 이자의 높고 낮음에 따라 '비싼 돈' 또는 '싼 돈'이라고 말한다. 은행은 돈을 상품처럼 거래한다. 하지만 이는 어느 문화에서든 위험한 일이다. 돈은 자체 윤리가 없기 때문이다. 많은 사람에게 돈은 무시무시한 존재다. 돈의 중개 역할에는 선과 악이 모두 작용하고 있다.

세계 종교들은 모두 돈을 좋지 않은 눈으로 본다. 앞에서도 이미 말했듯이, 기독교에서는 돈을 오랫동안 악마의 도구로 여겼다. 이슬람교에서도 크게 다르지 않다. 신앙심이 깊은 이슬람교도들은 비록 돈의 중개 역할을 인정하기는 하지만 돈을 빌려줄 때는 절대로 이자를 받지 않는 것을 원칙으로 한다. 그렇기 때문에 현대적 화폐경제는, 비록 이슬람국가에서도 통용되고 있지만, 이슬람 종교와 끊임없이 마찰과 갈등을 빚고 있다. 이런 종교적 딜레마는 간혹 재치 있는 신학적 교리문답을 통해 어느 정도 해소되기는 하지만 근본적으로는 제거될 수가 없다.

불교도와 힌두교도 역시 돈과 좋지 않은 관계에 있다. 두 종교에서 모두 돈은 불결한 것으로 치부된다. 불교의 수도승 중에는 평생을 살아가면서 단 한 번도 돈을 손에 댄 적이 없는 사람도 많다. 이들 문화에서 돈을 거래하는 일은 비천하고 '불결한' 신분의 사람들이나 이교도들이 담당하는 경멸스런 직업으로 여긴다. 그 때문에 돈은 사회적으로나 문화적으로 소수 집단에 속하는 사람들, 즉 주류 사회의 바깥으로 밀려나 있는 국외자들의 생계 수단이 되기도 했다.

고대 로마에서는 해방 노예들이 그런 사람들이었고, 터키에서는 (추방되기 전까지) 기독교를 믿는 아르메니아 사람들이, 인도에서는 '불결한' 계급의 사람들이, 유럽의 대부분 지역에서는 유대인들이, 프랑스에서는 종교적 소수 집단인 위그노파 사람들이, 영국에서는 퀘이커교도들이 그랬다. 이들에게는 모두 직업적 가능성이 막혀 있다는 공통점이 있다.

그러나 화폐경제로 변화되면서 돈 없이는 생활할 수 없기 때문에 아무도 돈에서 자유롭지 못하다. 또한 돈 거래는 겉으로 드러나지 않고 은밀하게 진행될 수 있으며, 통제하기가 쉽지 않다. 돈이 존재한 이래로 사람들은 신분과 계층에 상관없이 항상 돈에 쪼들리는 경우가 있었고, 그럴 때면 고리대금업자들에게 도움의 손길을 뻗었다. 고리대금업자들은 역사가 진행함에 따라 자신들에 대한 사회적 요구를 경제적 권력으로, 정치적 영향력으로, 사회적 특권으로 변형시키는 법을 터득했다. 은행가는 이제 존경받는 직업이 되었다. 그에 비해 일반 교인들의 상황은 중세 이후로 별로 변하지 않았다. 그때나 지금이나 빚을 갚지 못하는 사람은 감옥으로 가야 한다.

지금까지 대략 살펴본 화폐경제의 여러 측면들은 항상 사회적·정치적 전략과 결합되어 있다. 그것을 전문적으로 다루는 연구 분야와 더불어 수많은 이론들이 세워졌지만 여기서는 다루지 않기로 한다. 우리에게 중요한 사실은, 돈이 인간의 지능에 의해 세계 여러 곳에서 독립적으로 만들어진 발명품이라는 점이다. 돈은 경제 행위의 문화적 진화를 위해 커다란 의미를 갖는 발명품이었다.

노인과 유산 그리고 죽은 자의 힘

 죽음은 생물학적 필연이다. 죽음이 없이는 생명도 없다. 진화생물학적 시각에서 볼 때 존재의 필연적 유한성이 없었다면 인간이라는 종은 아마도 생겨나지 못했을 것이다. 생존에 더 유리한 새로운 형태의 생명체는 늙은 세대가 자신의 생활공간과 자원을 젊은 세대에게 남겨줄 때에만 발전할 수 있기 때문이다. 생물학자 볼프강 비클러는 "자신을 관철시키고 생명을 유지하는 것이 개체에게 필수적이라면, 한 집단이 이웃 집단과의 경쟁에서 살아남아 존속하기 위해 필수적인 것은 이미 검토가 끝난 구조물을 제때에 폐기하는 것이다"라고 말했다.
 죽음은 또한 문화적 필연이다. 죽은 자의 유산이 없이는 문화도 없다. 기존의 육체를 계속해서 다시 젊게 만들거나 이상적인 성장 상태를 영원히 유지시키는 생의학적 기술을 개발하여 죽음을 없애버리는 (허구적인 또는 유토피아적인) 상황을 한번 가정해보자. 그렇게 되면 모든 종류의 번식 과정은 중단될 것이다. 하지만 생물학적 진화와는 반대로 문화적 진화는 계속해서 진행될 것이다. 인간의 지능은 세대교체 없이도 문화적 발전을 충분히 계속해나갈 수 있을 정도로 적응 능력이 뛰어나기 때문이다. 이 말은 상당히 공상적이고 비현실적으로 들린다.

그러나 문화적 수단을 통해 죽음을 극복하는 것은 인류의 오랜 목표다. '태초'에는 죽음이 존재하지 않았기 때문이다. 이것은 여러 문화에서 전해 내려오는 다양한 신화들에서도 찾아볼 수 있다. 이런 신화들은 대개 인류가 죽음을 맞이하게 된 것이 인간들의 경솔하고 조심성 없는 행동 때문이었다고 설명한다.

프랑스의 철학자 라 로슈푸코La Rochefoucauld는 1655년에 죽음과 관련된 인간의 딜레마를 "인간은 태양을 볼 수 없는 것과 마찬가지로 죽음 역시 직접 눈으로 볼 수 없다"라고 표현한 바 있다. 죽음은 인간으로 하여금 동물적 육체의 유한성을 끊임없이 의식하게 만든다. "사람은 비록 인간적 위엄을 갖추었을지라도 동물적 무기력과 함께 죽음을 맞는다"고 러시아의 철학자 솔로브요프Solowjow는 말한다.

느린 이별

문화학적 관점에서 보면 늙는 것은 나이에 고정되어 있지 않다. 통계상의 평균 수명은 그다지 적절한 기준을 제시하지 못한다. 서구 문화에서는 '늙음'의 기준으로 정년퇴임이 주로 언급되지만, 그것은 기껏해야 산업사회의 노동 구조에 대해서만 무언가를 말해

줄 뿐으로, 우리 사회에서 '늙음'이 의미하는 바를 제대로 표현하지는 못한다. 우리는 대개 오래 산 사람을 늙었다고 말한다. 그렇다면 오래 살았다는 것의 의미는 무엇인가? 대부분의 늙은 사람들은 자신의 삶이 짧다고 생각한다. 어느 문화에서 살아가는 사람이건, 체력이 현저하게 떨어지거나 생활의 부담을 떠맡는 부류에 속하지 않게 되면 자신이 늙었다고 느낀다. 다시 말해 '늙음'은 문화적 범주에 속하며, 따라서 다양한 문화에서 각기 다른 방식으로 정의된다.

'노인'으로 지칭되는 사람들의 집단은 또래집단을 구분하지 않는 문화 안에서도 특별한 위상을 갖는다. 그들은 명망과 권위를 지닌 존재로서 대부분의 문화에서 가장 중요한 자원을 손에 쥐고 있으며, 종종 정치적 권력도 소유한다. 자원과 권력에 대한 통제는 안정된 노년을 보장한다. 그들은 젊은 세대에게 자원을 넘기는 것이 곧 경제적 종속을 의미한다는 사실을 잘 알고 있다. 어느 사회에서든 이런 위험을 감수하려는 노인들은 거의 없다. 그러므로 이들에게는 나이에 근거한 뿌리 깊은 권위가 필요하다.

이런 권위는 종교적인 기반도 갖추고 있어야 한다. 그래야 젊은 이들이 자원을 소유하게 되었을 때 늙은이들을 빈곤과 궁핍 속에 방치하는 것을 막을 수 있다. 실제로 서구 산업문화에서는 젊은이들이 늙은이들을 홀대하는 경향이 점차 두드러지고 있다.

내가 함께 살며 체험했던 아프리카 문화에서는 실제적인 나이 차이의 많고 적음에 상관없이 젊은 세대에 속하는 모든 사람들을 '아이'라고 부르고 나이 든 세대에 속하는 모든 사람들을 '노인'이라고 부른다. 나이 든 사람들이 '아이'라고 부르는 대상은 갓난아기에서부터 성인까지를 모두 포괄한다. 자식은 자기 부모가 아무리 젊더라도 '노인'이라고 부른다. 또 중요한 지위에 있는 모든 남자들과 여자들도 '노인'이라고 불린다. 이때 '늙었다'는 말에는 '위대한', '중요한', '강력한' 등의 의미가 담겨 있다.

'노인'의 사회적 의미는 무엇보다도 그들이 사회의 문화적 지식을 소유하고 있다는 데 있다. 이것은 중요한 문화적 지식을 문서로 기록해놓은 문화의 경우에도 마찬가지다. 노인들의 문화적 지식은 산업사회의 거대한 도서관들도 대신할 수 없기 때문이다. 문화적 지식이란 특정한 분야에 대한 전문 지식이 아니다(이때 전문 지식은 문화적 지식의 하위에 놓인다). 문화적 지식은 사람들이 생전에 보았던 죽은 조상들의 지식에 근거하고 있으며, 자기 자신의 인생 경험을 통해 보완하고 변경하면서 풍부하게 만든다. 문화적 지식을 통해서 자신의 개인적 경험은 여러 문화적 시대들을 거쳐서 축적된 역사적 경험이 되고, 이렇게 얻은 통찰력은 정치와 경제 그리고 많은 영역에서 유리하게 작용한다. '늙은이'는 과거와 현재를 소유하고, '젊은이'는 현재와 불확실한 미래를 소유한다.

'늙는 것'은 생물학적 과정인 것이 사실이지만, 인간은 그것을 생물학적 노화 과정에서 분리하여 문화적인 현상으로 만들고자 노력한다. 노인들의 높은 사회적 지위는 확실히 발생사적으로는 설명될 수 없는 현상이다. 생물학자들은 늙은 동물들의 존재 자체를 제대로 설명하지 못한다. 동물적 행동이 종족 보존을 위해 유리한 방향으로만 맞추어져 있는 것이 사실이라면, 더 이상 번식을 할 수 없을 정도로 늙어버린 동물은 존재할 필요가 없다. 늙은 동물들은 실제로 종족의 보존을 위해 아무것도 기여하지 못한다. 그들은 종종 집단으로부터 떨어져 나와 일종의 은둔 생활을 한다. 늙은 동물들의 존재가 젊은 동물들이 갖지 못한 경험의 소유자로서 예상치 못한 어려움이 닥쳤을 때를 대비하기 위한 것이라는 비클러의 추측은 증명될 수 없는 가설에 불과하다.

생명의 유한성에 대한 지식, 죽음에 대한 성찰, 적절한 예방책 등은 나이가 들어갈수록 점점 더 중요해진다. 나이 든 사람은 내면적으로 점차 세계로부터 멀어진다. 그는 일상의 현실들과 점점 거리를 두며, 어느 순간 스스로를 역사로 여기기 시작한다. 죽기 석 달 전에 빌헬름 폰 훔볼트Wilhelm von Humboldt에게 보낸 편지에서 노년의 괴테는 다음과 같이 쓰고 있다.

……고백하자면, 이렇게 나이를 먹으니 내 모든 것이 점점 역사가 되어가는구려. ……그래요, 내가 보기에도 나는 점점 역사가 되고 있어요.

최후의 권력

유언장을 작성할 때 사람들은 그때까지 자신이 이룬 경제적 행위들의 의미를 정리한다. 죽음을 앞둔 사람에게 유언장을 작성해 자신의 일을 최종적으로 마무리하는 것은 서구 문화를 포함한 대부분의 문화에서 나타나는 사회적 현상이다. 유언장은 경제적 조처일 뿐만 아니라 죽은 자가 살아 있는 자들에게 영향력을 행사하는 수단이기도 하다.

유언장은 사후의 권력 행사다. 오직 타자를 위해 존재하는 미래에 대한 개입이다. 유언장의 내용을 거부하는 것은 법적으로도 힘든 일이지만 윤리적 비난도 감수할 각오를 해야 한다. 일종의 금기를 깨는 행위가 되기 때문이다. 예를 들어 이슬람교 문화에는 사람이 사망한 후에 해야 할 일을 규정해놓은 합법적이고 종교적인 규칙들이 있는데, 거기에는 물질적 유산의 분배뿐만 아니라 사회적 관계의 지속도 명시되어 있다.

노인들은 누구인가?

현대 의학의 진보는 서구 사회에서 인간의 수명을 비약적으로 늘려놓았다. 오늘날 사람들은 조상들보다 훨씬 더 오래 산다. 그런데 사람들은 이렇게 늘어난 수명을 어떻게 사용할 것인지에 대해서는 아직 제대로 배우지 못했다. 가능한 한 오래 살기 위해서 모든 노력을 다 기울였지만, 정작 늙어서는 자신들이 아무런 쓸모도 없고 삶에서 아무런 의미도 발견할 수 없노라고 불평한다.

연령 구성의 변화는 세대 교체의 시기도 바꾸어놓았다. 뒷세대는 앞세대에게 유산을 물려받기까지 매우 오랜 시간을 기다려야 한다. 회사, 사업, 농장, 집 등이 마침내 아들이나 딸에게 상속되었을 때 그들도 이미 늙은이가 되어 있는, 더 정확히 말해서 그들 자신이 이미 다음 세대인 자기 자식들에게 유산 상속을 해야 할 나이가 되는 경우가 비일비재하다. 그렇게 되면 이제 대물림은 한 세대를 건너뛰어 그 다음 세대로 곧장 넘어갈 수도 있다. 물질적 유산뿐만 아니라 정치적 지위도 마찬가지다. 영국의 왕위 계승자인 찰스 왕세자는 바로 이런 이유로 결국 왕위에 오르지 못할 수도 있다. 세대를 건너뛴 대물림은 정치적 당파에서도 나타난다.

그렇다면 우리 사회에서 '노인들'이란 누구를 말하는가? 이것은 물론 문화학적 질문이다. 대부분의 사람들은 65세나 그보다 젊은 나이에 '은퇴'라는 것을 해야 한다. 하지만 아직 자신이 늙었다고 느끼지 않는 많은 사람들은 이것을 강제 추방으로 받아들인다. 어느 날 갑자기 이제껏 자기 인생의 커다란 부분을 차지하고 있던 익숙한 활동과 생활 리듬을 빼앗긴 것이다. 그들은 수십 년 동안 열심히 일해서 쌓은 사회적 지위와 영향력, 권위, 권력을 모두 잃게 된다.

다른 문화에서는 노인들이 누리는 높은 위상을 통해서 보상받을 수 있지만 현대 서구 사회에서는 그런 것을 찾아볼 수 없다. 노인들은 사회에서는 연금 재정을 힘겹게 하는 부담스런 존재가 되고, 가족 내에서는 '젊은 세대'에게 불필요하게 권위나 요구하여 갈등을 일으키는 골치 아픈 존재로 치부될 뿐이다.

사실 이 '젊은 세대'도 이미 나이가 50대가 넘어선 사람들이어서 그들 또한 그 다음 세대인 30대로부터 벌써 압박을 느끼고 있다. 다른 한편으로 이런 30대들 중에는 아직 독립하지 못하고 부모의 탯줄에 매달려 있는 태아들도 많다. 직업의 방향을 학교로 잡은 사람들은 대개 아직 공부를 끝내지 못한 상태다.

이와 함께 서구 문화는 이제 큰 도전에 직면해 있다. 변화의 속도가 지나치게 빠른 탓에 새롭게 적응해야 할 생활방식과 사회 조직을 발전시킬 시간이 충분하지 못한 것이다. 하지만 우리가 이런 문제들을 해결하리란 점 또한 분명하다. 문화적 존재로서 인간의 가장 큰 특징은 바로 새로운 상황에 대한 적응 능력이기 때문이다. 이것이 바로 문화적 진화의 기반이다.

불멸성의 문화적 속성

옛날에 영원히 죽지 않고 사는 방법을 알고 있다고 말하는 사람이 있었다. 그 소문을 들은 임금님은 신하에게 그 사람을 찾아서 비법을 알아오라고 명했다. 그런데 임금님의 신하가 꾸물거리는 바람에 그 사람이 그만 죽어버리고 말았다.

중국 철학자인 노자가 2천5백 년 전에 한 이야기다. 인간의 삶은 누구나 할 것 없이 시간과 죽음 앞에서 무기력할 수밖에 없다. 그래서 인간은 사회와 국가의 '문화적 불멸성'과 사상과 작품의 불멸성을 발명해냈다. 신은 불멸의 존재다. 그러므로 신이 자신의 모습에 따라 창조한 인간 역시 불멸이다. 이는 성서에서 전하는 복음이다. 신의 뜻을 거역함으로써(낙원에서의 추방) 인간은 죽음을 맞이하게 되었다. 그러나 그리스도의 죽음의 희생을 통해서 인간은 다시 불멸성을 회복할 수 있게 되었다.

기독교에서 말하는 죽음의 극복은 단지 정신적인 초월만을 뜻하는 것이 아니다. 죽은 자들의 부활은 영원한 삶으로서의 육신의 부활을 의미한다. 일정한 시간이 흐르면 부활이 온다는 생각은 고대 오리엔트의 종교관에서 비롯된 것으로 유대교와 기독교, 이슬람교가 모두 거기에 뿌리를 두고 있다.

많은 문화에서 나타나는 피안彼岸의 세계에 대한 관념은, 죽은 뒤에 공정하고 고통이 없으며 기쁨이 넘치는 더 나은 삶으로 넘어가기를 바라는 사람들의 소망을 표현하고 있다. 그것은 인간을 '완전한 존재'로 만들어주는, 다시 말해서 죽음을 통하여 생물학적 육체성을 극복하는 삶을 뜻한다. 이런 생각을 가장 멀리까지 발전시킨 형태가 바로 세계적 종교인 기독교(유대교)와 이슬람교다. 불교는 그와 정반대의 관념을 제시한다. 현세적 삶은 무無로 소멸된다.

하지만 인간의 문화적 죽음은 소멸이 아니라 연속과 발전의 방향으로 나아간다. 무로 돌아가는 소멸은, 개인에게는 삶의 궁극적 목표점이 될 수도 있지만 인류에게는 그렇지 않다. 모든 인간 사회는 어떤 구조와 형태를 취하고 있든 상관없이 언제까지나 소멸되지 않고 계속 발전해나가는 것을 문화적 목표로 삼는다. 이는 인류의 전 문화사에 해당된다. 죽음은 이 목표를 위협한다. 피할 수 없는 생물학적 죽음을 문화적으로 극복하기 위해서 나온 전략은 죽은 자들을 산 자들의 사회로 끌어들이는 것이었다. 죽음은 끝이 아니라 산 자들의 집단에서 죽은 자들의 집단으로 넘어가는 이행을 뜻한다.

많은 문화에서 죽음과 장례에 결합된 행위들은 확연하게 '통과의례rite of passage'로서 나타난다. 이는 미성년 집단에서 성년 집단으로 넘어가는 '통과의례'인 성년식과도 비교될 수 있다. 생물학적 삶의 진행 과정에 맞추어진 이런 통과의례들은 항상 지위나 권리, 의무 따위의 결정적인 변화를 동반하며 모든 문화에서 찾아볼 수 있는 사회 조직의 기본 요소다. 하지만 통과의례들이 행해지는 방식은 각 문화에 따라 매우 다르게 나타난다.

산 자에서 죽은 자로 넘어가는 이행 과정의 첫 번째 단계는 죽은 자가 아직 기억 속에 남아 있는 상태다. 이 단계에서 죽은 자들은 아직 이름으로 기억되고 있으며, 그들의 생애는 최소한 가까운 친지들의 기억 속에 보존되어 있다. 이 단계는 기억의 담지자들이 살아 있는 동안까지만 지속된다. 두 번째 단계에서 죽은 자들은 이제 '먼 조상'에 속하게 된다. 이들의 이름과 행적은 점차 잊혀져 간다. 하지만 이 단계에서는 죽은 자들 사이에 현저한 차이가 나타난다. 탁월한 삶을 살았던 사람은 죽어서도 탁월한 존재가 된다. 그가 생전에 이룬 일들은 그의 죽음을 넘어서 계속 영향력을 발휘하며, 죽은 자로서의 위상도 그에 상응하여 주어진다. 그것은 무덤의 묘비, 교회의 추모비, 광장의 기념비, 죽은 이의 이름을 딴 도로명 등의 형태로 입증된다. 이때 조상의 개념은 친족 집단에서 문화 집단으로 소속 범위가 확장된다. 이런 형태의 발전은 서구 문화의 많은 영역에서도 일어난다.

존재의 세 차원

민족학자들에 따르면 '조상 숭배'는 씨족이나 혈족과 같은 혈통 집단에서 죽은 자를 산 자들의 사회 조직의 한 부분으로 여기는 것을 말한다. 어떤 사람이 죽은 뒤에도 산 자들의 공동체에서 떨어져나가지 않고 계속 그 안에 머물 때 그는 새로운 위상을 얻게 되는데, 바로 조상의 지위다. 이로써 사회는 세 개의 차원으로 나뉜다. 조상들의 차원, 현재 살아 있는 자들의 차원, 미래에 살게 될 집단 구성원들의 차원이다. 조상들은 산 자들의 실존을 위한 전제로 사회의 토대를 형성한다. 산 자들은 자원의 현재 소유자들이다. 그들은 자원을 보존하고 계속 개발해야 하며, 후손을 낳아 집단의 미래를 만들어나갈 책임을 떠맡는다.

이런 관념의 중심에는 개인이 아니라 집단이 위치한다. 개인은 죽음을 피할 수 없지만 집단은 거기에 소속하려는 사람이 존재하는 한 소멸하지 않는다. 불멸성이란 목표는 이제 개인의 차원에서 사회의 차원으로 넘어간다.

조상 숭배는 인간의 생명에 죽음과 육신의 생물학적 소멸을 넘어서 계속 존재하는 어떤 요소가 결합되어 있다고 보는 세계관에 기초한다. 우리는 이것을 영혼이라 부른다. 하지만 서구의 고대문화와 기독교문화를 거치며 형성된 영혼 개념은 인류의 여러 문화에서 발전된 다양한 개념들 중 하나에 불과하다. 대부분의 문화에서 사람들은 자신이 최소한 하나 이상의 영혼을 가지고 있다고 믿는다. 간혹 그림자도 일종의 영혼으로 여긴다.

영혼의 작용, 영혼의 현현, 죽은 뒤 영혼의 운명 등은 사람들에게 수많은 상상을 불러일으켰으며, 문학과 예술, 윤리적 풍습, 제례의식 등에 큰 영향을 미쳤다. 여기서는 그런 것들에 대한 세부적인 언급은 하지 않는 대신, 죽은 자들의 영혼이 귀신 또는 신으로서 숭배의 대상인 조상으로 변형되는 과정에 관찰의 초점을 맞추기로 한다.

조상을 모시는 제단은 대부분 자손이나 가까운 친족의 좁은 생활공간 안에 차려지기 때문에 사람들은 매일같이 그것을 대하며 살아간다. 종종 별도의 공간으로 제단이 집안에 차려지기도 하는데, 집안의 가장은 매일같이 그리로 가서 조상에게 인사를 올린다. 제단에 모셔진 조상들은 상징적인 형태로 산 자들의 식탁에 함께 자리하며 집안의 대소사에도 관여한다.

동아프리카 우간다의 전통적 국왕(카바카)은 죽은 후에도 부인들과의 결혼 관계를 계속 유지하며 심지어는 새로 부인을 맞아들이기도 한다. 죽은 카바카는 초승달이 떴을 때 자기 부인들을 찾아온다. 이때 부인들 중 하나가 무아지경의 도취경에 빠지기도 하는데

중국의 가정집에 차려진 조상을 모시는 제단.

사람들은 이것을 죽은 왕의 귀신이 그녀와 성관계를 하고 있는 것으로 믿는다. 조상 숭배는 기독교나 이슬람교와도 별 문제없이 결합된다. 예를 들어 인도네시아 칼리만탄 지역의 바탁족은 개인무덤에 묻혀 있는 조상의 뼈를 꺼내서 일종의 공동 납골당에 다시 모시는 성대한 전통의식을 기독교적 축제로 변형시켜 오늘날에도 변함없이 의식을 치르고 있다.

죽은 자의 그늘

조상 숭배는 집단의 살아 있는 구성원들 간의 관계를 규정하는 상호성의 원칙을 죽은 뒤에까지 계속 유지시킨다. 이미 말했듯이 죽은 자들은 조상 숭배를 통해 살아 있는 자들의 공동체 일부로 남아 있기 때문이다. 제사를 모시는 사람이 있는 한 죽은 자들은 조상으로서 계속해서 실존한다. 그들이 정말로 '죽는' 것은 후손이 더 이상 없어서 그 모든 것이 시작된 첫 번째 조상으로부터 현재까지 이어지는 관념적인 인간 사슬이 끝나게 될 때뿐이다.

생물학자 겸 행동연구가인 콘라드 로렌츠는 인간의 조상 숭배가 "계통학적으로 미리 프로그래밍된 것"이며, 따라서 자연법칙의 의미에서 지극히 합법칙적인 행동으로 보았다.

유일하게 전통을 이어갈 자격을 지닌 인물로서 가족들의 공경을 받는 아버지는 또한 자신의 아버지를 공경한다. 따라서 아버지의 아버지는 더욱 공경해야 할 존재로서 받아들인다.

여기서 로렌츠는 조상 숭배의 생물학적 뿌리를 주장하고자 하지만 이를 입증해주는 증거는 아무 데도 없다. 이런 주장은 로렌츠가 '전통'의 개념을 '모방'이라는 생물학적 현상에 소급하여 생각한 데서 기인하는 듯이 보인다. 어린 동물이 어른 동물들의 행동을 모방하는 것을 생물학자들은 자주 관찰하게 된다. 여기서 모방은 '불변성'과 결합되어 있다. 다시 말해서 모방은 변화 없이 그대로 따라하는 것을 뜻한다. 로렌츠의 오류는 그가 (문화적) 전통을 불변의 모방과 동일시했다는 데 있다. 인간은 결코 전통을 아무런 변화 없이 그대로 모방하고 전달하지 않기 때문이다.

인간은 반성적으로 사고하는 존재다. 따라서 전통도 언제나 새롭게 반성되고 해석되며 문화적 변화에 적응하게 된다. 전통은 문화적 진화의 연속성을 가로막지 않는다. 전통을 통해서 문화는 한 세대에서 다음 세대로 계속해서 전달된다.

모든 문화는 죽은 자의 지식과 경험에 기초한다. 이것이 전통의 의미이자 작용이다. 세대 간의 교차를 통해서 죽은 자들의 영향력은 산 자들의 영향력보다 더 커진다. 산 자들은 문화적 진화의 중요한 여러 단계들이 이미 지나간 시기에 살고 있는 셈이므로 활동 가능성이 떨어질 수밖에 없다. 모든 근본적인 이념과 제도들은 이미 죽은 자들에 의해 고안되고 실행되었다. 이것은 오늘날의 서구 문화가 항상 플라톤, 아리스토텔레스 등과 같은 고대의 탁월한 인물들을 인용하는 것에서도 잘 나타난다. 아시아의 문화도 상황은 마찬가지다.

심지어 거대한 혁명도 근본적인 문화적 변화를 가져오지 못한다. 프랑스 대혁명과 나폴레옹의 치세를 몸소 겪은 프랑스의 철학자이자 근대 사회학의 창시자인 오귀스트 콩트Auguste Comte(1798~1857)는 그와 같은 자신의 경험을 토대로 산 자들에 대한 죽은 자들의 지배가 점차 강해진다는 테제를 발전시켰다. 콩트에 따르면, 죽은 자의 지배력이 커지면서 산 자들 세대의 영향력은 점차 줄어들 수밖에 없다. 죽은 자들은 숫자뿐만 아니라 영향력의 범위와 지속성에서도 모두 산 자들을 능가하기 때문이다.

조상 숭배의 전통으로 유명한 인도네시아의 바탁족은 "산 자들은 죽은 자의 그늘 속에서 살아간다"고 말한다. 정말로 그럴까? 서구 문화에서는 조상들과 그들로부터 물려받은 문화유산의 의미가 과학·기술·경제의 발전을 통해 급격히 퇴색되었으며, 현재 생활은 온통 이런 것들의 지배를 받고 있다. 그렇다면 언젠가는 죽은 자들에 속하게 될 지금 살아 있는 자들이 자원의 남용, 핵 폐기물의 누적, 환경 파괴, 기후나 다른 생활 토대의 변화 등을 통해서 우리의 그늘 속에서 살아가야 하는 뒷세대에게 더 이상 돌이킬 수 없는 영향을 끼치고 있는 것은 아닐까?

비록 겉으로 보이는 의식에는 비슷한 점이 많지만 일반적인 '사자死者 숭배'와 조상 숭배는 다소 다르다. 예를 들어 조상 숭배에서도 장례식과 위령제가 거행되고, 죽은 자의 무덤 앞에서 제사를 바치며, 죽은 자의 영혼(또는 귀신)이 육체의 죽음 이후에도 계속해서 머물러 있다고 생각한다. 하지만 여기에는 시간적 제한이 따른다. 다시 말해 조상 숭배에서 죽은 자는 일정한 시간이 경과하면 산 자들의 세계에서 완전히 떠난다. 이 시점은 제례의식에 따라 정해지거나 죽은 자에 대한 기억이 희미해지는 때로 자연스럽게 결정된다. 어떤 사람이 산 자들의 기억에서 사라지면 그는 이제 완전히 '죽은' 것이 된다. 칸트는 이를 다음과 같이 표현했다.

사랑의 기억 속에 살아 있는 사람은 죽은 것이 아니라 다만 멀리 떨어져 있을 뿐이다. 오직 잊혀진 사람만이 죽는다.

서구 문화에서는 무덤에 비석을 세우고 죽은 자의 이름과 살았던 시기, 경우에 따라서는 직업과 사회적 지위까지도 새겨 넣음으로써 이 이별의 시점을 가급적이면 길게 유보하려고 한다. 고대의 석관 위에는 죽은 자들의 이름과 모습이 2천 년이 넘게 보존되고 있으며, 심지어는 역사학자들에 의해 그들의 생애까지 자세히 알려지기도 한다. 이런 석관들은 대부분 속이 텅 빈 껍데기에 불과하다. 하지만 그 위에 새겨진 이름만큼은 그것을 읽고 입에 올리는 공간 속에 계속해서 존재한다. 이름을 입에 올리는 순간 이미 오래 전에 사라진 사람은 익명성을 벗어던진다.

그림이나 조각의 형태로 만든 초상은 개인에 대한 가능한 한 정확한 모사로서, 고대 이후로 줄곧 망각을 막아주는 수단이었다. 인류는 태곳적부터 그림과 그려진 대상 사이에 어떤 내적인 관계가 있다고 생각했다. 그래서 누군가의 모습을 그림으로 그리면 그가 그림 속에 계속해서 존재한다고 믿었다. 이런 모습을 생생하게 형상화해내는 화가와 조각가는 높은 대접과 응분의 보상을 받았다.

이런 방식으로 자기 시대를 대표하는 가시적 인물로 남는 것은 부나 권력을 지닌 사람들의 특권이었다. 이는 문화와 불멸성이 지닌 경제적 측면을 잘 보여준다. 오직 생물학적 종속에서 벗어나야만 인류는 삶의 덧없음을 극복할 수 있다. 이것이 문화적 진화가 추구하는 목표다. 지구라는 생활 공간까지도 넘어서는 인류의 영원한 존속.

새로운 희망 - 유전자 복제

서구 산업문화에서는 유전자 공학의 발전으로 불멸성의 새로운 측면이 열리고 있다. 유전자 복제에 의한 동물의 무성증식은 이미 곳곳에서 이루어지고 있으며, 아마 언젠가는 복제 인간도 등장할 것이다. 인간 복제의 윤리적 타당성을 놓고 현재 격렬한 논의가 벌어지고 있다. 한편에서는 금지를 주장하고, 다른 한편에선 그 반대를 요구한다. 이런 논의가 어떤 식으로 결론이 나든 사람들은 언젠가는 그것을 실행에 옮길 것이다.

한번 머릿속에 떠오른 생각은 되물릴 수 없다.

1962년 스위스의 작가 프리드리히 뒤렌마트Friedrich Dürrenmatt가 희곡 「물리학자들」에서 한 이 말은 여전히 유효하다. 유전자 복제를 불멸성에 대한 희망과 연결시키는 사람들도 있다. 자신과 유전적으로 동일한 개체를 유전자 복제로 만들어낼 수 있다면 죽음에 대한 공포는 완전히 사라지게 될 것이다. 여기에 들어가는 의학적·기술적 비용과 실패의 위험은 물론 크다. 그 때문에 유전자 복제는, 비판자들이 절망하거나 옹호자들이 꿈꾸듯이 인류 전체를 대상으로 한 대중적 움직임이 될 가능성은 없다.

어찌되었든 문화 연구는 복제아를 통해 자신의 삶을 계속 이어가려는 바람이 잘못된 희망이라는 사실을 분명히 가르쳐주고 있다. 유전자 복제 역시 인간은 누구나 오직 한 번만 존재할 뿐이라는 사실을 바꿀 수는 없기 때문이다. 복제를 통해 태어나는 것은 두 번째 '나'가 아니라 동일한 유전 물질을 지닌 갓난아기에 불과하며, 그 이상도 그 이하도 아니다. 이 아기가 어떤 어른으로 자라 날지에 대해 유전자 복제는 유전적 기질을 넘어서는 그 어떤 영향도 미치지 못한다. 성인의 개인적 정체성은 오로지 유전적 기질에 의해 결정되는 것이 아니다. 모든 인간은 각기 다른 시간과 환경 속에서 살아가며, 다른 사회화 과정을 겪는다. 인간은 모두 자기만의 인간관계와 자기만의 운명을 갖는다. 이 모든 요소들이 모여서 각 개인들의 생각과 감정이 만들어지며 인격이 형성된다.

이런 사실은 죽은 자가 같은 친족 집단 안에서 어린아이로 다시 환생한다고 믿는 문화의 사람들도 잘 알고 있다. 그들은 다만 죽은 자의 영혼(또는 인간의 영적 실체로 여기는 그 어떤 것)이 친족 집단 내에서 새로 태어난 아기의 몸속으로 들어감으로써 산 자와 죽은 자 사이의 끈이 계속해서 새롭게 유지된다고 믿는다. 재생을 통한 죽음의 극복은 여러 문화에서 찾아볼 수 있는 문화적 관념으로 고대 게르만족에게서도 나타난다. 여기서 유래한 것이 새로 태어난 아기에게 할아버지나 할머니의 이름을 붙여주는 풍습이다. 이렇게 함으로써 선조들의 영적인 삶이 계속 이어지는 것이다.

이런 사고방식은 많은 비유럽 문화에서도 나타난다. 이때 중심에 서 있는 것은 유전자 복제의 경우처럼 생물학적 육체성이 아니라 인간의 영혼, 즉 영적 요소다. 육체와 영혼은 살아 있는 동안에는 일체를 이루었다가 죽음을 통해서 갈라진다. 육체는 소멸하지만 영혼은 계속해서 살아남는다. 그러다가 영혼은 결국 새로운 육체를 만나 다시 새로운 인간을 이룬다.

이렇게 볼 때 재생산을 위한 새로운 의학적 기술로서의 유전자 복제에는 재생을 통해 불멸성을 획득한다는 오랜 문화적 관념이 담겨 있다고 하겠다. 새천년의 벽두에서 서구 문화의 시대 정신은 결국 환생 쪽으로 방향을 잡은 셈이다. 이전 세대가 품었던 죽은 자의 부활에 대한 희망은 점차 뒤로 밀려나고 있다.

돌의 영원성

인간은 비록 죽음을 막을 수는 없지만 생물학적 덧없음을 극복하는 수단과 방법을 발견했다. 돌에 대한 애정은 여기서 비롯된 것이다. 돌은 지구상에 존재하는 것들 중 유일하게 불멸의 특성을 부여할 수 있는 물질이다. 문화의 모든 산물들이 사라져갈 때에도 돌로 지은 건축물이나 물건들은 그대로 남아 있다. 나는 지금 선사시대의 돌연장들에 대해 말하려는 것이 아니다. 나의 관심 대상은 유한한 존재인 인간에게 불멸성을 부여하기 위한 목적으로 만든 건축물이나 조각상, 기념비 같은 돌들이다.

'메갈리스megalith(mega = 큰, lithos = 돌)'라는 그리스 개념으로 전 세계에 알려진 거석문화가 그것으로, 대표적인 예로는 유럽의 스톤헨지나 불멸성의 가장 대표적인 상징이라고 할 수 있는 이집트의 피라미드 등을 꼽을 수 있다. 거대한 석재들을 나르고 쌓기 위해서 옛사람들이 들였을 엄청난 노고와 비용은, 삶의 덧없음을 문화적으로 극복하는 일이 당시 사회에 얼마나 중요하고 값진 것이었는지를 충분히 짐작케 해준다.

이와 관련해서 이집트 문화는 가장 극명한 예를 보여준다. 5천 년 동안 고대 이집트 사람들은 경제적 잠재력의 많은 부분을 불멸성을 위한 노력에 투자했다. 물론 석조 건축으로 불멸성을 획득할 수 있었던 사람은 사회의 지배계층뿐이었다. 하지만 그 와중에서 수천의 이름 없는 사람들이 건축가로, 조각가로, 장인으로 참여하여 오늘날까지 전해지는 기념비 속에 그들의 모든 문화를 새겨놓았고, 이로써 지배계층들과 함께 불멸성을 얻을 수 있었다.

그들은 여전히 '생생하게' 살아 있다. 지금도 수천 수만의 사람들이 매일같이 전 세계로부터 몰려와서 그들이 이룩한 문화적 불멸성의 의미를 새롭게 체험하고 있기 때문이다. 카이로의 이집트 박물관에 전시되어 있는 물건들을 하나씩 관찰하며 옛사람들의 일상생활을 떠올려보면 5천 년 전 나일 강가에 살았던 사람들의 모습이 손에 잡힐 듯이 가까이 다가온다. 그럴 때면 피할 수 없이 떠오르는 물음이 있다.

"5천 년 뒤 지금의 산업문화에서는 무엇이 남아 있을까?"

아마 아무것도 남아 있지 않을 것이다. 우리의 문화적 창조물들은 오로지 '지금 여기'에 맞춰져 있기 때문이다. 우리는 더 이상 돌을 사용하여 건물을 짓지 않는다. 지금 사용하고 있는 건축재들의 수명은 길어야 2백 년을 넘기지 못할 것이다. 우리의 문화재, 우리의 도서관은 5천 년 뒤에는 모두 사라지고 없을 것이다. 현재의 전기전자 문화는 1백 년만 지나면 어느새 하나도 남아 있지 않을 것이다.

선물로 주어진 삶

1967년 12월 3일, 남아프리카 공화국 케이프타운의 외과의사 크리스천 바너드Christian Barnard는 최초로 심장이식에 성공했다. 하지만 성공을 거둔 것은 복잡한 수술 과정뿐이었다. 몸의 면역계는 낯선 장기에 공격적으로 반응했으며 결국 그것을 파괴해버리고 말았다. 당시의 약품들은 생물학적으로 프로그래밍된 우리 몸의 자연스러운 면역 작용을 단지 몇 달 정도만 늦췄을 뿐 완전히 막지는 못했다. 이것은 아직까지도 이식의학의 가장 큰 문제로 남아 있다. 약제들(면역 억제제)은 눈부시게 개선되었지만, 장기이식은 그때나 지금이나 환자들에게는 큰 모험이다. 장기이식은 인간의 육체라는 자연에 대한 문화적 개입이다. 이런 문화적 개입을 인간은 이미 오래전부터 수많은 기술적 발명들을 통해 행해왔지만, 장기이식은 인간의 발생학적 고유성을 침범한다는 점에서 새로운 차원의 개입이라고 하겠다.

'전쟁', '적', '싸움', '억제' 등과 같은 공격적인 개념의 사용에서도 알 수 있듯이 장기이식의 과정은 자기 몸이 외부에서 침입한 다른 사람의 몸의 일부와 벌이는 싸움이다. 의학적으로는 그저 몇 조각의 근육과 조직들에 불과할 수도 있다. 하지만 낯선 장기에는 타인의 발생학적 정체성이 담겨 있으며, 이러한 낯선 정체성은 당연히 위협적이기 때문에 제거되어야 한다. 여기서 약품은 면역력을 최대한 억제시킴으로써 우리 몸이 낯선 장기를 참아내는 데 도움을 준다.

예민한 사람은 낯선 장기를 이식받았을 때 이를 민감하게 의식하며, 심지어 자기 몸에서 계속 살아 있는 장기를 통해 그것을 제공한 죽은 자와의 정서적 관계를 만들어내기도 한다. 이런 현상은 특히 심장이식에서 많이 나타난다. 그것은 심장이 영혼이나 생명, 감정 등이 있는 곳으로 여기는, 문화적으로 특별한 위치를 차지하는 장기이기 때문이다.

한편, 이식된 심장의 원래 소유자에 대해서 알려고 하는 것은 서구 문화에서는 (몇 가지 나름대로의 이유로) 금지되어 있다. 하지만 다른 문화에는 이런 금지가 없다. 그것은 그들이 훨씬 더 솔직한 방식으로 죽음과 인간의 육체를 대하기 때문이다. 이것은 이식의학의 법적·윤리적·사회적 측면들에 대한 논의에서 특히 잘 나타난다. 괴팅겐 대학의 연구팀은 장기이식에 관한 법률 제정을 둘러싸고 독일 연방의회에서 벌어진 논의를 사회학적으로 분석하면서 논의의 전개 과정과 개념 사용, 그리고 무엇보다도 제정된 법률의 텍스트에 담긴 모순점들을 지적했다.

의회에서 벌어진 이 토론에서 특이한 점은, 정치적 결정을 내리기 위한 토론이 아니라(정치적 결정은 이미 그에 앞서 내려진 상태였다) 연방의원들이 법안을 승인해야 하는 이유를 찾기 위한 토론이었다는 점이다. 법안에 대한 거부는 논의의 대상이 아니었다. 법안은 이미 실제 생활에서 이루어지고 있는 행위, 즉 사체에서 건강한 장기를 적출하여 다른 방법으로는 치료가 불가능한 환자의 몸에 이식하는 행위만을 다루고 있기 때문이었다. 아무도 장기이식 자체를 거부할 수는 없다. 서구 문화에서도 인간의 생명은 가장 큰 윤리적 가치를 지니기 때문이다.

여기까지는 아무런 문제가 없다. 하지만 문제는 장기이식에 큰 사업이 걸려 있다는 데 있다. 장기이식은 현대 의학 중에서도 가장 비용이 많이 드는 기술이다. 수술 자체에 드는 비용 이외에 전문 의료진에게 지불하는 비용과 고도의 테크놀로지가 필요한 수술 장비의 구입비, 별도의 의료시설 설립비 등이 포함되어 '보통' 수술에 드는 비용보다 훨씬 더 많은 고가의 치료비가 든다. 장기이식 수술에 드는 비용은 대략 5만 유로에서 15만 유로 사이다. 이것은 물론 수술받기 전후로 들어가는 추가비용과 연간 8천 유로에서 2만 유로에 달하는 약값(장기이식은 제약업계에도 매력적인 시장이다)은 제외한 액수다. 여기서 개별적인 내용들에 대해 세세하게 언급하지 않는다. 장기이식의 문제에 대해서는 이미 수많은 글들이 발표되어 있으며, 결론은 언제나 똑같다.

"인간의 생명을 구하는 데 비용은 전혀 중요하지 않다!"

이 말은 서구 문화의 지배적인 사회적 도그마인데, 그 내부에 담긴 모순을 지적하는 것은 우리의 과제가 아니다. 우리의 관심사는 다른 데 있다. 자원으로서 인간이 지닌 새로운 차원을 살펴보는 것이다. 죽은 사람은 생물학적·경제적 자원으로 바뀐다. 뇌사자에게서 떼어낸 심장, 간, 콩팥 등은 대체장기로서는 여전히 '생생하게' 살아 있기 때문에 다른 사람의 몸 안에서 즉시 제 기능을 다시 시작할 수 있다.

상당한 수익 구조를 갖춘 독자적인 경제 영역이 여기서 발전했다. 이는 커다란 진보인가? 아니면 막다른 길로 빠져든 문화적 진보의 오류인가? 이것은 일종의 단절이다. 시대를 초월하여 언제나 미해결의 문제로 등장하는 문화적 진보의 지나친 비약들 중 하나다. 이런 비약이 발생하면 인간은 그럴 때 늘 하는 행동을 다시 되풀이한다. 감추고, 왜곡하고, 가정법의 논의들을 끌어대고, 새로운 개념들을 만들어내어 그것이 마치 모든 문제의 해결책인 양 주장한다.

장기이식을 둘러싼 독일 연방의회의 논쟁이 바로 그랬다. 경제적 이익은 결코 고려의 대상이 아니란 점을 지루할 정도로 되풀이하여 강조했지만, 거기서 벌어진 논의는 분명 경제적인 성격을 띠고 있었다. 이 점은 토론에서 사용된 핵심 개념들이 대부분 경제 행위의 용어들인 것에서도 잘 드러난다.

그들은 장기에 대한 '수요'의 원인을 분석했고, '장기 수입'과 '장기 수출'의 문제점에 대해 언급했으며, '장기 무역'에 대한 거부의 뜻을 분명히 했지만 전 세계적인 '거래'가 이루어지고 있다는 사실은 인정하지 않을 수 없었다. 여기서 언급된 장기들이 현실에서 상품으로 거래되고 있다는 것은 더 이상 비밀이 아니다. 그래도 그것은 특별한 종류의 상품이므로 독일에서는 '매매'가 아니라 '기증'을 통해서 주고받아야 한다고 못 박았다.

'장기 기증'은 논의의 키워드였다. 이 표현은 현재 일반적으로 용인되어 사용되고 있는 개념인 '혈액 기증', 즉 '헌혈'에서 차용한 것이 분명해 보인다. 하지만 여기에는 피가 심장이나 콩팥, 간, 폐 따위와는 전혀 다른 범주에 속하는 신체 물질이라는 사실이 간과되어 있다. 피는 몸속에서 지속적으로, 아무런 부작용 없이 재생산된다. 그러므로 피를 일정량 기증한다고 해서 건강에 해가 되지는 않는다. 혈액 기증자들에게는 보상이 주어진다. 혈액 기증을 돈벌이 수단으로 생각하는 사람들도 많다. 피는 경제적 상품으로 채취되고 처리되며 거래된다. '혈액은행'은 의학적 설비이자 동시에 경제적 설비다. 타인의 혈액은 혈액형만 일치한다면 아무런 부작용이나 거부 반응 없이 몸 안으로 받아들일 수 있다.

이처럼 '혈액 기증'은 여러 가지 면에서 '장기 기증'과 비교 대상이 될 수 없다. 장기 기증 광고에 등장하는 이 둘의 연관성은 의도적인 기만이다. 기만은 거기서 그치지 않는다.

"당신의 심장을 한 번 더 선사하십시오!"

이 말은 장기기증 증명서를 획득하라고 독려하는 멋들어진 광고에 등장하는 문구다. 장기기증 증명서는 자신이 사망했을 경우 즉각적인 장기 적출에 완전히 동의한다는 일종의 선언서다. 이것은 물론 사망자의 본인의 태도를 사전에 명확히 표명하여 주변 사람들의 결정 부담을 덜어준다는 점에서 확실히 의미 있는 일이다. 하지만 광고 속의 문구가 전달하는 내용은 그 밖에도 더 있다.

그것은 바로 '선물'의 개념과 '심장'이라는 감성적 은유에 담긴 개인적 관계, 즉 상호성과 공명의 문제를 말한다. 그러나 이것은 장기기증 증명서가 표방하는 내용과 정확히 반대된다. 기증자와 수혜자의 익명성은 독일 장기기증법의 기본 원칙이다. 여기에는 타당한 이유가 있다. 사망한 장기 기증자의 가족들과 장기 기증이 필요한 중환자 사이에 개인적인 접촉이 이루어짐으로써 발생할 수 있는 '장기 거래'의 가능성을 차단하려는 것이다.

장기 거래는 많은 나라들에서 이미 오래전부터 이루어지고 있다. 빈곤층의 사람들은 '장기 기증자'로서 자기 시신을 미리 판매하거나 콩팥이나 간의 일부를 생존 상태에서 떼어내어 팔기도 한다. 가난한 사람들에게 이것은 가족의 생계를 위한 경제적 기반을 마련할 수 있는 좋은 기회로 작용한다. 인도 봄베이의 어느 택시 운전사는 그 전형적인 예를 보여준다. 그는 자신의 콩팥 하나를 2만 5천 달러에 판 뒤에 그 돈으로 자동차를 구입하여 택시 운전을 하며 생계를 꾸려가고 있다.

'장기 거래'는 높은 수익을 약속하는 시장이다. 그리고 이런 경우들이 대개 그렇듯이 폭력 조직의 개입도 피할 수 없다. 이들은 구매자가 원하는 장기를 구하기 위해 살인도 마다하지 않는다. 예를 들어 남아메리카에서는 수많은 거리의 떠돌이 아동들이 그 때문에 희생되고 있다.

그래서 서방 국가에서는 살아 있는 사람의 '생전 장기 기증'을 아주 가까운 친지들의 범위로 제한하고 있다. 현재 '생전 장기 기증'의 수는 점차 늘어나는 반면에 '사후 장기 기증'은 정체 또는 줄어드는 추세다. 그 이유는 무엇보다도 익명성의 규정에서 찾을 수 있다.

이와 관련하여 앞의 광고 문구를 다시 살펴보기로 하자. 장기이식법은 장기를 '기증'으로서, 다시 말하면 '선물'로서 다루도록 요구하면서도 그와 동시에 선물의 본질적 특성이라고 할 수 있는 '상호성'과 '공명'은 금지하고 있다. 이 둘은 모든 사회적 관계의 기본 원칙이자 경제 행위의 원칙이다. 하지만 인간의 장기와 관련해서는 허용되지 않는다. 인간 또는 인간의 일부를 물건이나 상품처럼 취급해서는 안 된다. 이것은 법이자 우리 문화의 윤리적 계율이다. 이것은 또한 이식의학의 딜레마이자 종교를 등한시하는 사회가 처한 딜레마다.

연대의식, 동정심, 이타주의, 사회적 책임과 의무 등 장기 이식의 논의에 등장하는 그 모든 좋은 표현들도 사람들의 마음을 움직여 '장기 기증자'의 대열에 서도록 만들기에는 부족해 보인다. 왜 그럴까? 바로 '신'이 논의에 빠져 있기 때문이다. '신의 뜻', '신의 보답'과 같은 종교적 관점이 결핍되었기 때문이다. 이식의학이 제기하는 윤리적 요구를 제대로 처리하려면 종교적 관점이 반드시 필요하다. 독일 연방의회에서 이루어지는 장기이식법에 대한 논의나 대중매체에서 벌어지는 사회윤리적·생물학적 토론들을 자세히 관찰해보면 이 점은 더욱 분명해진다. 장기 기증의 문제는 오로지 종교적으로만 해결이 가능하다. 하지만 종교적 해법은 이제 서구 문화에서는 더 이상 가능하지 않다.

경제의 발명

문화적 진화의 시초

인간이 종으로 살아남아 호모 사피엔스로 발전할 수 있었던 것은 오직 문화를 만들어내고 자기 자신을 문화적 존재로 가꾸어간 덕택이다. 경제의 발명은 문화의 발전 과정에서 인간이 내디던 최초의 발걸음이다. 몸에 하루도 빠짐없이 음식물을 제공해야 하는 생물학적 필연성을 인간은 더 이상 우연에 맡겨놓지 않고 체계적인 '식량 공급 체제'를 발전시켰으며, 그에 필요한 도구들을 발명하여 식량 획득의 효율성 등을 개선했다. 간단히 말해서 문화적 진화의 시초에 경제 행위가 있었다. 이것은 너무나 근본적인 행위이므로 유전을 통해 다음 세대로 계승되었다.

인간은 누구나 경제적 존재로 태어난다. 경제 행위의 유전적 특성을 어떻게 실현시킬 것인가 하는 것은 문화의 몫이다. 인간은 누구나 하나의 문화에 속한 존재로서 태어난다. 그가 속한 문화에는 경제 행위가 무엇을 의미하고, 그것을 어떻게 다루어야 하는지가 이미 규정되어 있다. 한 문화에서 경제적 영역은 개혁에 가장 민감하다. 다른 말로 표현하면 경제적 상상력은 사회 조직이나 종교 영역의 변화보다 훨씬 더 실현시키기가 쉽다. 문화적 변화는 대개 경제적 변화와 더불어 시작될 때가 많다. 한 사회의 환경적 제약이나 역사적 상황이 바뀌었을 때 가장 먼저 반응을 보이는 것 역시 경제다.

경제는 생물학적으로 설명될 수 있을까? 경제적 과정들은 '자연스러운 선택'의 법칙에 따라 진행될까? 생물학에서 말하는 선택은 오로지 '자연도태'의 과정을 뜻한다. 물론 우리는 기술이나 이념, 정신 사조, 사회 집단, 직업군 따위의 생성 소멸과 관련하여 넓은 의미에서의 문화적 선택을 말할 수도 있다. 하지만 '선택'이라는 단어를 문화적인 맥락에서 은유적으로 사용하면 많은 혼동과 오해가 발생할 가능성이 있는 것도 사실이다. 문화적인 제도, 가치, 관습, 발명품 등이 생겨나고 사라지는 과정은 신체 기관의 생물학적 선택 과정과는 완전히 구조가 다르기 때문이다. 문화적 과정은 항상 하나의 (종종 아주 멀리까지 소급되는) 전사前史를 가지며 또한 거의 대부분 하나의 후사後史만을 가진다.

새로운 문화적 창조나 외부에서 도입된 혁신은, 한 집단 내 여러 사회적 관계들 간의 네트워크와 그때그때의 역사적 상황이 중요한 의미를 지니는 복잡한 이념사적·사회적 과정과 항상 결합되어 있게 마련이다. 이는 '제3세계' 국가의 개발 계획에서 특히 잘 나타난다. 그런 계획들은 대부분 기술적 혁신을 외부로부터 아직 준비가 되어 있지 않은 사회 안으로 끌어들이는 데 초점이 맞춰져 있다.

그러고 나면 그들 국가에서는 복잡하고 다층적인 사회적 정치적 프로세스가 시작된다. 이때 여러 당파들이 형성되는데(거기에는 대개 역사적 경쟁 관계나 사회적 갈등이 개입된다), 이런 혁신을 통해 자신의 이익을 챙기려 하거나 불이익을 두려워하는 사람들이 있기 때문이다. 바야흐로 역동적인 인물들의 시대가 펼쳐진다. 이들은 개발 계획을 실현 또는 좌초시키기 위해서 사용 가능한 모든 물질적・사회적・정치적 가능성들을 동원하며, 이런 기회를 이용하여 권력을 획득하려 한다.

이 모든 혁신의 과정은 하나의 원칙을 따라서 진행하는데, 그 원칙은 다음과 같다. 새로움은 내재적 사고 모델을 적용하여 기존의 문화 안으로 통합시킬 수 있을 때에만 생존의 위기를 초래하지 않고 관철될 수 있다. 새로움은 그에 상응하는 사고 모델이 전혀 없다면 관철되지 못하고 거부될 수밖에 없다. 문화의 총체적 파괴가 자행되는 부정적인 경우를 제외한다면 말이다. 간단히 요약하면 새로운 것이라도 완전히 새로울 수는 없다. 새로움은 기존의 것에 접합되어야 한다. 이 원칙을 무시한 개발 계획들은 실패하고 만다. 나는 이와 관련된 계획 수립의 문제를 더 자세히 규명할 생각은 없으며, 여기서는 다만 생성・변화・소멸의 문화적 과정들이 생물학적 선택의 과정들과는 전혀 다르다는 사실을 분명히 밝히려고 한다.

'개발 계획'의 예는 우리를 문화의 발전이 지닌 또 다른 측면으로 이끈다. 문화적 진화에서 인간의 의지는 어느 정도의 의미를 갖는가? 이것은 '자유 의지'를 묻는 철학적 물음이 아니다. 여기서 문제 삼는 것은 상황에 대한 분석을 통해서 이루어지는 의도적이고 체계적이며 창의적인 결정 과정이다.

민족학자들은 전 세계의 다양한 문화 안에서 벌어지는 그와 같은 과정을 연구하고 기술한다. 문화적 혁신은 제도의 생성과 변화, 거주 형태, 정치적 발전 등 다양한 영역에서 중요한 자극제 역할을 한다. 이것은 대개 지도적 인물이나 (대부분 소수의 구성원으로 이루어진) 지도적 집단의 의지를 통해서 이루어지며, 종종 각기 다른 집단이나 인물들 간의 상호작용도 관찰된다.

의지는 오직 인간에게서만 찾아볼 수 있는 특성이다. 의지를 가지려면 인간의 지능이 필요하기 때문이다. 개념적이고 성찰적인 사고 및 언어의 생성과 더불어 인간의 의지도 발전할 수 있었다. 의지는 동물적 육체성에서 해방되고자 하는 인간적 노력의 출발점에 위치한다. 물론 이런 해방이 단 한 번의 의지적 행위를 통해서 이루어진 것은 아니다. 그것은 문화적 창의력을 통해 삶의 조건을 '인위적으로' 변화시키려는 지속적인 노력과 심사숙고를 오랜 세월 거듭한 끝에 획득될 수 있었다. 어쩌면 해방의 과정은 인간 종이 처음 생겨난 3백만 년 전에 이미 시작되었는지도 모른다. 한 가지 분명한 것은 그 과정이 오늘날에도 아직 완결되지 않았다는 점이다. 아마도 인간은 존재하는 내내 그 끝을 볼 수 없을 것이다.

의지는 문화적 발전의 한 요소일 뿐만 아니라 인간의 생물학적 진화의 일부이기도 하다. 동물적인 본능의 행동이 문화적 행동을 통해서 근본적으로 바뀌고 풍부해지면, 그에 상응하는 정도로 인간의 유전적 특성도 변하게 된다.

유전자는 불변하지 않으며, 새로운 유전자가 생겨나는 것도 충분히 가능한 일이다. 유전적 기질이 일생을 살아가면서 겪게 되는 희로애락의 강렬한 감정들을 통해서도 바뀔 수 있는지는 학자들에 따라 아직 의견이 분분하다. 그러나 인간의 지능이 유전적 요소와 문화적 요소의 공동작용을 통해 발전했다는 점에 대해서는 과학자와 문화학자 모두 같은 의견이다. 유전자와 문화가 정확히 어떤 방식으로 연관되어 있는가 하는 물음이 아직 해결되지 않았을 뿐이다.

행동의 변화는 신체 조직에 생물학적 변화를 일으킨다. 이것은 생물학자 볼프강 비클러가 다양한 동물들의 진화 과정을 통해서 입증해보인 사실이다. 비클러는 행동방식이야말로 진화의 선도자라고 말한다. "신경계의 자극 패턴에 따라 결정되는 다양한 행동방식들은 개체의 경직된 신체 조직을 변화하는 환경에 적응시켜준다"고 언급하면서 비클러는 이런 관찰 결과를 인간에게도 그대로 적용했다. 콘라드 로렌츠 역시 비클러와 같은 견해다. 로렌츠에 따르면, 호모 사피엔스는 생활환경의 변화와 다양한 도전들에 직면해서 매우 빠르게 유전적인 변화를 겪고 있다.

오해를 피하기 위해 한마디 덧붙이자면, 나는 종의 생물학적 진화가 어떤 신비적이고 신적인 형태의 '전지전능한 의지'에 의해서 결정된다고 주장하려는 것이 아니다. 이런 문제에 대해서 철학적으로 논의하는 것 또한 나의 관심사가 아니다. 문화의 진화를 지배하는 어떤 초월적 이념이나 계획과 같은 역사철학적인 관점들도 나의 연구 영역에서 벗어난다.

여기서 의지는 경험주의적 문화 연구의 시각에 입각한 '행동의 의지'를 말한다. 이것은 사회적 현실의 증명 가능한 요소로서 문화적 진화의 과정에서 결정적인 역할을 수행한다. 생물학자들이 거부 반응을 보이는 추상적인 '자유 의지'와는 전혀 다르다. 하지만 '자유 의지'는, 자연법칙을 통해 설명할 수 없는 탓에(문화 연구의 인식과도 일치하지 않는다) 과학자들이 거부할 수밖에 없지만, 다른 한편으로는 (윤리적 통찰에 근거하여) 인류의 최고 덕목이자 인간의 기본권으로서 강력하게 옹호되어 마땅하다.

자연은 이미 주어져 있다. 이런 사실은 자연이 비록 잠재된 가능성의 일부만을 실현시키고 있더라도 변함이 없다. 인간의 육체는 지금과는 다르게 좀더 완전한 모습을 갖추었을 수도 있다. 하지만 실제로는 그렇지 않다. 자연선택의 법칙이 조금 다르게 작용했다면 완성도를 더욱 극대화시킬 수도 있었을 것이다. 하지만 그렇게 되지는 않았다.

문화는 미리 주어져 있는 것이 아니다. 인간은 지능을 통해서 비록 '자연선택'의 법칙에 위배될지라도 자신의 행동 가능성들을 계속해서 발전시키고 실현시킬 수 있다. 사고 능력을 갖게 된 뒤로 인간은 의도적으로 그렇게 행동하기도 한다.

문화적 존재로서의 인간이 존재하기 시작한 이래로 '자연선택'은 더 이상 그 이전과 똑같은 것이 아니었다. 인간은 처음부터 자연의 생물학적 과정에 개입하려고 시도했다. 동식물의 세계는 인간의 의도적이고 체계적인 사육(재배) 방법을 통해 바뀌어졌다. 새로운 종들이 생겨났고 어떤 종들은 사라졌다. 유전자 공학은 이런 종의 변화 과정을 상상하기조차 힘든 차원으로까지 밀고 나간다.

인간은 자기 종에 적용되는 자연선택의 법칙을 광범위한 영역에 걸쳐 무력화시켰다. 존재하기 시작한 이후로 줄곧 인간은 자기 육체의 취약성과 불완전성을 보완하는 방법과 수단을 찾으려고 노력했다. 최초의 원시적 치료법에서부터 고도로 발달한 현대 의학에 이르기까지 의술의 발전사는 이런 노력을 잘 보여주고 있다.

치료법과 약품의 획기적인 발달로, 예전 같으면 유전적 원인으로 어린 시절을 넘기지 못하고 죽을 수밖에 없었을 사람들이 평균 수명에 가까운 삶을 살아갈 수 있게 되었다. 사람들을 '자연스러운 방식으로' 죽음에 이르게 하는 질병은 치료가 가능해졌고, 죽음은 뒤로 멀리 미루어졌다. 물론 그 대가도 있다. 한 문제의 해결은 항상 다른 문제를 가져오게 마련이다. 이것은 문화의 기본적 특징으로서 문화의 발달에 큰 영향을 미친다.

'자연선택'의 법칙을 문화적으로 극복함으로써 인간은 생물학적 진화의 건물 전체를 바꾸어놓았다. 18세기 질풍노도의 시대를 이끌었던 헤르더Herder 이후로 일반적으로 받아들이고 있는, 문화적 진화가 생물학적 진화를 따라간다는 테제는 반쪽짜리 진실에 지나지 않는다. 인간적으로 사고하는 호모 사피엔스가 등장한 이래로 생물학적 진화와 문화적 진화는 줄곧 상호작용을 해왔으며, 점차 후자가 우위를 차지하기 시작했다. 그후로 자연과 문화의 변증법적 관계는 새로운 특성을 띠기에 이르렀다. 자연은 점점 더 문화에 뿌리를 내리고, 문화는 점점 더 자연에서 벗어나기 시작했다. 이제는 '자연'의 개념도 새롭게 정의되어야 한다.

우리는 흔히 육체적으로 매우 취약한 인간이 어떻게 다윈이 주장한 '생존 투쟁'에서 살아남을 수 있었는가라는 질문을 자주 듣는다. 인간의 운동 기관과 감각 기관은 모두 고등포유동물에 비해 덜 발달되었다. 인간은 시각과 청각이 동물보다 훨씬 더 무디고, 후각은 적을 발견하기에는 턱없이 뒤떨어진다.

대부분의 동물에게 생존의 기회를 부여하는 빠른 다리와 지구력도 인간에게는 주어지지 않았다. 단거리 세계 기록의 보유자도 가젤 영양의 속도를 따르지 못하고, 마라톤 챔피언은 아닥스 영양의 지구력을 당하지 못하며, 아무리 높이뛰기 올림픽 금메달리스트라고 해도 사막에 사는 '뛰는 쥐'들처럼 자기 키의 스무 배를 뛰어오를 수는 없다. 또 인간에게는 비바람을 막아줄 따뜻한 털도 없고, 인간의 아기는 '자연적인 환경'에서는 전혀 살아남을 능력을 갖지 못한 채 무방비 상태로 세상에 태어난다.

하지만 지능의 발달과 문화의 창조를 통해서 인간은 수많은 종의 동물을 멸종시킨 엄청난 기후 변화 속에서도 살아남을 수 있었다. 그뿐만 아니다. 문화는 인간으로 하여금 '자연적으로 주어진' 장비만으로는 도저히 살아갈 수 없는 기후 지역에서도 생활 공간을 마련할 수 있게 해줌으로써 인간이 세계 각지로 퍼져나갈 수 있도록 이끌어주었다.

생물학자들 중에도 다윈의 자연선택 법칙을 인간에게 적용하는 것이 과연 타당한지 의문을 제기하는 사람들이 있다. 생물학자 볼프강 비클러와 우타 자이프트는 자연선택의 적용을 '직립 원인'까지로 제한하고 있다. 즉, 적어도 그 이전까지 인간은 자연선택의 지배를 받았다고 보았다.

콘라드 로렌츠는 1983년에 이미 그런 생각을 하고 있었다.

> 인간의 정신을 만들어낸 것은 진화의 창조적인 요소들, 특히 활발한 돌연변이와 자연선택이다. 하지만 그러고 나서 인간의 정신은 맹수, 기후, 전염병 등 외부 세계의 모든 적대적인 침입에 철저히 대처함으로써 자연선택의 영향력을 무력화시켰다.

다위니즘darwinism의 신봉자로 꼽히는 에드워드 윌슨Edward O. Wilson도 호모 사피엔스가 '자신을 창조한 자연선택을 무력화시키는' 방향으로 진화했음을 인정했다.

하지만 이런 발전이 의술이나 주거 형태의 발달에 의해서만 이루어진 것은 아니다. '자연선택'은 인간이 의식적으로 사회를 이루고 성행위의 규칙들을 확고하게 규정하기 시작한 후로는 더 이상 인간에게 작용하지 못했다. 그러므로 인간에게는 다윈이 두 번째 저서인 『인간의 유래』(1871)에서 주장한 것과 같은 '성 선택sexual selection'은 존재하지 않는다. '성 선택'이란 '짝짓기'를 말한다. 좀 더 자세히 말하면 "동성의 경쟁자들이 직접 경쟁을 하거나 또는 한쪽 성의 대표자들이(대부분 암컷) 구애에 나선 파트너들 중 하나를 선택함으로써 발생하는 짝짓기의 차별적 성공"을 뜻한다.

나는 인간의 '짝짓기'에도 경쟁이 존재한다는 사실을 부정할 생각이 없다. 남자들은 여자를, 여자들은 남자를 차지하기 위해 서로 경쟁한다. 하지만 이 경쟁은 '자연'의 틀 안에서가 아니라 문화적으로, 즉 사회의 일정한 규칙과 형식에 맞춰 이루어진다. 또 대부분의 문화에서 '짝짓기'는 친족 집단을 통해 이뤄지며, 실제로 짝짓기를 하는 당사자들은 여기에 별로 영향력을 행사하지 못한다.

'자연선택'이라는 다소 모호하고 잘못 이해되기 쉬운 개념을 좀 더 정확히 정의내려보자. 경제 행위와 관련해서 자주 사용되는 다윈이즘의 자연선택 법칙과 강자만이 경쟁에서 살아남는다는 경제 전략 사이의 유추는 실제로 사이비 유추에 불과하다. 사물은 겉보기와는 다를 때가 많다. 경제적 전략은 결코 '자연적'이지 않다. 그것은 인간 지능의 발명품이며 인간이 변화된 상황에 가능한 한 빠르게 적응하기 위해 발전시킨 문화적 행동방식이기 때문이다.

강자가 되는 것이 어떤 경우에나 가장 성공적인 전략이 되지는 않는다. 무조건 몸집을 키우는 것이 반드시 유리하지만은 않다는 점은 적지 않은 기업들이 몸집을 키우다 무너졌다는 사실에서도 입증된다. 종의 생물학적 진화라는 자연법칙은 인간의 경제 행위에 그대로 전이될 수 없다. 경제적 발전을 설명하는 핵심어는 '의도적인 변화'다.

경제 행위와 경제 시스템의 발전은 예로부터 인간의 지능에 대한 특별한 도전으로서 뇌의 발달을 자극했다. 두뇌 연구자들이 입증해보였듯이 스트레스는 뇌의 생물학적 진화에 아주 중요한 요소다. 문화적 진화의 역동성이 경제 행위의 역동성에 기초한다고 생각할 수도 있다. 하지만 그것은 사실과 다르다. 경제 구조의 변화가 곧 모든 문화 구조의 변화를 유발시키는 것은 아니기 때문이다. 예를 들어 오늘날 전 세계의 경제 구조는 서구화된 글로벌 경제의 형태로 매우 빠르게 바뀌고 있다. 하지만 비유럽 지역의 문화를 경험적으로 관찰해보면 사회나 종교 등의 영역에서 발생하는 변화는 그와는 완전히 다른 방향으로 진행하고 있음을 확인할 수 있다.

비즈니스 유전자

어떤 사회도 생물학적이고 문화적인 모든 욕구를 자기만의 생활 공간 안에서 자기만의 경제 활동을 통해 모두 충족시킬 수는 없다. 그래서 발명된 것이 거래다.

거래가 문화적 진화에서 갖는 의미를 제대로 평가하려면 먼저 인간의 원초적 특성인 호기심을 살펴보아야 한다. 생물학자들은 인간의 호기심을 유전적으로 프로그래밍된 특성으로 규정한다. 하지만 이것은 앞에서도 언급했듯이 틀린 생각이다. 인간의 호기심은 이미 알고 있는 내용을 의식적으로 미지의 내용에 연결시키는 반성적 사고 과정에 기초한 것이기 때문이다. 간단히 말해 호기심은 인간 지능의 한 요소다.

이런 호기심이 경제 행위와 결합될 때 상업적 거래가 생겨난다. 거래는 문화적 진화의 산물이다. 많은 사람들이 주장하듯이 거래 행위가 실제로 인류 자체만큼 오래된 것인지는 의문이다. 거래가 이루어지려면 우선 그에 상응하는 사회 조직이 갖추어져 있어야 하고, 최소한의 형태로라도 상품이 생산되어야 하며, 지역에 따라 특수한 자원(예를 들어 소금)이 개발되는 등 여러 가지 전제 조건이 갖춰져야 하기 때문이다.

소금은 아마도 가장 오래된 상업 품목에 속할 것이다. 소금이 전혀 나지 않는 곳에서는 소금은 매우 귀중한 물건이다. 사하라에서 생산된 소금은 10세기 무렵 서아프리카에서는 금과 맞먹는 값으로 거래되었다.

상업적 거래를 위해서는 운송 수단이 필요하다. 이때 짐 나르는 동물을 데리고 다니려면 사람들은 먼저 가축을 기르고 훈련시키는 방법부터 배워야 했을 것이다. 또 배 만드는 법을 발명하고 바다에서 방향을 잃지 않는 법도 알아내야 했을 것이다. 이런 운송 수단들을 일일이 열거하자면 끝이 없다. 어쨌든 거래 행위는 운송 수단의 기술적 발전에 결정적인 영향을 끼쳤고, 지리적 발견을 촉진시켰다. 15~16세기 유럽인들의 신대륙 발견도 거래 행위 덕택이었다. 아랍인들이 유럽에서 동아시아로 가는 무역로를 막았기 때문에 1497~8년에 바스코 다 가마Vasco da Gama는 아프리카 대륙을 돌아 인도로 가는 뱃길을 개척해야 했다.

거래는 자신의 경제 공간을 자기가 속한 사회의 경계를 넘어서 확장시키는, 세계 어디에서나 통용되는 방법이다. 거래 행위를 통해서 사람들은 다른 문화의 경제 시스템을 자신의 경제 안으로 끌어들인다. 자원이 부족하거나 기후의 변화가 심한 지역에 사는 사람들(예를 들어 아프리카에서 아시아에 이르는 건조 지역에 거주하는 주민들)에게는 생존을 위해 매우 중요한 일이다. 따라서 아프리카와 아시아의 중요한 무역 중심지와 무역로들이 이 기후대를 따라서 형성되어 있는 것은 우연이 아니다. 초기의 도시 문화와 고대 국가들도 주로 이 지역에서 생겨났다.

아프리카의 사헬 지방은 최근 들어 대중매체에 의해 부정적인 뉴스거리가 되고 있다. 사하라 남쪽 변두리에 위치한 이 지역을 유명하게 만든 것은 흉년, 빈곤, 기아와 같은 재해들이었다. 주기적으로 나타나는 건기乾期가 국가 행정 기관들의 중대한 실책들과 맞물리면서 몇몇 지역에서 극심한 재난 사태가 발생했다. 이럴 때 대중매체가 전하는 시나리오는 익히 잘 알려져 있다. 쩍쩍 갈라진 땅, 바닥을 드러낸 우물, 말라죽은 소 떼, 뼈만 앙상한 아이들. 이런 것들은 선진 산업국가 사람들의 동정심을 유발하여 기부 행위를 이끌어낸다. 이런 나라들은 서방의 잉여 생산물들을 지원의 형태로 소비하면서 아프리카에는 '희망 없는 대륙'이라는 낙인을 찍는다.

그러나 아프리카에 머물면서 내가 경험한 사헬의 궁핍은 대중매체에서 보도하는 것과는 사뭇 달랐다. 사헬 지역의 사람들은 수백 년 동안의 경험을 통해서 자신들에게 적합한 경제 행위의 전략들을 발전시켰다. 그것을 다 소개할 수는 없지만, 그중에서 내가 아주 강한 인상을 받은 것은 이루 헤아릴 수 없이 많은 남녀 상인들이 모여들어 장사를 하고 있는 수많은 시장들이었다. 아득한 옛날부터 사헬에서 상품이 가장 요긴하고 또 가장 높은 가격을 받을 수 있는 곳으로 흘러갈 수 있도록 조절하는 역동적인 요소들은 바로 거래에 대한 이곳 사람들의 관심과 남다른 재능이었다.

사헬의 모든 도시와 마을은 상품이 이동하는 상호보완적인 네트워크로 묶여 있다. 큰 규모의 상인들은 상품을 도시로 가져가고, 작은 규모의 상인들은 낡은 트럭에 이런저런 물건들을 싣고 지방에서 열리는 큰 장들을 돌아다닌다.

이런 분배의 사슬을 끝까지 따라가면 결국에는 자전거나 노새에 물건을 싣고 시골 마을들을 전전하는 장돌뱅이나 '상점'을 통째로 머리에 이고 다니는 장터의 아낙네들을 만나게 된다. 이들이 파는 물건은 담배, 성냥, 머릿기름, 소금, 후추 등 잡다한 일상용품들이다. 거래량은 비록 얼마 안 되지만 생계에는 적잖은 도움을 준다. 이런 소규모 거래가 사회에서 차지하는 중요한 의미는 바로 분배의 기능이다. 여기서는 생계가 빠듯한 집안의 주부들에게 소금을 한 스푼씩 제공해주거나 담배 한 갑을 살 돈이 없는 애연가에게는 한두 개비만을 팔기도 한다.

아프리카 사람들은 시장을 사랑한다. 이들에게 시장의 의미는 물건을 거래하는 곳 이상이다. 시장은 남녀가 허물없이 만나 자유롭게 대화를 나누고 서로 다른 사회 계층이나 문화에 속한 사람들 사이에 커뮤니케이션이 오갈 수 있는 유일한 장소다. 시장에서 사람들은 타인이나 이방인이, 옷차림이나 머리 모양과 장식품 따위

▶ 사헬의 시장. 하우사족 상인이 물건을 팔고 있다.

▼ 수단의 한 행상이 몰고 다니는 트럭. 상인은 물건을 외딴 곳까지 가져갈 뿐만 아니라 사람들에게 불편하지만 값싼 이동 수단을 제공하기도 한다.

◀ 젊은 하우사족 상인이 물건들을 머리에 이고 손에 든 채로 고객을 찾아다니고 있다.

▼ 아프리카의 주부가 시장에 나와 반찬거리를 고르고 있다.

의 겉모습에서 풍기는 것과는 다른, 그렇게 이상한 사람들이 아니라는 것을 경험하게 된다. 시장의 대화는 격식을 따지지 않고 자연스럽게 오가며, 겉차림에 구애받지 않고 사람들 사이의 유사성을 빨리 알아차리게 해준다. 시장은 적대적인 태도를 잠재우는 평화의 해방구다. 여기서는 견원지간犬猿之間의 적들도 서로 거래를 한다. 상호성과 공명의 원칙에 따라 이루어지는 상업적 거래는 사람, 사회, 국가, 문화 사이에 평화적인 관계가 생겨나고 유지되도록 하드는 가장 오랜 수단이다.

그러나 이것은 한 가지 측면의 모습에 불과하다. 다른 한편으로 거래는 무기로 사용되기도 한다. '무역전쟁'과 '무역금지 조치'는 거래 행위가 지배권 행사를 위한 폭력으로 사용될 때 단골 메뉴로 등장하는 개념이다. 이것은 순식간에 사람들의 욕구 충족을 불가능하게 만들어버리며, 생존을 위협하는 경제적 궁핍을 유발한다. 이런 폭력의 목적은 거래 행위의 차단을 권력 획득을 위한 전략으로 사용하는 것이다. 군사적 수단으로 제압할 수 없는 적을 경제적으로 파산시켜서 굴복하게 만들려는 것이다.

지나온 역사는 무역금지 조치가 그다지 뛰어난 무기가 아니라는 점도 가르쳐준다. 상업적 거래는 그 무엇보다도 적응력과 창의력이 뛰어난데, 무역금지 조치의 틈새를 파고들어 장사를 하는 것보다 더 수익성이 많은 거래는 흔치 않기 때문이다. 그 예는 고대부터 현대에 이르기까지 매우 풍부하다.

다시 시장으로 돌아가자. 세계 어느 곳에 있든 시장은 그 지역의 경제적 상황을 그대로 반영하는 거울이다. 시장은 모든 공식적인 발표나 통계, 프로그램들보다 현실에 가깝고 믿을 만하다. 무엇이 현실이고 무엇이 가상인지를 똑바로 알고 싶다면 큰 시장에 나가 잘 둘러보는 것만으로도 충분하다. 하지만 시장의 모습을 자세히 묘사하는 것은 우리의 주제를 벗어나는 일이므로 여기서는 크고 작은 물건 보따리를 펼쳐놓고 손님을 기다리는 남녀 장사꾼들에 대해서만 언급하고 넘어가기로 한다.

대부분의 시장은 상품의 종류별로 자리가 정해진다. 그런데 '타고난 장사꾼'이 물건을 파는 곳에는 항상 사람들이 북적거리는 반면, 그렇지 못한 사람의 점포 앞에는 같은 물건들이 전시되어 있음에도 파리 날리기 일쑤다.

그렇다면 '장사꾼의 재능'이란 과연 무엇일까? 심리학자 겸 지능 연구가인 하워드 가드너Howard Gardner는 이것을 '대인간 지능 interpersonal intelligence'이라고 정의했다. 대인간 지능이란 다른 사람들의 의도, 동기, 소망 따위를 잘 헤아려서 그들과 성공적인 협력을 이끌어내는 능력을 말한다. 이것은 지능, 진취적 정신, 감정 이입 능력, 직관적 인간 이해, 수익 추구, 모험심 따위를 모두 합쳐놓은 것으로서 내가 '비즈니스 유전자'라는 개념으로 요약하려는 유전적 기질과 관련이 있다.

'비즈니스 유전자'는, 가령 천부적인 언어 구사 능력을 가진 사람을 가리켜 '언어 유전자'를 지녔다고 말하는 것처럼, 일종의 은유적 표현이면서 또한 관찰 대상을 포착하기 위해 특별히 만든 연구 개념이다.

유전적 기질이란 하나의 가능성으로 존재한다. 이것은 이에 상응하는 문화적 환경이 갖춰졌을 때 비로소 실현된다. 어떤 사회에서 상업 활동이 높은 문화적 가치를 지닌다면 거래 행위는 문화적 관심의 중앙에 위치할 것이며, 높은 사회적 지위와 결부되어 있다면 많은 구성원들이 이를 추구하게 될 것이다. 그렇게 되면 그 사회는 상업적 전통이 발전하게 되며 사회의 문화적 특징으로 자리 잡게 된다. 이럴 때 사람들은 '상업 민족'과 '상업 문화'에 관해서 말하게 된다.

고대의 페니키아인들이 대표적인 예다. 페니키아인들의 '비즈니스 유전자'를 물려받은 것이 오늘날의 레바논 사람들이나 사업적 수완이 뛰어난 그리스인들이다. 아프리카에서는 하우사족이 가장 뛰어난 장사꾼으로 손꼽히고, 아시아에서는 중국인들이 그런 명성을 얻고 있다. 그 밖에도 각 나라에는 지역마다 유명한 상업 문화가 존재한다. 그중에는 집안의 상인 전통을 대를 물려가며 이어가고 있는 '상인 가문들'도 있다. 이처럼 사람들은 각별히 성공적인 경제 행위의 특징을 유전적 요인과 문화적 요인의 상호작용으로 설명하려는 경향이 있다.

남의 나라에서 소수민족으로 살아가는 이주민들은 정치적이거나 종교적이거나 또 다른 이유로 그 나라의 핵심적인 자원에 접근하는 길이 막혀 있다. 이런 사회적 소수 집단에는 상업이 경제적 생존을 위한 유일한 가능성으로 제시된다. 이런 처지에서 형성된 '상인 전통'은 이들 집단에게 특별한 사업적 수완을 지녔다는 명성을 가져다주기도 한다. 유럽의 유대인 집단이나 중동의 아르메니아인 집단이 이런 경우에 속한다. 사람들은 이 집단의 구성원들이 모두 '비즈니스 유전자'를 지니고 있다고 말한다. 나는 이런 생각을 내중적 편견이라고 여긴다. 경험주의적 문화 연구는 그와 정반대의 결과를 보여주기 때문이다.

유럽에 거주하는 유대인들에게 모든 직업의 문이 열린 이래로 수많은 유대인 가정에서는 자식들이 가업인 상업이 아닌 다른 직업을 택하려는 것 때문에 많은 문제가 발생한다. 대부분의 경우 이들은 '다른' 직업에 흥미를 느낄 뿐만 아니라 선천적으로도 더 큰 재능을 보인다. 이는 탁월한 예술가와 학자들이 유대인 상인 가문에서 많이 배출되는 것에서도 잘 나타난다.

그러나 여러 세대에 걸쳐 쌓아올린 가업이 끊기는 것은 유대인 가정을 심각한 갈등에 빠뜨린다. 오랜 세월을 박해와 추방에 시달려야 했던 유대인들에게 상업은 재정적 안정을 담보하는 매우 중요한 가치이기 때문이다. 언제고 다른 나라로 피신하여 그곳에서 새롭게 생계 기반을 마련할 수 있도록 항상 충분한 돈과 귀중품을 확보해놓아야 하는 것은 유대인들의 기본적인 생존 전략이다. 그러려면 적어도 자식들 중 한 명은 개인적인 취향을 접고 가업을 이어나가야 한다. 다시 말해 삶에 대한 자신의 계획이나 꿈을 가문을 위해서 포기해야 한다.

유대인을 예로 들어 말한 이 내용은 원칙적으로 대부분의 문화적 또는 종교적 소수 집단에도 해당된다. 소수 집단은 어떤 사회에서나 '속죄양 신드롬'의 위험에 노출되어 있다. 사회가 커다란 사회적·경제적 곤경에 처하게 될 때 사람들은 그 책임을 누군가에게 떠넘기려 한다. 사회적 불행의 책임을 뒤집어씌울 '속죄양'을 찾는 이런 행위는 통치자들이 흔히 쓰는 수법이기도 하다.

이럴 때 속죄양은 외부의 적이거나 자국 내 사회적 소수 집단들 중 하나가 된다. 속죄양은 세계 어느 지역에서나 찾아볼 수 있는 사회사적·종교사적 현상이다. 사회의 모든 비참함과 절망, 죄악

따위를 여기에 덧씌운 뒤 추방하거나 제거한다. 그러고 나면 사람들은 불행이 자기 사회에서 떨어져나갔다고 믿는다.

사회적·정치적 '속죄양'의 역사는 항상 소수 집단의 역사다. 유럽의 유대인, 중동의 아르메니아인, 인도네시아의 중국인, 아프리카의 백인 거주민, 기독교 사회의 이슬람교도, 이슬람교 사회의 기독교도, 세계 각지의 집시들이 그런 집단이다. 이런 집단에 속한 상인들은 특히 위험에 노출되어 있다. 많은 양의 재화를 소유한 탓에 손쉽게 약탈의 대상이 될 수 있기 때문이다.

가난한 사람들은 대개 상인들에게 채무가 있다. 상인들은 고객이 제때 돈을 지불할 능력이 없을 때에도 지속적인 거래 관계를 유지하기 위해서 외상을 주기 때문이다. 따라서 상인들을 추방하거나 살해하는 것은 '속죄양 프로그램'에서 단번에 채무 관계를 해소시키는 기회로 작용한다. 나는 아프리카에서 이런 일을 여러 차례 관찰한 바 있다.

우리는 수많은 문화적 영역에 상업적 측면이 스며들어 있다는 사실을 관찰했다. 이는 문화적 진화에서 거래 행위가 차지하는 의미를 잘 보여준다. 거래 행위는 단지 상품의 교환만이 아니라 지식의 소통과 확장에도 기여한다. 지식의 확장은 문화적 진화의 근본 요소 중 하나다.

부자와 가난한 자

세계은행이 정기적으로 '빈곤 보고서'를 발표하기 시작한 이래로 인류는 공식적으로 부자와 가난한 자로 양분되었다. 분류의 기준은 연간 1인당 국민소득에 대한 통계 수치다. 1990년의 경계치는 370달러였다. 소득이 그에 못 미치는 사람은 적어도 통계상으로는 가난한 자다. 그렇다고 1년에 370달러 이상만 벌면 부자인 것은 아니다. 세계은행은 부자의 출발점이 어디인지는 밝히지 않았다. 정확히 전 세계 주민의 3분의 1(33퍼센트)이 가난한 자에 속한다.

아프리카에서는 이 비율이 47퍼센트에 육박했다. 이 사실은 많은 아프리카 정부에 유리하게 작용했다. 세계은행과 다른 채무국들이 빚을 부분적으로 또는 모두 탕감해주었기 때문이다. 사실 이런 빚의 대부분은 아프리카의 정부들이 지난 수십 년 동안 자기 나라의 경제적 여건을 고려하지 않은 채 불필요한 전쟁이나 무의미한 내전으로 자원을 탕진하고 얼마 되지 않는 식민지 시대의 기간산업들마저 파괴해버리는 과정에서 생겨난 것들이다. 하지만 이것은 또 다른 역사로서 우리의 주제에서 벗어난다. 우리의 관심사는 세계은행의 전문가들이 빈곤을 어떻게 이해하고 있는가 하는 점이다.

그들은 빈곤을 서구 산업문화의 특징인 재화의 결핍으로 받아들인다. 이런 재화의 소유 여부는 견고한 건축재를 사용하여 안락하게 지은 주택에 전기와 물이 충분히 공급되는지, 그에 덧붙여 모든 가정에 침대와 탁자, 의자, 장롱 등의 가구가 갖춰져 있는지, 평균적인 서구 가정의 쾌적한 생활을 제공해주는 도구라고 할 수 있

는 라디오, 텔레비전, 냉장고, 세탁기, 은행계좌를 갖고 있는지 등
등으로 결정되었다.

　이것이 세계은행이 인류의 빈곤 여부를 측정하는 척도였다. 비록 세계은행의 보고서에 그렇게 기록되어 있지는 않았지만 통계 수치를 설명하기 위해 끌어대고 있는 사례들을 자세히 들여다보면 이는 의심할 바 없이 분명하다. 그 보고서에는 서아프리카의 가나에 사는 한 농부의 사례가 기록되어 있다. 일곱 명의 식구로 이루어진 이 농부의 가족은 맨 땅에 흙벽돌을 쌓아서 지은 단칸짜리 오두막 세 채에 기거하고 있으며, 집에는 화장실도 없고 전기나 물도 공급되지 않았다고 적혀 있다.

　하지만 이 기록에는 여러 가지 허점이 있다. 나는 이 세계은행 보고서의 작성자가 자신이 기록하고 있는 가나의 농부 가정을 직접 찾아가본 적이 있는지 몹시 의심스럽다. 그랬다면 그는 비하하듯 (잘못) 표현된 '단칸짜리 오두막' 대신 흙벽돌로 단단하게 쌓은 담장 안에 거센 비바람에도 끄떡없는 튼튼한 초가지붕을 얹은 원형 건물 세 채가 자리 잡고 있는 농가에 대해서 보고했을 것이 분명하기 때문이다. 세 채의 집은 크기가 각각 20평방미터 정도이므로 농부의 가족이 생활하는 실내 공간은 약 60평방미터다. 그 밖에도 농가 안에는 약 100평방미터 정도의 안뜰이 조성되어 있어서 가족이 식사를 하고 낮잠을 자고 방문객을 맞는 등의 일을 하며 낮 시간을 보낼 수 있다. 이곳은 또한 어린아이들이 즐겨 찾는 놀이터이기도 하다. 다 자란 아이들은 마을의 좀더 한적한 곳에서 (동성 또는 이성의) 친구들을 만나 어울린다. 집안의 바닥에는 대개 매트리스나 면으로 된 카펫이 깔려 있다.

맨땅이 그대로 드러난 곳이 있다면 그 집의 사람들이 그것을 더 좋아하기 때문이다. 사람들이 맨땅에서 생활하고 사랑하고 잠자는 것을 더 좋아하는 문화도 많다. 땅과 직접 접촉하는 것이 더 복되고, 기운차고, 건강에도 좋다고 생각하기 때문이다. 사실 지금도 대부분의 인류는 탁자나 의자 없이 맨바닥에서 생활하고 있다. 가난 때문이 아니라 그것이 인체에 더 적합한 생활방식이기 때문이다. 바닥에 탁자나 의자를 놓고 그 위에서 생활하는 것은 실제로 건강에 좋지 않다.

수년 간 아프리카의 이런 집에서 생활하면서 나는 이것이 사바나 기후에 아주 적합한 주거형태임을 알게 되었다. 이런 집은 내게 부유한 아프리카인들이 서구식 모범에 따라 가구를 꾸며놓고 살고 있는 콘크리트 건물보다 훨씬 더 쾌적하게 느껴졌다. 콘크리트로 된 바닥은 열기를 그대로 머금고 있어서 에어컨 없이는 도저히 살 수 없다. 하지만 전기가 들어오지 않는 농부의 집에서는 그런 것이 아예 필요하지 않았다. 전기가 없이 사는 것은 생활방식의 문제일 뿐이다. 해가 뜨면 일어나고, 해가 지면 잠자리에 들면 된다. 아프리카의 열대 기후에서는 낮이 열두 시간이나 지속되므로 그다지 문제될 것이 없다. 낮 시간을 좀더 연장하고 싶다면 등잔불을 켜거나 모닥불을 피우면 된다.

그런데 화장실이 없는 것은? 서구 사회처럼 좁은 공간에 수많은 사람들이 모여 살고 있다면 그것은 두말할 필요 없이 큰 문제다. 의외로 아프리카 사바나 지역의 농부들은 화장실을 지칭하는 말조차 모른다. 배설을 하고 싶으면 마을 바깥 아무 데나 가서 해결하면 된다. 그러고 나면 흰개미들이 나타나서 마을 인근이 온통 배

설물로 더러워지는 것을 막아준다. 이 곤충들은 하룻밤이면 모든 것을 깨끗이 처리해버린다.

아프리카에서 사람들은 내게 독일 사람들은 어떻게 사느냐고 자주 물어보았다. 그럴 때마다 나는 우리 도시의 사진들을 보여주었다. 아프리카 사람들은 독일의 아파트에 여러 가족들이 위아래로 살고 있는 모습을 매우 신기해하며 '급한 용무는 어떻게 처리하는지' 물었다. 내가 독일 사람들이 간단한 용무를 처리하기 위해 고안해낸 복잡한 시스템에 대해서 설명해주면 그들은 믿을 수 없다는 듯이 나를 쳐다보며 어이없어하거나 불신의 미소를 지었다.

지금까지 내가 이야기한 내용은 세계은행 보고서의 작성자들이 기록한 가나의 농가에 대한 사례가 얼마나 사실과 다른지를 잘 보여준다. 우리로서는 도저히 포기할 수 없어 보이는 것들이 실제로 아프리카 사람들에게는 없다. 하지만 그런 것을 기준으로 아프리카의 농부들을 빈곤하다고 판단해서는 곤란하다.

아프리카 사회에서 '가난한' 사람이란 먹고 입는 기본적인 욕구를 충족시킬 자원이 없는 사람을 뜻한다. 간혹 뜻하지 않은 운명이 사람들을 그런 상황으로 몰고 가기도 한다. 하지만 얼마 지나지 않아 그들은 친족이나 부유한 이웃의 도움으로 필요한 자원을 충당할 수 있게 된다. 물론 이에 대한 보답으로 그들은 기꺼이 자신의 노동력을 제공한다. 몸이 크게 다치거나, 병이 들어 노동을 할 수 없는 사람이나, 가족이 모두 사라져서(가령 전쟁이나 전염병 때문에) 아무도 돌봐줄 사람이 없는 늙은 사람들도 그와 같은 방식으로 구제가 된다. 도시에서라면 이런 사람들은 구걸할 수밖에 없다. 그러나 아프리카의 농촌에는 거지가 없다.

아프리카 농촌문화에서 가난은 서구 산업문화에서의 가난과는 차원이 다르다. 서구 문화의 경우 누가 '가난'한지의 여부는 사회복지국에서 정한다. 결정은 세계은행과 비슷하게 일정한 수준의 수입을 기준으로 일괄적으로 내려진다. 누군가가 바라는 바를 충족시킬 수 없는 탓에 주관적으로 스스로를 아무리 가난하다고 여겨도 그것은 전혀 고려의 대상이 되지 않는다. 사회 집단에 대한 소속감이 일괄적으로 정해진 경제적 표준에 대한 요구와 맞물려 있는 서구 사회 안에서 이 사람은 고립무원의 감정을 갖게 된다. 집단의 상호성 요구에 부응할 수 있는 사람만이 사회의 일원으로 받아들인다.

혹시 오해가 있을지 몰라서 덧붙이건대, 나는 아프리카 사바나 지역의 농부들이 얼마나 고되고 궁핍한 삶을 살아가고 있는지를 직접적인 경험을 통해 잘 알고 있다. 적어도 외부 사람의 눈에 비친 그들의 삶은 그렇다. 하지만 나는 생활이 고되고 궁핍하다는 말이 이 농부들의 입에서 직접 나오는 것을 한 번도 들은 적이 없다.

그들에게 삶은 언제나 그런 것이다. 내가 경험한 아프리카의 문화에서 빈곤이라는 개념은, 흉년이나 메뚜기 떼의 공격으로 기근이 들거나 전쟁이 나서 마을이 불타버리거나 해서 사람들이 비참한 상황에 처하게 될 때에만 사용된다. 이때도 고작 집들만 불타버렸다면 이들은 곧 다시 집을 짓고 마을을 새로 건설할 것이다. 이들에게 전쟁이 나서 궁핍에 빠졌다는 것은 몸에 걸친 것 이외에는 곡식도 돈도 옷도 모두 잃어버린 상태를 뜻한다.

중앙 차드의 하제라이족 사람들은 30년의 내전 기간 동안 정부군과 반군에 의해 번갈아가며 점령되곤 했다. 나는 그들로부터 당시 상황에 대한 비참한 이야기를 들을 기회가 많았다. 그것은 완벽한 빈곤의 상태였다. 사람들은 나무의 뿌리나 잎, 풀의 씨앗 따위로 근근이 목숨을 연명했다. 그들은 들쥐를 잡아먹고 새들의 둥지를 약탈했다.

"우리는 짐승처럼 살았습니다."

이 말은 가난의 비참함이 인간에게 무얼 뜻하는지를 이해하게 해주는 열쇠다. '짐승과 같은 삶'이란 인간성의 상실을 의미한다. 동물적 존재로서의 인간이 문화적 존재로서의 인간을 억압하는 것이다. 이것은 절대적인 위기다. 이런 이유로 가장 고통스러워하는 사람들은 이슬람교도다. 그들의 종교는 '이교도'와 자신들을 구별해주는 일정한 생활방식과 문화적으로 강력하게 결합되어 있다. 이런 생활방식은 그들의 정체성을 결정하는 중요한 요소다.

파치의 이슬람교도들은, 1916~7년에 투아레그족이 프랑스에 대항하여 일으킨 봉기에 본의 아니게 휩쓸렸던 사건을 그들의 역사에서 가장 큰 위기로 꼽는다. 그 때문에 3년 동안 투아레그족의 카라반은 파치로 오지 못했다. 사람들은 대추야자 열매와 직접 가꾼 보잘것없는 곡식으로 간신히 연명하며 살아야 했다. 이보다 더 큰 문제는 옷이 다 해어져서 동물 가죽을 몸에 걸치고 '짐승처럼' 나돌아다닐 수밖에 없었던 점이다. 사람들은 이슬람교도로서 그리고 인간으로서의 '존엄성'을 잃어버리고 말았다. 이것은 배고픔보다도 훨씬 끔찍한 일이었다. 오늘날까지도 파치의 사람들은 그 악몽 같았던 때를 기억하고 있다.

이와 비슷한 일은 다른 문화에서도 많이 발생했다. 서구 문화의 역사에도 그런 일이 있었으며, 결론은 언제나 똑같았다. '포유동물'을 뛰어넘기 위해서(아니면 최소한 억압하기 위해서) 문화를 발전시킨 인간은 '짐승처럼' 살아야 하는 순간 인간성을 상실하게 된다. 이것이 '빈곤' 개념의 본래적 의미다.

세계은행의 '빈곤 보고서'를 이와 비교해보면 그것이 빈곤의 본질적 의미에서 비껴가고 있음을 분명히 알 수 있다. 세계은행이 내놓은 것은 세계 각지의 비서구적 문화에 대한 편견으로 만든 왜곡된 이미지에 불과하다. 그리고 이것은 유감스럽게도 대중매체들에 의해 끊임없이 재생산되고 있다. 그 배후에 감추어진 이데올로기는 분명하다. 아프리카 사람들이 빈곤을 극복하는 길은 서구 산업 문화의 생산품들을 사들일 수 있는 능력을 갖는 것이다. 다시 말해 서구 문화를 받아들임으로써 '빈곤에서 해방'되는 것이다.

세계은행이 제출한 '빈곤 보고서'의 결정적인 약점은 빈곤과 무욕無慾을 혼동하고 있다는 것이다. 그리고 이 혼동은 잘못된 결론으로 이어진다. 빈곤은 경제적인 이유로 어쩔 수 없이 강요된 포기이자 의식적으로 감지된 부족이지만, 무욕은 삶의 한 형식이며 문화와 종교(윤리)에 근거한 원칙이다.

인도네시아 술라웨시 섬의 농경 부족인 마카사르족의 경우를 보면 이런 차이를 잘 이해할 수 있다. 민족학자 마틴 뢰슬러는 이 부족을 철저히 연구한 자신의 책에서, 마카사르족의 문화적 이상은 "긍정적 생활태도로서의 무욕"이라고 언급했다. 그들은 인간의 모든 노력이 생존에 필요한 최소한의 것만을 추구하는 방향으로 가야 한다고 생각한다. 따라서 검소함은 강요가 아니라 욕구여야 한다. 살아가기 위해서 꼭 필요한 만큼만 일하라는 것은 마카사르족 사람들이 조상에게서 물려받은 삶의 지혜다. 이 세상에서 그 이상의 것을 얻으려고 해서는 안 된다. 죽어서 조상들이 있는 곳으로 가면 비로소 '완전한' 부를 얻을 수 있다. 여기서 완전한 부는 물론 물질적인 부가 아니다. 하지만 그렇다고 해서 마사카르족이 삶을 온통 저 세상에서의 부를 숭배하는 데 바치는 것은 아니다. 이승에서의 삶은 그들의 문화적 생활태도를 결정한다.

이것으로 마사카르족의 무욕은 기독교, 이슬람교, 불교와 같은 세계 종교의 수도승 집단들이 표방하는 무욕과 근본적으로 구별된다. 수도승들의 무욕적 태도는 저 세상에서 보답을 받으리라는 목적과 결합되어 있다. 즉 그들의 이승에서의 무욕은 천국에서의 영원한 축복 또는 신의 은총을 통해서 상쇄된다.

모든 세계 종교들뿐만 아니라 대부분의 지역 토착 종교들 또한 교인들에게 절제와 검소한 태도를 요구한다. 여기에는 사용할 수 있는 자원이 풍족하지 않기 때문에 자원의 분배가 공평하게 이루어지지 않으면 사회적 균형이 깨질 수 있다는 인식이 깔려 있다. 물론 자원의 분배가 아주 공평하게 이루어지는 이상적인 상태는 이 세상 어디에도 존재하지 않는다. 그러나 이것은 항상 윤리적 비전으로서 사람들에게 제시되며, 그런 까닭에 사람들은 스스럼없이 그렇게 받아들인다.

하지만 문화적 현실은 다르다! 세계 어디에나 무욕의 윤리적 빗장을 넘어 자원을 소유하고 부에 도달하려는 집단과 개인들로 넘쳐난다. 이 때문에 생겨나는 사회적 위기를 그들은 어려운 시기에 자신들의 부를 다른 사람들에게 나눠주어 모두가 함께 생존할 수 있는 기회를 제공함으로써 줄여나간다. 다시 말해 부는 집단의 모든 구성원들이 가입한 일종의 보험으로서 윤리적으로 받아들인다.

부富란 무엇을 의미하는가? 사람들은 누구나 나름대로 부의 조건을 말할 것이다. 하지만 주관적인 평가와 사회가 평가하는 것은 대부분 다르다. 종종 누군가가 어떤 물건을 다른 사람보다 많이 소유하고 있는 것만으로도 그를 '부자'라고 부를 수 있다. 선진국의 경제이론은 생산 수단과 자산에 대한 독점을 '부'라고 말한다. 산업사회에서 이것은 '대자본가'들에게 주로 해당되는 말이다. 문화적 측면에서 이들의 역할은 대단치 않다. 하지만 정치적 논의에서 이들의 말은 큰 영향력을 행사한다. 그들이 구체적으로 무슨 말을 하려는지 아무도 제대로 이해하지 못하지만 아무튼 그렇다. 부자들이 위험에 처하기 쉽기 때문에 부는 항상 은폐와 침묵을 동반하게 마련이다. 산업국가에서 부자들은 조직범죄뿐만 아니라 정치권력에 의해서도 위험을 당한다. 권력은 언제든지(어떤 논리나 이데올로기에 의해서든) 부자들의 재산을 축소시키거나 완전히 빼앗으려고 하는 당파의 수중으로 들어갈 수 있다.

여기에는 태곳적부터 한 사회에서 부자에 대한 다른 구성원들의 태도를 특징져온 보편적인 사고방식이 작용하고 있다. 부자가 생겨나면 다른 사람들이 더 가난해질 수밖에 없다는 생각이 바로 그것이다. 아프리카에서 내가 자주 듣던 말 중에 이런 것이 있다.

'부자는 가난한 자를 잡아먹고 부자가 된다.'

잡아먹는다는 말의 의미는 마녀의 '영혼 잠식'과도 일맥상통한다. 마녀는 야수처럼 살금살금 다가가 잠자는 사람의 영혼을 갉아먹는다고 한다. 마녀의 신통력은 바로 여기서 나오는 것이다. 이런 사고방식이 부자들에게로 옮겨가 그들이 다른 사람의 재화와 소유물을 '갉아먹고' 부자가 된다고 생각하게 된 것이다.

이승에서의 무욕은 천국에서의 영원한 축복 또는 신의 은총을 통해서 상쇄된다.

아프리카에서 부자들이 종종 마술을 부린다는 의심을 사는 것도 이와 무관하지 않다. 나는 그런 종류의 비난을 여러 차례 직접 목격한 적이 있다. 비난을 받은 부자는 대개 그런 말에 별다른 반응을 보이지 않는다. 아무도 감히 부자에게 말로 하는 것 이상의 비난을 가하거나 정식으로 고발을 하지 못하기 때문이다.

부자들에게는 힘도 있다. 그들은 또한 일정한 면책권을 누린다 (이것은 비단 아프리카에만 있는 일은 아니다). 사람들은 어려운 상황이 닥쳤을 때 부자들에게 도움을 요청하기 때문에 그들을 함부로 대하지 못한다. 결국 가난하고, 늙고, 병들고, 몸이 불편한 사람들의 짐을 덜어줄 수 있는 것도 이들뿐이다. 물론 서구 산업사회에서는 국가가 그런 역할을 하기 때문에 '사회보장'으로서 부자들의 사회적 기능에 대한 논의는 더 이상 필요하지 않다. 따라서 자산도 아무런 윤리적 부담 없이 자기 사회에서 다른 사회나 국가로 이동시킬 수 있다. 서양의 법률이 부자들에게 주거지와 돈을 같은 나라 안에 두도록 규정하고 있는 것은 오로지 국고 수입을 위한 것에 지나지 않는다.

서구 문화에서도 부자들에 대한 도덕적 불신은 오래전부터 있어왔다. '악마와의 계약'은 중세 때부터 19세기에 이르기까지 막대한 부의 발생을 설명할 때 즐겨 거론되던 모델이다. 기독교 교회에선 돈에 근본적으로 통제가 불가능한, 선보다는 악에 속하는 어떤 힘이 작용하고 있다고 보았다. 이슬람교에선 오늘날까지도 현대 자본주의와 코란의 가르침 사이에 존재하는 모순을 해결하지 못하고 있다. 청교도들은 신성한 노동을 통한 재산 형성을 신의 영광을 구현하는 일로 규정했다. 따라서 불로소득에 따른 타락한 부의 축적과 구분함으로써 금욕적 생활 요구와 사업적 성공을 통한 부 사이의 딜레마에서 빠져나올 수 있었다. 이 문제는 나중에 좀더 자세히 살펴보기로 한다.

사회에 만연해 있는 부자에 대한 불신은, 부자들이 자기 재산을 사회적 특권이나 정치 권력과 결합된 지위를 획득하기 위한 수단으로 사용하고 있다는 데에서 연유하기도 한다. 사회적 특권이나 정치 권력 같은 지위는 부자들의 출신 성분이나 혈통으로는 원래 접근할 수 없는 것이다. 이런 예는 서양의 역사에서도 찾아볼 수 있다. 귀족의 지위를 돈으로 산 금융 귀족들이 그런 경우다. 당연히 이들의 지위는 전통적인 혈통 귀족보다 낮게 평가된다.

'부'에는 그 밖에도 또 다른 범주가 있다. 파치에서는 자원이 비교적 공평하게 분배되는 편이다. 대부분의 주민보다 훨씬 더 많은 재산을 소유한 부자들은 진짜 가난한 사람들만큼이나 소수에 불과하다. 만약 어떤 사람이 비록 한때나마 다른 사람들보다 더 많은 양의 곡식이나 차 또는 돈을 소유하고 있다면, 그는 이미 '부자'로 간주된다. 그러면 친지들은 그 기회를 놓치지 않고 그 사람에게 이런저런 것들을 요청한다. 하지만 친척이나 가까운 사람과 반드시 나눠야 하는 것은 파치에서는 (다른 많은 사회에서처럼) 오직 '과시된 부'에 국한된다. 공개적으로 내보이지 않은 재산에 대해서는 아무도 자기 몫을 기대할 수 없다. 이런 방식으로 파치의 사람들은 뻔뻔한 기식자로부터 스스로를 보호할 수 있다.

그러므로 무언가를 소유한 사람은 되도록 주변에서 그것을 잘 모르게 하려고 애쓴다. 유산 분배도 다른 사람들 모르게 상속자들 사이에서 처리된다. 카라반과 대규모의 물물교환을 해야 할 경우에는 아무나 드나들 수 있는 카라반의 야영지가 아닌 자기 집에서 거래를 한다.

파치에서는 종종 초대에 대한 답례나 호의의 표시로 한 줌의 차나 막대설탕을 선물하는 경우가 있다. 이럴 때 사람들은 선물을 다른 사람이 보지 못하도록 호주머니 안에 넣거나 천으로 감싸서 상대방의 집으로 가져간다. 차나 설탕과 같은 값진 물건을 가진 사람은 그것을 가죽 부대나 상자 안에 넣고 자물쇠로 채워 보관한다. 열쇠는 줄에 꿰어 목에 걸거나 터번이나 옷고름에 꿰매어 항상 몸에 지니고 다닌다. 파치 사람들은 아무것도 보관할 물건이 없을 때에도 마치 무언가 보관할 것이 있는 양 열쇠를 옷에 달고 다니기 때문에 부의 소유 여부를 열쇠만 보고 성급히 판단해서는 안 된다.

그러나 파치 사람들은 누구나 다른 사람들이 무엇을 소유하고 있는지 상당히 정확하게 파악하고 있다. 사실 수천 개의 눈과 귀를 속이고 무엇을 감춘다는 것은 쉬운 일이 아니다. 그나마 그렇게 공개적으로 드러나지 않게 감추면 누군가가 들어주기 곤란한 부탁할 때 서로의 체면을 손상시키지 않으면서 거절할 수 있는 구실이 된다. 물론 그것이 거짓이라는 사실을 모두가 알고 있지만 말이다. 이런 방식은 파치에서처럼 빈부의 차이가 그다지 크지 않을 때에만 통할 수 있다.

파치에서 부자의 재산은 대개 제일 가난한 사람의 두 배 정도에 지나지 않는다. 이 차이가 커질수록 사회적 위기가 발생할 가능성도 함께 커진다. 부자는 다른 사람을 가난하게 만들기 때문이다(물론 그 중간의 사람들도 있지만 여기서는 고려하지 않기로 한다).

가난과 부에 대한 관념은 외부로부터, 예를 들어 정보 매체나

| 경제의 발명 | 197

이방인들을 통해서 전해질 수도 있다. 마틴 뢰슬러에 따르면, 인도네시아의 마카사르족 사람들은 도시의 엘리트들이 여러 대의 자동차를 소유하고 에어컨이 돌아가는 집에서 살아간다는 사실을 알고 난 뒤부터 스스로를 가난하다고 여기게 되었다고 한다. 도시 사람들의 부는, 그때까지 가난이 무엇인지 모르고 살아온 마카사르족 사람들을 하루아침에 가난뱅이로 만들고 그들의 농경문화에 열등감을 안겨주었다. 여기에 결정적인 역할을 한 것이 극장과 텔레비전의 보급이다. 영화와 드라마는 이곳 사람들에게 그들의 삶과 아무런 관계도 없는 서구 산업문화의 생활상들을 보여주었다. 뢰슬러는 마카사르족에 관하여 다음과 같이 기록하고 있다.

> 미국의 텔레비전 시리즈를 자주 볼 기회가 있는 마을 주민들 대부분은, 백인들은 일을 하지 않을뿐더러 하루 종일 커다란 자동차를 타고 도시를 돌아다니며, 대부분의 시간을 레스토랑에 가거나 텔레비전을 보거나 싸움질을 하면서 보낸다고 생각한다.

내가 아프리카에서 경험한 내용과도 정확히 일치한다. 한마디만 덧붙이자면, 미국의 서부영화는 도시의 청소년들에게 특히 인상적으로 작용했다. 이들은 쇠가 박힌 청바지와 재킷, 폭이 넓은 가죽 띠, 커다란 모자를 갖고 싶어했으며 영화 주인공의 터프하고 도발적인 행동을 따라했다. 그러나 이런 행동은 아프리카의 표준적인 행동 규범에 위배되어 종종 가정 불화로 이어지곤 했다.

극장과 텔레비전의 보급은 제3세계 국가들에 서양 제품에 대한 욕구를 불러일으키려는 자본주의 전략의 일환이다. 이런 새로운 욕구를 충족시킬 수단이 없을 때 사람들은 가난하다고 느끼게 된다. 이렇게 해서 '새로운 빈곤'이 출현하면 불만족, 사회적 불안, 정치적 불안정, 범죄의 증가 등이 그 뒤를 따른다. 아니면 (또 다른 가능성으로서) 거기서 얻은 좌절감이 정치적·종교적 극단주의로 바뀌어 서양적인 것을 모두 악마의 작품이라고 비난하고, 급기야 서구 산업문화 전체에 대한 투쟁을 선포하기에 이른다. 이 문제는 잠시 뒤에 다시 다루도록 한다.

포틀래치 신드롬

이 이야기는 1886년 베를린에서 시작된다. 베스트팔렌 출신인 30세의 프란츠 보아스Franz Boas는 그 해에 신생학과인 민족학과에서 교수 자격 시험을 통과한 뒤 곧장 미국으로 건너간다(독일에서는 교수 자리를 얻을 전망이 별로 없었기 때문이다). 그곳에서 그는 원주민인 북아메리카 북서부 인디언들의 문화를 연구했다. 콰키우틀족에 대한 연구로 보아스는 이 인디언 부족을 유명하게 해주었을 뿐만 아니라 마침내 컬럼비아 대학 교수로 취임하게 되었다. 여기서 그는 미국의 '문화인류학Cultural Anthropology'을 수립했다.

보아스를 통해 미국 언론의 커다란 주목을 받게 된 콰키우틀족의 포틀래치 의식은 서구 문화의 경제적 상식과 행동방식을 완전히 뒤집는 충격적인 행위였다. 포틀래치Potlatch는 부를 모은 뒤 비물질적 목적을 위해 그 부를 의도적으로 없애버리는 의식을 말한다. 청교도적 사고를 지닌 미국의 백인들에게 이 의식은 죄악일 뿐만 아니라 서양의 합리적 인간관과 경제관에 비추어볼 때 도무지 이해할 수 없는 비합리적 행동이었다. 또한 경제학자를 위시하여 심리학자, 법학자, 정치가 그리고 인디언들에 대해 편견을 가지고 있던 모든 미국의 백인들에게 큰 관심을 불러일으켰다.

'포틀래치'란 치누크족의 언어로 특정한 방식의 선물을 가리킨다. 이 '선물'을 좀더 자세히 관찰해보면 그 안에 경제적 교환, 사회적 계층, 종교적이고 정치적인 권위 등이 모두 포함된 복잡한 시스템이 담겨 있음을 발견할 수 있다. 여기서 나는 이 모든 요소들을 자세히 살펴보는 대신 우리의 시각을 물질적 가치를 사회적 특권의 비물질적 가치와 교환하는 인디언들의 제도와 관련된 측면에 국한시키기로 한다.

포틀래치는 성대한 축제의 의식으로 거행된다. 축제에는 곳곳에서 초대받은 수많은 손님들이 참석한다. 축제의 개최자는 대개 한 부족의 추장이거나 귀족의 일원인 남자다(드물게 여자인 경우도 있다). 이 남자는 부족의 모든 구성원들의 도움을 받아 몇 달 또는 몇 년에 걸쳐 축제에 필요한 막대한 양의 값진 물건을 모은다. 콰키우틀족에게 값진 물건이란 모피 담요나 수입 천으로 짠 카펫, 광석에서 힘들여 뽑아낸 구리 조각들을 이어붙인 청동판에 문장을 그려 넣은 방패, 연어나 넙치에서 짜낸 값비싼 생선기름, 많은 시간의 노동과 공을 들여 제작된 카누, 화폐로 통용되는 특별한 종류의 조개껍질, 멋진 조각품 등을 말한다. 그 밖에도 어마어마한 산해진미가 손님들에게 제공된다.

포틀래치는 다음과 같이 진행된다. 우선 초대한 손님들을 집 중앙에 피워놓은 커다란 모닥불 주위에 둘러앉게 한다. 손님들이 주인이 제공하는 맛있고 값진 음식들을 먹는 동안 마당에서는 의식과 춤이 거행된다. 그 다음으로 초대된 추장들의 이름과 지위가 소개되는데, 이때 초대자는 자신의 경쟁자를 상대적으로 낮추어 소개함으로써 초대받은 사람들을 은근히 자극한다.

포틀래치의 절정은 주인이 참석한 손님들에게 그 동안 모은 값진 물건들을 나누어주는 순서다. 선물을 받은 손님들은 적어도 받은 선물의 두 배가 넘는 물건을 답례로 선사할 수 있는 포틀래치를 거행해야 한다. 만약 그럴 능력이 없다면 그들이 속한 부족의 추장은 위신이 땅에 떨어지고 경쟁자에게 패하게 된다(이 경쟁은 대부분 추장들이 추종자들과 함께 벌이는 것이다).

근본적으로 포틀래치는 무기가 아니라 값진 물건을 가지고 벌이는 부족 우두머리들의 싸움이다. 가장 고조된 형태의 포틀래치는 열심히 모은 물건들을 선사하지 않고 모조리 태워 없애버리는 것이다. 추장들은 불을 피운 뒤 값진 생선기름을 붓고 값진 천과 담요, 청동 방패, 배 따위를 불 속에 던져버린다. 그러고 나면 추장은 물질적으로는 가난해지지만 높은 명예와 지위를 얻게 된다.

콰키우틀족 남자는 자신의 이름과 지위를 여자 형제의 아들에게 물려준다. 이것은 콰키우틀족의 모계적 질서와 관련이 있다. 여기서 흥미로운 것은 획득한 지위를 지속적으로 유지하기 위한 노력이다. 지위는 경쟁자의 '포틀래치 공격'으로 끊임없이 위협받는다. 그래서 승리를 거둔 추장은 조각이 새겨진 거대한 말뚝을 세워 승리의 표시로 삼는다. 이것이 바로 콰키우틀족(과 다른 인디언 부족들)의 유명한 '토템 기둥'이다. 토템 기둥은 해당 가문의 문장들을 묘사한 일종의 '문장 기둥'이기도 하다. 이 토템 기둥들은 죽은 자가 생전에 획득한 지위와 명성을 기록한 묘비의 기능도 갖는다.

포틀래치 때문에 콰키우틀족은 국가 관청으로부터 무의미한 낭비를 일삼는다는 비판을 받았으며, 결국 포틀래치는 (인디언들과 민족학자·프란츠 보아스의 항의에도 불구하고) 당국에 의해 금지되고 말았다. 이 사건으로 포틀래치는 인디언들의 정체성과 백인 미국인들에 대한 저항의 상징이 되었다. 오늘날 북아메리카 인디언 문화가 다시 살아나기 시작하면서 포틀래치도 새롭게 탄생하고 있다.

이 이야기를 소개하는 이유는, 평소에 익숙한 사고방식에 역행하는 생활원칙을 이해하고 공감함으로써 우리의 인식 지평이 좀 더 확장될 것으로 기대하기 때문이다. 포틀래치는, 언뜻 보기에는 몹시 기이하지만, 자세히 관찰하고 어느 정도 익숙해지면 기이함이 사라지면서 우리 주변에도 포틀래치가 적지 않게 존재하고 있음을 발견하게 된다.

대표적인 예가 결혼식 포틀래치다. 결혼식을 준비하는 쪽의 부모는(서양의 경우 대부분 신부의 부모) 이 기회를 이용하여 성대한 잔치를 베푼다. 최고급 호텔에서 최고급 결혼식 피로연을 열거나 결혼식에 맞추어 특별히 집을 개축하기도 한다. 신랑 신부를 위해 가장 비싼 의상실에서 가장 비싼 옷을 맞추고, 가족들에게도 값비싼 옷을 해주는 등 결혼식을 위해 막대한 돈을 지출한다. 모두 집안의 능력을 과시하기 위해서다. 자기 돈만으로 부족하면 빚을 내는 일도 서슴지 않는다. 신부가 시집에 가져오는 물건들도 모두 최고급 상점에서 구입한 가장 비싼 것들이다. 아예 이 물건들을 결혼식 하객들에게 공개적으로 전시하는 풍습이 있는 지역도 많다. 신랑 가족과 하객들은 이 물건에 깊은 감명을 받고(이는 분명 신부측의 희망

▶ 북아메리카 북서부 해안에 있는 인디언 토템 기둥.

▼ 토템 기둥에 새겨진 동물들. 왼쪽에서부터 상어 위의 독수리, 비버, 범고래.

사항이지만), 심지어 위압감을 느껴 자존심에 상처를 입기도 한다.

결혼식만 그런 것이 아니다. 생일, 세례, 첫영성체, 견신례(아이들이 성인들의 사회로 진입하는 성인식), 장례 등 포틀래치를 거행할 기회는 많다.

요즘 가장 성행하는 것으로는 '뷔페 포틀래치'를 꼽을 수 있다. 셀프 서비스는 이제 음식 문화의 표준으로 자리 잡았다. 요즘에는 공식적인 연회장에서도 음식이 뷔페의 형태로 제공되는 경우가 다반사다. '뷔페 포틀래치'의 진행 과정은 다음과 같다.

처음에는 초대받은 사람들이 직접 준비한 샌드위치와 냄비에 담긴 삶은 소시지 정도가 나온다. 그러면 그 답례로 전문가의 솜씨로 캐비아치즈를 얹은 카나페와 식지 않도록 보온판 위에 얹은 칠면조 요리가 파티 음식으로 서비스된다. 초대자는 눈이 휘둥그레진 손님들에게 '돈은 별로 문제가 되지 않는다'면서 출장 뷔페의 편리함을 지나가는 말로 잠깐 언급한다. 물론 그는 일이 바빠 이런 음식을 준비할 시간이 없다. 이로써 '뷔페 포틀래치'는 본격적으로 시작된다.

계속해서 이어지는 뷔페에는 최소한 두세 가지 이상의 정식 요리와 생선 요리, 고기, 야채 샐러드, 치즈, 후식용 케이크와 아이스크림 따위가 나오며, 두 종류 이상의 와인(화이트와 레드)과 맥주가 제공된다. 손님들은 차려져 나온 음식에 감탄한다. 음식의 맛과 품질도 최상급이다. 하지만 음식은 언제나 반 이상이 남는다. 지나치게 많이 준비한 탓이다. 손님들은 주인에게 찬사를 연발하지만 집으로 돌아가는 길에는 어떻게 여기에 대응할 것인가 하는 문제로 고민에 빠진다. 아예 시내에서 제일 좋은 레스토랑에서 뷔페를 대접하는 방법도 있다. 물론 '돈은 별로 문제가 되지 않는다.' 약간 부족해도 카드로 긁으면 된다.

누구나 다 아는 이런 이야기를 더 이상 계속할 필요는 없을 것 같다. 한마디만 더 하자면, 포틀래치를 거행하기 좋은 기회로 매년 돌아오는 새해맞이 파티를 들 수 있다. 이때는 '뷔페 포틀래치'에 '폭죽 포틀래치'가 더해진다. 어떤 사람은 열 개 정도의 작은 개구리 폭죽이면 새해를 맞이하기에 충분한 반면, 어떤 사람은 값비싼 로켓 폭죽을 수백 개나 허공에 쏘아댄다. 이 정도면 가히 콰키우틀의 추장들과 맞먹는 수준의 포틀래치라 하겠다.

여기서의 핵심은 누가 되었든 간에 타인을 물량 공세로 누르고 승리하는 것이다. 이것은 자기 사회 안에서 '높은 지위'를 차지하기 위한 전략으로 세계 어디서나 찾아볼 수 있다. 사람들은 남과 똑같은 사람으로 머물기보다는 남보다 더 나은 사람이 되기를 원하기 때문이다. '만인의 평등'을 윤리적 원칙으로 삼고 있는 평등한 사회에서도 마찬가지다. 모든 인간이 똑같은 권리와 가치를 지닌다는 것을 법으로 정해놓은 서구 사회 역시 온통 평등하지 않은 사람들로 가득 차 있다. 누구나 이 사실을 알고 있다.

자기보다 지위가 낮거나 높다고 생각되는 사람을 대보라고 하면 누구나 당장이라도 열 명 이상의 이름을 줄줄이 댈 수 있다. 물론 '지위'라는 개념은 좀더 세분화되어야 하며, 이것이 뜻하는 바도 대부분 몹시 모호하다. 사회 안에서의 자기 지위를 쉽사리 과대평가하거나 과소평가하려는 경향이 사람들에게 있기 때문이다. 누구나 이의 없이 동의하는 지위란 인간의 '자연적인', 즉 생물학적인 나이와 성별의 차이에서 나온 것뿐이다. 인간 사회에 대한 생물학적 설명은 모두 여기에 근거하고 있다.

그러나 문화적 현실은 그와 다르다. 우리 주변에는 명망을 얻기 위해 부단히 노력하는 사람들이 아주 많은데, 그것은 앞에서 말한 생물학적 요소들에 종속되어 있지 않기 때문이다. 명망은 생물학적으로 결정된 지위 체계를 문화적으로 극복하게 해주는 열쇠다. 많은 사람들에게 명망을 얻기 위한 노력은 물질적 이익의 추구보다 중요하다(둘 사이에 연관성이 존재할 수 있는가 여부는 일단 고려하지 않았다).

경험주의적 문화 연구에서는 명망의 범주를 다음과 같이 규정하고 있다.

적의 살해. 적을 죽이는 것은 어떤 문화에서든 높은 명망을 얻게 해주는 행위다. 자신의 목숨을 걸어야 하기 때문이다. 그러므로 대부분의 문화에서 전사戰士와 군대, 장교 집단 등이 가장 높은 사회적 명망을 누린다. 산업문화에서는 현대적 무기의 발달을 통한 살인의 산업화로 아군의 사망 위험이 현저하게 줄어든 반면, 전투에 참여하지 않은 민간인들의 사망 위험은 크게 늘어났다. 그에 따라 군대의 지위도 변했다. 남성 전사에 상응하는 여성적 반대 급부는 많은 아이를 생산하는 여자다. 이들 역시 아이를 낳아 사회의 존속을 확보하고 전사의 손실을 보충하기 위해 자기 목숨을 건다. 그러므로 대부분의 문화에서 여자들이 높은 지위를 획득하는 가장 확실한 방법은 아이를 낳는 것이다.

지식. 더 정확히 말하면, 집단의 일반적 지식 수준을 뛰어넘는 특수한 지식이다. 나이 든 사람들이 오랜 경험을 통해 얻은 생활 지식은 인간 사회에서 노인들이 사회적 명망을 누리게 되는 가장 중요한 이유다. 서구 문화에서 이 지식은 과학적 지식에 의해 밀려났다. 서구인들이 과학에 의존하고 있는 설명을 다른 문화에서는 노인들에게서 얻고 있다. 노인들은 또한 과학자에게는 없는 종교적 지식도 지니고 있다. 더 자세히 언급하지는 않겠지만, 아무튼 이런 특수한 지식이 명망의 획득과 결합되어 있는 것은 확실하다. 따라서 과학자, 교수, 의사, 판사, 승려 등은 대부분 높은 사회적 지위를 누린다.

부. 더 정확히 말하면, 물질적이고 경제적인 부이다. 앞에서도 말했듯이 부는 대부분의 사회에서 양면성을 지닌 것으로 생각하므로 부의 획득이 자동적으로 명망을 안겨주는 것을 의미하지는 않는다. 부는 기독교적 금욕주의에 입각한 자본주의에서처럼 윤리와 종교의 규제를 받거나 높은 명망과 지위를 얻기 위한 수단으로 사용된다. 서구 문화에서 귀족의 지위를 돈으로 사거나, 막대한 돈을 들여 문화재단이나 종교재단을 세우거나, 물질적 재화를 사회적 선으로 변화시키는 것 등이 모두 후자에 속한다. 민족학자들은 이것을 '명망의 축제feast of merit'라고 부른다.

폴리네시아, 파푸아뉴기니, 북아프리카의 베르베르족, 동서아프리카의 여러 부족들, 남북아메리카의 인디언 그리고 유럽 전역에서 찾아볼 수 있는 성대하고 소모적인 결혼식들도 여기에 속한다. 포틀래치는 '명망의 축제'의 원시적 형태라고 할 수 있다. 부를 사회적 지위를 획득하기 위한 수단으로 사용하는 전략이 제도화된 것이다. 이런 행동 패턴은 모든 문화에서 다양한 형태로 등장하며, 포틀래치는 이것이 체계화되고 의식화된 형태다.

포틀래치는 부의 의미에 대한 근본적인 질문을 던지게 한다. 인간으로 하여금 평생을 써도 다 쓰지 못할 만큼의 재화를 모으도록 만드는 것은 무엇일까? 포틀래치에는 이와 같은 의미 문제가 담겨 있다. 부는 어느 문화에서나 피할 수 없는 경쟁을 끝내기 위한 한 수단이다. 경쟁은 인간의 본성에 속한다. 다시 말해서 동물적 존재로서의 인간이 지닌 생물학적 특성이다. 생물학자들은 모든 고등 동물들에게서 이런저런 형태로 관찰되는 서열 다툼을 '자연선택'으로 여긴다. 약자는 도태되고 승리자, 강자만이 자신의 유전자를 계속 전달할 수 있다.

인간의 경쟁적 성향이 유전적으로 주어진 것이 사실이라면, 이러한 경쟁 유전자가 이제는 문화적으로 바뀌어 아무런 생물학적 선택 작용과도 결합되지 않게 된 것이 틀림없어 보인다. 인간의 경우 육체의 강함은 경쟁을 끝내는 데 (동물들과는 달리) 아무런 결정적인 역할도 하지 못하기 때문이다. 경쟁에서 문화적 전략을 만들어내어 사용하는 것은 오직 인간의 지능만이 담당할 수 있는 일이다. 그러므로 오로지 생물학적으로 (근육의 힘을 이용하여) 이루어지는 동물의 서열 다툼을 문화적으로 이루어진 사람들 사이의 경쟁에 그대로 도입하는 것은 아무런 의미가 없다.

신과의 거래

어느 문화에서나 종교 행위는 경제 행위와 결합되어 있다. 이 점은 제물을 바치는 의식에서 가장 분명하게 나타난다. 모든 종교에는 어떤 형태로든 제물이 바쳐진다. 제물의 다양한 형식과 의미, 기원과 발전 과정에 대해서는 이미 많은 연구가 이루어졌으므로 여기에서는 언급하지 않기로 한다. 다만 우리의 주제와 관련하여 흥미로운 점은 제물을 마련하는 과정이 경제 전략의 발전에 기여했다는 사실이다. 주로 조상신을 숭배하는 종교에서 특징적으로 나타나는 성대한 제례의식은 수개월 또는 수년간의 준비 과정이 필요한 경우도 있다.

그러나 작은 규모의 의식에서도 제물의 준비는 필수적이다. 대부분의 문화에서는 주로 동물을 도살하여 제물로 바친다. 동물을 제물로 바치는 데에는 나름대로의 이유가 있다. 이슬람교 가정에서는 대축일인 '알 카비르 축제Id al-kabir' 때 양을 한 마리 잡는다. 이날에 쓸 양을 사려면 비록 근처에 가축 시장이 있더라도 돈을 미리 저축해놓아야 한다. 이때가 되면 양의 가격이 많이 올라가기 때문이다. 양을 싼 가격에 사고 싶거나 근처에 가축 시장이 없는 사람들은 축제가 시작되기 몇 달 전부터 제물 준비에 신경을 써야 한다.

파치 주민들은 '대축일'에 쓸 양 또는 염소를 소금과 대추야자를 주고 카라반들에게서 구입한 뒤 집에 우리를 만들고 밭에서 힘들여 재배한 개자리풀을 먹여 키운다. 대추야자를 돌로 쪼개어 모은 씨앗들을 사료로 사용하기도 한다. 제물로 쓸 동물이 각 가정의 가계에서 차지하는 경제적 비중은 결코 작지 않다. 아이가 새로 태어나거나 누군가가 죽을 때마다 이런 동물이 필요하기 때문이다.

파치에서 동물을 사육하는 가장 큰 동기는 오직 종교적인 이유뿐이다. 이들의 경제적 형편에 비추어볼 때 며칠 동안 신선한 고기

| 경제의 발명 | 209

를 마음껏 먹기 위해서 그렇듯 많은 비용을 거리낌없이 쓸 수 있을 정도로 경제적으로 여유 있는 사람은 아무도 없다.

종교에서 요구하는 경제적 부담은 만만치 않다. 역사를 되돌아보면 어느 시대 어느 문화에서건 사람들은 신들의 제물 요구를 충족시키기 위해 등골이 휘어지도록 일을 해야 했다. 그런데 왜 이렇게 하는 것일까?

'이 제물을 받고 내게 많은 보상을 내려주소서!'

이것이 모든 종류의 종교적 제물 속에 담겨 있는 기본 공식이다. 여기서도 상호성과 공명의 원칙이 작용하고 있음을 알 수 있다. 이미 알고 있듯이 이것은 모든 상업적 거래의 기본 원칙이다. 제물은 신들과의 거래인 셈이다. 제물을 바치는 것은 무언가 더 값진 것을 얻으리라는 기대 속에서 자신의 값진 것을 주고, 포기하고, 없애버리는 행위다. 이렇게 초월적인 힘에 의지하여 사람들은 남보다 더 많은 것을 얻고자 한다(이런 종교 제물이 합리주의자들에게는 경제적 자원의 무의미한 낭비로만 보이리라는 점은 일단 고려하지 않기로 한다).

인간과 초월적 힘의 관계를 가리키는 종교학의 핵심 개념은 '구원'이다. 이것은 매우 다양한 의미를 지닌 개념이다. 그럼에도 항상 이 개념을 관통하고 있는 의미는 '행복'이다. 하지만 행복 역시 보호, 복지, 사랑 등 많은 의미를 포함하고 있다. 인간이 신이나 다른 초월적인 힘을 믿는 것은 무엇보다도 행복에 대한 약속 때문이다. 오로지 '강한' 신만이 믿는 자들의 기대를 모두 충족시켜줄 수 있다.

그런데 신을 강하게 만드는 것은 무엇일까? 바로 믿는 자들이 신에게 바치는 제물이다. 그들은 신에게 많은 제물을 바치는 것은 그 신이 더욱 강해지기 위해서라고 생각한다. 많이 소유한 자는 신에게도 많은 것을 바칠 수 있다. 그러면 그는 상호성의 원칙에 따라 많은 양의 행복을 돌려받을 수 있다. 강력한 신을 '초월적 파트너'로 가진 사람만이 커다란 행복을 얻는다. 이와 같은 사고방식은 오직 종교의 문화적 측면을 보여줄 뿐이다.

그 밖의 종교 차원에 대해서 경험주의적 문화 연구에서 논의할 수 있는 것은 하나도 없다. 종교에 대한 회의론자들과 비판자들의 시각은 모두 종교의 문화적 측면에 국한된 것일 뿐이다. 그들은 종교를, 인간이 자기 존재의 불가측성과 죽음의 불가피성을 의식하게 되면서 빠져든 의미의 위기를 극복하기 위해 지능을 활용해 만든 것이라고 생각한다.

자기 실존의 생물학적 한계를 극복하기 위한 노력 속에서 인간은 신이나 다른 초월적 차원의 존재를 만들어냈다. 그 차원에서는 '동물적 존재로서의 인간'이 아무리 노력하고 추구해도 도달할 수 없었던(어쩌면 죽음을 통해서 생물학적 육체가 피안의 정신적 존재로 변형한 뒤에는 가능할지도 모를) 모든 것들이 실현된다. 그곳을 우리는 지상의 세계가 거울에 비친 모습으로 생각해볼 수 있다. 하지만 그곳에는 우리에게 의미의 위기를 일으키는 진화의 한계에 갇힌 생물학적 육체성도, '자연'도 없다.

산업사회의 종교성

계몽주의 이래로 많은 사람들은 서구 문화가 종교적 '진리'를 더 이상 믿을 수 없게 되었다고 생각한다. '생활 과학'이라는 것에서 의미 있는 삶을 위한 지침을 끌어내기를 기대하는 것은 서구 문화의 일반적인 경향이다. 하지만 과학이 이런 기대를 충족시킬 수 없다는 것은 날이 갈수록 더욱 분명해지고 있다. 과학에서 제시하는 답들은 언제나 '현재의 연구 수준에 따르자면'이라는 단서를 달기 때문이다. 사람들이 원하는 것은 '진리'다.

이제 철학자들은 도덕철학에서조차 "초월적 조건이라는 의미에서의 확고한 토대와 정당성은 더 이상 필요치 않다"(하버마스)고 말한다. 그들은 '종교적 진리'의 핵심을 담고 있지 않은 그 어떤 종류의 도덕철학도 속 빈 강정에 불과하다는 사실을 인식했다. 여기에는 현재 이슬람 지역에서 불어오는 종교적 운동의 거센 폭풍도 기여한 바가 크다. 이슬람교 근본주의자들의 테러 행위는(이것은 비록 종교에 근거하고 있지만 엄연한 정치적 행위다) 서구 문화에 공포와 혐오를 불러일으켰을 뿐만 아니라 문화 속에 존재하는 종교의 엄청난 힘을 입증해 보였다.

모든 문화에는 종교가 있으며, 종교가 없는 문화는 존재하지 않는다. 합리적이고 과학적이라는 서구 산업문화도 종교에 기반하고 있다. 교회나 그 밖에 조직적 신앙 집단의 정치적·사회적 권력을 종교 자체와 혼동했던 공산주의는 금지와 처벌을 통해 인간의 종교성을 근절시키려고 노력했지만 결국 실패하고 말았다. 유럽의 텅 빈 교회를 인간이 신에게서 등을 돌린 것으로 해석하려는 시도 역시 잘못된 것이다. 그것은 신과 아무런 관계도 없다. 다만 그곳 교회의 사목행정이 방향성을 잃고 위기에 빠진 것일 뿐이다.

눈을 서구 문화의 영역 바깥으로 돌려보면 기독교를 포함한 여러 종교들의 강력한 부흥을 직접 확인할 수 있다. 『세계 기독교 백과사전World Christian Encyclopaedia』의 통계를 보면 전 세계에는 기독교, 불교, 유대교, 이슬람교, 힌두교 등의 세계 종교 이외에도 9천9백 개의 독자적인 종교가 있다. 아프리카나 아시아 지역에 새로 세워지는 교회의 수로 알 수 있듯이 이른바 '신종교 운동New Religious Movement'은 나날이 성장하고 있다. 이런 종교적 움직임은 유럽과 북아메리카에서도 찾아볼 수 있다.

이와 같은 사회의 종교적 담론은 아마도 인구 통계학적인 변화, 즉 이런 담론을 촉진시키는 노인 세대들의 수적 증가와 관련이 있는 것으로 보인다. 나이 든 사람들에게 죽음은 젊은이들에게처럼 먼 훗날의 가능성이 아니라 눈앞의 확실성으로 다가온다. 노인들은 삶과 죽음의 의미에 관한 물음을 더 이상 회피할 수 없다. 그들이 경험으로 쌓아올린 높은 망루에서 내려다보며 인식한 바에 따르면, 종교는 인간과 세계 그리고 삶의 불가해성에 대한 유일하고도 포괄적인 설명 체계다.

그 밖에도 오늘날 서구 사회에서 사람들이 교회에서 탈퇴하는 것은 결코 신에게서 등을 돌리는 것을 의미하지 않는다. 그들의 탈퇴는 주로 경제적인 이유 때문이다. 사람들은 교회에 지불해야 하는 만만치 않은 교회세와 각종 부과금에 비해 교회에서 그들에게 제공하는 종교적인 반대 급부가 훨씬 못 미친다고 생각하기 때문에 교회를 빠져나간다. 상호성과 공명의 원칙이 충족되지 못하고 있는 것이다.

서구 문화에서 국가와 교회는 공식적으로 분리되어 있다. 따라서 종교는 시민 개인의 자유에 맡겨져 있음에도, 비종교적 사회는 아직 생겨나지 않고 있다. 세속적인 태도를 취하면서 자신들은 종교가 없다고 믿는 소수의 지성인들이 있기는 하다. 그러나 이들만으로는 우리가 세속화된 문화 속에서 살고 있다고 생각하기에 충분치 못하다. 인류의 대부분은 지성적 담론에서 소외되어 있다. 대부분의 사람들은 세속적이지도 금욕적이지도 않다. 그들은 스스로를 비종교적이라고 생각할 때조차도 잠재 의식 속에서는 나름대로의 방식으로 종교적이다.

이런 종교적 성향은 종종 애니미즘, 물신주의, 마법 숭배와 같은 원시적 형태로 나타나기도 한다. 예를 들어 현대의 기술적 산물들이 '말'을 한다고 주장하는 과학사가 브루노 라투르Bruno Latour의 네오애니미즘Neo-Animism은 큰 관심을 끌고 있다. 그에 따르면 우리는 기술적 제품들과 대화를 시작해야 하며, 실제로 많은 사람들이 이미 오래전부터 그렇게 하고 있다고 한다. 가령 사람들은 컴퓨터에게 '욕'을 하며, 컴퓨터는 '파업'을 일으키거나 '미친 짓'을 하고 '실수'를 저지른다. 다시 말해서, 사람들은 기계인 컴퓨터에 고유한 의지를 부여하고 있다. 이렇게 볼 때 컴퓨터는 어떤 의미에서, 애니미즘의 세계관에서 모든 사물이 그렇듯이 '살아 있는' 존재라고 할 수 있다.

애니미즘은 인간에게 세계를 설명해주는 가장 오래된 사고 패턴들 중의 하나다. 이것은 그 자체로 무척 흥미로운 주제이지만 더 자세히 설명하는 것은 이 책의 의도에서 벗어난다. 여기서 우리의 관심은 종교에 대한 인간의 욕구가 유전적으로 주어진 것인지의 여부를 밝히는 것이다.

비록 천차만별의 형태이긴 하지만 종교적인 욕구는 세계 곳곳에서 발견할 수 있다. 생물학자들은 이것을 인간의 종교적 성향이 생물학적으로 주어진 것이라는 증거로 내세운다. 신경생리학자 앤

드루 뉴버그Andrew Newberg는 기도하고 명상하는 사람의 뇌전류를 측정한 결과, 뇌의 뒤쪽 오른편에 있는 한 영역에서 강한 활동을 감지하고는 이곳이 '신이 발생하는' 장소라고 주장했다. 그러자 이런 류의 두뇌 연구를 가리키는 개념인 '신경신학Neurotheology'이라는 신조어가 등장했다.

그러나 이것은 진지한 학문이라기보다는 대중매체가 벌인 한바탕의 소동에 불과해 보인다. 게다가 뇌전류를 측정하기 위한 각종 장치들을 몸에 부착한 채 신경학적 실험 절차에 따라 '신과 하나가 되는' 종교적 체험을 얻어내고 그로부터 믿을 만한 결론을 이끌어내는 것이 과연 가능한지도 의심스럽다. 하지만 종교적 체험을 할 때 뇌에서 어떤 과정이 발생하리라는 점은 분명하다. 이것은 모든 인지적이고 정서적인 과정들에서도 마찬가지다. 그렇다고 해서 이것이 종교성을 생물학적으로 설명하는 것이 가능하다는 의미는 절대 아니다.

삶의 현상들을 오직 과학적으로 또는 종교적으로만 설명하려 든다면 막다른 골목에 부딪히게 된다. 여기에는 또 다른 길이 있다. 가령 다른 문화에서는 과학과 종교를 인식의 서로 다른 두 차원으로 인식하고 혼동되지 않도록 경계한다. 과학은 '안다고 믿는 것'이고, 종교는 '믿음을 통해서 아는 것'이다. 이는 모든 인간들 속에 존재하는 사고의 우주를 구성하는 서로 다른 두 개의 차원이다.

어느 문화에나 이성을 통해서 파악할 수 없다는 신성을 개인적이고 직접적으로 체험하는 능력을 지닌 사람들이 있다. '호모 렐리기오수스homo religiosus'란 종교적 재능을 타고난 사람을 가리키는 개념이다. 어느 사회에서나 이런 사람들은 소수 집단에 속한다. 나머지 대부분의 사람들은 '호모 파베르homo faber', 즉 행동형 인간에 속한다. 이런 사람들의 경우 실용적 사고가 종교적 행동을 지배한다. 이들에게 종교란, 의무로 부과된 의식에 참여함으로써 자신의 경제적·사회적·정치적 노력들이 성공을 거두리라는 확신을 얻는 것을 뜻한다.

모든 재능들이 그렇듯이 종교적 재능도 그것이 펼쳐지기에 적합한 문화적 토양이 필요하다. 예언자, 신비주의자, 샤먼, 신흥 종교의 창시자 등은 주로 아프리카나 아시아, 남아메리카 등지에서 등장한다. 서구 산업문화에서는 그런 인물들을 찾아볼 수 없다. 더 정확히 말하면 종교적 재능을 지닌 사람들은 서구 문화에도 있지만, 그런 재능은 서양의 물질적이고 과학적인 세계상과 맞지 않는 탓에 대부분 억눌리고 제한을 받고 병적인 취급을 받는다. 그렇기 때문에 서양에서는 그 반대 급부로 초월적 경험에 대한 강한 욕구가 생겨난다. 이것은 돈벌이에 급급한 사기꾼들이 개최하는 사이비 종교 행사들이 큰 인기를 끄는 것에서도 잘 나타난다.

요즘 서구 사회에는 인생의 위기에 대한 과학적 또는 사이비 과학적인 근거와 더불어 그 위기를 해결해준다는 값비싼 훈련 코스나 세미나 따위가 수없이 많이 쏟아져 나오고 있다. 이런 것들은 비록 경제적으로는 안정되어 있지만 지루하기 짝이 없는 생활에 새로운 활력을 제공하는 것만은 확실하다. 그러고 나면 사람들은 한결 나아진 느낌을 받기 때문에 '심리 트레이너'에게 지불하는 높은 비용도 의미 있는 투자로 여긴다. 하지만 정말 어려운 상황이 발생했을 때 그런 것들은 아무런 도움도 주지 못한다. 사랑하는 사람이 생사의 기로에서 수술을 받고 있을 때 그나마 그 두려움을 조금이라도 덜어줄 수 있는 것은 기도뿐이다. 불치의 병에 걸렸을 때 많은 사람들은 교회를 찾고 신앙의 서약을 한다. 이것은 서구 사회의 이른바 금욕주의적 세계관과는 완전히 대치되는 행동이다.

여기서 우리는 또다시 인간의 이중성을 대면하게 된다. 인간은 세속적이 될 수도 있고 금욕주의자나 유물론자가 될 수도 있다. 하지만 극단적인 어려움에 처해 도저히 빠져나갈 방법을 모를 때 사람들은 유아기의 원시적 믿음으로 돌아가 한결같이 기적을 바라게 된다.

신의 현현

인간의 감각 기관은 자연과 우주의 현상들이 지닌 참된 크기와 의미를 완전히 파악할 능력이 없다. 인간은 자신이 알 수 없는 힘들의 작용을 자주 관찰하게 되는데, 이럴 때 이런 힘들이 어떤 초월적 차원의 권능에서 나온다고 추측하게 된다. 이런 차원을 상정하지 않고서는 자신을 둘러싸고 있는 우주를 총체적으로 바라보는 것도 불가능하다. 인간이 초월적 차원에 접근하려면 그에 적합한 시간과 공간 체계가 필요한데, 이것이 바로 종교다.

종교에서 부여한 길을 통해 인간은 자신의 삶과 생명을 좌우하는 이런 권능에 은총받기를 바란다. 이런 소망은 기후의 변화에 민감한 영향을 받는 농부들에게서 특히 잘 나타난다. 과학에 기초하여 기술 문명을 고도로 발달시킨 서구 문화에서도 이런 종류의 종속성을 찾아볼 수 있다.

서양의 농부들은 전체적으로 경작에 매우 유리한 기후대에서 살고 있음에도 도시에 사는 사람들보다 종교와 더 밀접한 관계를 맺고 있다. 사실 도시의 거주민들은 그들이 날마다 먹는 채소와 과일이 언제 어디서 어떻게 자라는지 모른다. 상점에 가면 계절과 날씨에 상관없이 항상 신선한 채소와 과일들이 진열되어 있는 탓이다. 가뭄이 오래 지속되어도 그들은 걱정하지 않는다. 그들에게 그저 좋은 날씨가 계속되는 기간일 뿐이다.

그러나 농부들에게 가뭄은 생존의 위협이다. 이들이 갈라진 땅 위에서 기우제를 지내며 그 위험에서 벗어나려고 애쓰는 동안 도시민들은 들판으로 나가 좋은 날씨를 즐기고 농부들의 기우제를 한갓 민속학적 행사로 여기며 흥미롭게 구경한다. 절망에 빠진 사람들이 '최후의 수단'으로 기도에 매달려 재난을 피하려고 간절히 바라고 있다는 사실을 알아차리는 도시의 구경꾼은 별로 없다. 이것이 바로 인간을 자연으로부터 '보호'해주는 기간산업이 고도로 발달되어 있는 도시의 종교적 회의론자들의 전형적인 모습이다. 반면, 농부들에게 이 문제는 차원이 전혀 다를 뿐만 아니라 근본적으로 훨씬 간단하다. 그들에게 신은 날마다 등장한다. 그런 곳에서 신이 과연 존재하는지를 묻는 논의가 가당하기나 하겠는가?

경제 행위와 종교가 밀접하게 얽혀 있는 것은 인류에게 지극히 정상적인 상태다. 아프리카에서의 경험에서 가장 인상적이었던 것은 모든 의미 있는 행동을 종교적 몸짓과 결합시키려는 사람들의 태도였다. 이들에게는 항상 모든 사회적 행동이 동시에 종교적 행동을 의미했다. 종교가 곧 사회고 사회가 곧 종교다. 중앙 차드에 사는 하제라이족의 신들은 언제나 인간과 함께 있다. 다음의 예를 보면 부족 사람들이 신들을 항상 보고 느끼며 살아가고 있다는 것을 알 수 있다.

건기가 끝날 무렵, 밭에 뿌린 씨앗이 싹을 틔우는 데 결정적인 역할을 하는 첫 번째 비가 내렸다. 그런데 이웃 마을에는 폭우에 가까운 비가 쏟아진 반면, 자기 마을에는 고작 몇 방울 떨어지다가 말았다. 씨앗들이 말라죽을 위험에 처했다. 그러자 마을 여자들이 사제의 인도를 받아 마을 광장에 모여서는 비를 내려달라는 노래를 부르기 시작했다. 여자들은 전통적으로 전해 내려온 기우의 노래를 연도하듯이 계속 반복적으로 불렀다. 여자들이 처음 노래를 시작했을 때 하늘에는 구름 한 점 없었다. 노래가 다섯 시간이 넘도록 이어지자 하늘에는 점차 먹구름이 몰려들기 시작했다.

남자들은 여자들에게 마을에까지 비를 뿌리게 하라고 주문했다. 구름이 다시 걷히거나 다른 곳으로 옮겨가면 안 되기 때문이다. 여자들이 계속해서 노래를 부르는 동안 사제는 환각 상태에 빠져들다가 결국에는 정신을 잃고 쓰러졌다. 이로써 의식은 끝났다. 지친 여자들은 곡식으로 빚은 술로 목을 축였다. 그때 갑자기 빗방울이 떨어지기 시작하더니 곧 폭우가 마을 위로 쏟아졌다. 여자들은 자신들의 노래가 통한 것에 만족스러워했지만 나를 제외한 마을의 어느 누구도 여기에 특별히 감동받거나 놀라지 않았다. 여자들이 의식을 제대로 실행했으니 신이 나타나는 것은 '당연한' 결과이기 때문이다. 하제라이족에게 '신'과 '비'는 같은 말이다.

신과의 계약

식량을 공급하는 카라반들이 오아시스에 찾아오지 않을 때 파치 주민들은 카라반들이 파치로 올 수 있도록 '모든 조치'를 취해달라고 도시의 이슬람교 사제들에게 요구한다. 여기서 '모든 조치'

란 그들이 알고 있는 제의적 지식을 모두 발휘하여 다가오는 위험을 물리쳐달라는 뜻이다. 그러면 이슬람교의 사제들은 '신의 말씀'인 코란의 힘에 의지하여 문제를 해결한다. 그들 중 아무도 코란의 힘을 의심하는 사람은 없다.

하지만 중요한 것은 주어진 상황에 딱 맞아떨어지는 코란 구절을 선택하고 올바른 형식에 맞춰 그것을 사용하는 일이다. 가령 전체 주민들에게 해당하는 문제라면 사원 꼭대기에 올라가 운율에 맞춰 장엄하게 코란을 낭독해야 하고, 개인적인 문제라면 해당 구절을 종이에 옮겨 적은 뒤 부적으로 몸에 지니고 다니거나 부정을 탄 지점에 붙여놓아야 한다. 파치 사람들은, 사제들이 코란의 각 구절들과 뜻을 잘 알고 있어 필요한 경우에 해당하는 적절한 구절을 뽑아주기를 기대한다. 사제의 명성은 이런 능력에서 비롯된다.

동남아시아의 불교 국가에서는 주로 비공식적인 사채업자들의 손을 통해서 신용 거래가 이루어지는데, 이들은 돈을 빌려가는 사람이 신앙심이 깊은 교인임이 확실할 때는 따로 보증을 요구하지 않는다. 다시 말해서 돈을 빌려가는 사람은 사채업자에 대해서가 아니라 신성에 대해서 채무를 지는 것이다. 따라서 신용은 종교적으로 보증되므로 별도의 안전 장치가 필요하지 않다.

이런 예들을 통해서 인간과 초월적 존재 사이의 관계가 문화에 따라 현저한 차이를 보인다는 사실을 잘 확인할 수 있다.

신을 경제 행위에 참여시키는 또 다른 가능성은, 사람들이 종교적 서약을 통해서 수익의 일부를 사원이나 교회를 위해 쓰겠다고 스스로에게 의무를 부과하는 것이다. 이런 방법은 이미 고대 때부터 사용되었다. 서양의 교회나 수도원과 그것들을 장식하고 있는

▲입구에 붙여놓은 낡은 코란 구절은 파치의 오아시스에 있는 밭을 도둑들로부터 지켜준다.

▼ 차드의 당갈리트족. 여자들이 비를 기원하는 노래를 부르고 있다.
사진 왼편에 서 있는 여사제는 마을의 신이 씌어서 환각 상태에 빠져 있다.

값진 물건들은 대부분 이런 종류의 '신과의 거래'에 의해 생겨난 것들이다.

이처럼 아주 오래전부터 인간은 경제 행위의 안전을 확보하기 위해서 초월적인 힘과의 연결이 추가적으로 필요하다고 생각했다. '신의 축복'은 인간에게 반드시 필요한 요소였다. 그래서 농부들은 씨를 뿌리고 수확하는 중차대한 일을 하기에 앞서 신의 축복을 간구하는 말을 반드시 입에 올린다. 파치의 이슬람교 공동체 사람들은 대부분의 행동을 '비스밀라bismillah(신의 이름으로)'라는 말과 함께 시작한다. 사람들은 '비스밀라'라고 말하며 자리에 앉고, '비스밀라'라고 말하며 일어나며, 우물가에서 여자들은 '비스밀라'라고 말하며 물단지를 머리에 얹고 집으로 나른다. 밭이나 염전에서도 '비스밀라'와 함께 일을 시작하고, '비스밀라'와 함께 하루 일을 마치고 집으로 돌아간다.

또 중요한 일이 있을 때마다 사람들은 '파티아fatiha'(코란의 첫 구절)로 시작하는 짧은 기도를 중얼거린다. 카라반이 출발할 때도, 거래가 성사되었을 때도, 싸움이 끝날 때도, 국제구호단체에서 식량을 분배받을 때도, 결혼식이나 장례식이 열릴 때도, 유산을 나눌 때도, 새로 태어난 아이의 이름을 지을 때도, 친지와의 만남이 끝날 때도 언제나 그렇게 말한다. 파치에 있던 우리 집을 찾아온 방문객들은 언제나 '파티아'라고 말하며 헤어졌으며, 우리에게도 당연히 그와 같은 인사를 기대했다. 우리가 이슬람교도가 아니란 것을 모두들 알고 있었지만 말이다. 이슬람교도들 사이에서 살아가는 사람은 누구나(외지인들도) 이슬람식의 삶을 살아야 한다.

경제의 종교

현대 서양 경제의 종교는 자본주의다. 이 표현은 은유가 아니라 사실이다. 중세의 수도회에 뿌리를 둔 기독교적 금욕주의가 역사적으로 발전한 결과다. 중세에는 수많은 수도회와 수도원들이 생겨났다. 수도원의 높은 담장은 세상과의 단절과 금욕적 생활을 의미했다. 금욕의 목적은 '동물적 인간'의 본성을 극복하는 것이었다. 명상과 기도 그리고 다른 종교적인 방법들을 통해 사람들이 '은총의 상태'에 도달하는 것이 가능했다. 문화진화론적 관점에서 볼 때 이것은 '완벽한 인간'에 도달하려는 진화적 목표에 한 걸음 더 다가서려는 노력이기도 했다.

그러나 세상과의 단절은 불완전한 형태로만 실현될 뿐이다. 아무리 혹독한 금욕이라도 한계가 있게 마련이다. 목숨을 이어가려면 금욕을 수행하는 수도사와 수녀들도 무언가를 먹고 마시고 몸에 걸쳐야 하기 때문이다. 그들은 '동물적 인간'의 기본 욕구를 최소한의 수준으로 낮출 수는 있지만 완전히 포기할 수는 없었다. 다만 성적 접촉은 완전히 포기해야 했다. 성행위는 '동물적 인간'이 자신의 의지로써 완전히 극복할 수 있는 유일한 생물학적 본능이기 때문이다.

바로 여기에서 수도원의 본질에 대한 설명을 끌어내는 생물학자들이 있다. 즉, 수도원은 중세 때 인구의 증가를 통제하기 위한 통치자들의 전략이었다는 것이다. 수도사와 수녀들은 번식에 참여하지 않는다. 따라서 수도원은 수많은 가임기의 인간들을 번식 행위에서 배제시킴으로써 인구 증가에 제동을 거는 수단으로 작용했다는 것이다.

이것은 잘못된 견해라고 생각한다. 수많은 수도원들이 세워졌던 중세 때에도 전체 인구에서 수도사와 수녀들이 차지하는 비율은 아주 미미한 수준이어서 인구 통계에 아무런 영향도 미치지 못했다. 게다가 이때는 수많은 전쟁과 전염병(홍역, 페스트, 콜레라, 티푸스 등), 높은 유아 사망률 등으로 인구 증가가 극도로 저조했던 시기이므로 인구과잉의 문제는 애당초 존재하지도 않았다.

구성원들의 금욕적 생활방식과는 별도로 수도원은 세상에 대해 경제적으로 개방되어 있어야 했다. 중세의 수도원들은 기독교를 전파하고 공고히 하는 일만 했던 것은 아니다. 그들은 지역의 경제적 발전을 선도하는 선구자이기도 했다. 이는 수도원의 설립자와 보호자들이 그것을 원해서만이 아니라 그렇게 하는 것이 수도원 공동체의 생존을 위해 반드시 필요했기 때문이다. 다시 말해 수도원들은 경제적 토대를 언제나 바깥 세계에 두고 있었다. 게다가 기독교적 금욕은 육체 노동과 밀접하게 결합되어 있었다.

"노동하는 자는 죄를 짓지 않는다."

사도 바울은 또 이렇게 말했다.

"일하기 싫어하는 사람은 먹지도 말라."

이 명제는 오늘날까지도 모든 서구 사회에서 통용되고 있다. 노동을 통해 신에게 봉사하는 것을 의무로 여기는 수도사와 수녀, 교양과 학식을 갖춘 수도원의 엘리트, 학자, 관리, 건축가, 유능한 상인과 금융 전문가, 높은 상품 생산성, 절제된 소비 등의 금욕적 요소들은 필연적으로 경제적 부를 창출했지만 이에 따른 골치 아픈 문제가 발생하기도 했다. 그것은 세속적 요소를 거부하는 수도원 공동체의 금욕주의를 어떻게 경제적 부와 일치시킬 것인가 하는 문제였다.

그러나 이 두 가지는 주관적으로뿐만 아니라 객관적으로도 일치가 가능하다. 주관적 일치가 가능한 것은 인간이 이중적 존재라는 사실 때문이다. 인간은 '신과의 합일unio mystica'이라는 최고의 종교적 체험을 추구하는 '호모 렐리기오수스(종교적 인간)'이자 신의 도구라는 의식을 가지고 합리적으로 행동하는 경제적 인간이다. 또 객관적 일치가 가능한 것은 수도사와 수녀들이 수도원의 소유에 참여하지 않았다는 사실 때문이다. 수도원은 교회에 소속된 기관이며, 교회는 (사회에서의 법적 지위가 어떻게 규정되든지 상관없이) 교인들에게는 궁극적으로 신을 의미했다.

자본주의 정신

종교개혁의 근본적인 비판은 가톨릭 교회의 세속화에 대한 것이다. 하지만 이것도 개신교의 신앙 공동체가 앞서 언급했던 종교 행위와 경제 행위의 결합을 프로테스탄트적 금욕주의와 상업적 감각의 종합synthesis으로 계속 발전되는 것을 막지는 못했다. 이와 같은 종합을 막스 베버는 '자본주의 정신'으로 규정했다. 여기서 경제 행위는 곧 종교 행위를 뜻하고, '신과의 거래'는 '신을 위한 거래'로 바뀌었다.

프로테스탄트의 기업가들은 가톨릭의 수도사들과 마찬가지로 자신을 '신의 도구'로 여겼다. 그들은 모두 신이 자신에게 명한 것을 그대로 따르며 실천할 뿐이다. 그들의 사업 또는 직업 활동은 '신의 가호'를 받고 있기 때문에 매우 성공적이다. 그들은 신과 개인적으로 매우 밀접한 관계를 맺고 있으며 평생 동안 확고한 신앙의 지배를 받는다. 그들은 자신이 '선택받은 자'에 속한다면 사후에도 '영원한 축복'을 받으리라는 것을 확신한다.

인류는 '선택받은 자'와 그렇지 못한 자로 나뉜다. '선택받지 못한 자'는 인간이 헤아릴 수 없는 신의 결정에 따라 처음부터 영원히 구제받지 못하도록 결정되어 있다. 이것이 인간의 삶이 전지전능한 신의 의지에 따라 미리 정해져 있다는 '예정설'이다.

종교개혁가들 중에서도 특히 장 칼뱅Jean Calvin은 예정설을 구약성서의 내용과 사도 바울과 교부敎父 아우구스티누스의 글에 근거하여 자신의 신학 이론의 중심에 놓았다. 예정설을 놓고 개신교 신앙 공동체들 사이에 격렬한 논쟁이 벌어졌지만 그 내용은 여기서 다루지 않기로 한다. 단지 우리의 주제와 관련하여 중요한 사실은 기독교적 사업가와 노동자의 이상적인 모습이 거기에서 도출되었다는 것과, 종교적인 요소가 대부분 제거된 오늘날 서양의 경제문화에서도 그것이 여전히 타당하다는 것이다. 기독교적 금욕을 실천하는 수단으로서의 부단한 노동은 삶이 곧 노동이고 노동이 곧 삶인 생활방식의 근간을 이루는 요소다.

"인간은 노동하기 위해서 산다."

노동은 신이 부여한 삶의 목적이다. 하지만 노동은 단순히 아무렇게나 하는 활동이 아니라 뛰어난 능력, 확실성, 자신감 등을 갖추고 수행해야 하는 전문적인 직업 활동을 뜻한다. 그러므로 바람직한 노동자는 자기 직업을 '신의 소명'으로 여기는 전문직 노동자다. 이는 사업가에게도 해당된다. 자기가 지닌 모든 힘을 사업에 바쳐서 성공적인 사업가가 되는 것은 신에 대한 그의 의무다. 따라서 사업적 성공은 '선택'의 외적 징표이며, 뛰어난 장인적 능력은

'신의 은총'을 보증한다.

　노동을 싫어하고 게으름을 피우는 것은 신의 영광을 위한 봉사를 거부하는 죄악일 뿐만 아니라 '선택받지 못한 자'로서 구원에서 제외되었다는 징표이기도 하다. '쓸모 있는 직업'을 습득하지 못하고 불규칙적으로 노동하는 것도 마찬가지로 죄악이다. 생산하는 재화는 쓸모가 있어야 하고 수익을 가져다주어야 한다. 수익을 올릴 기회가 주어진다면 그것은 곧 신의 계시이므로 그에 순종하여 주어진 기회를 살리는 것이 신앙인의 의무다.

　기독교적 생활방식의 특징은 절제와 근면이다. 쓸데없이 시간을 허비하는 모든 오락과 쾌락은 죄악이다. 인간에게 주어진 시간은 오로지 신의 영광을 위한 노동에만 사용되어야 하기 때문이다. 스포츠나 휴가를 통한 휴식은 지친 심신을 회복하여 다시 일을 잘할 수 있게 하려는 목적에 한에서만 허락된다. 이는 잠의 경우도 마찬가지여서 꼭 필요한 만큼만 자야 하며, 그보다 더 오래 자는 것은 시간의 낭비다. 의무의 이행, 행위의 적법성, 법의 준수 등이 여기에 작용하는 기본적인 윤리 원칙들이다.

　많이 일하고 돈을 많이 벌고 조금 쓰는 것은 필연적으로 자본의 축적으로 이어진다. 이렇게 모은 자본을 가만히 모셔두는 것이 아니라 부단한 투자로 증식해야 한다. 이때 부는 거의 불가피하게 다가온다. 하지만 기독교적 금욕과 부의 결합은 딜레마를 낳는다. 이것은 이미 중세의 수도원에서도 나타난 적이 있다. 이미 부는 가톨릭 수도원 공동체의 정신적 토대를 위협한 바 있다. 개신교도들은 이 문제를 좀더 지능적으로 해결했다. 그들은 부를 두 종류로 구분했다. 하나는 스스로의 노력 없이 얻은, 예를 들어 유산이나 특권,

타인의 부역, 전쟁의 노획 등을 통해서 이루어진 부다. 이런 종류의 부는 사치스런 생활방식(가령 허영, 게으름, 탐욕, 음탕 등)을 통해 인생의 시간 낭비로 이어지게 마련이다. 이것은 비난받아 마땅한 죄악의 부다. 17~18세기 개신교도들의 사회적 시각에서 이것은 귀족들의 생활방식과 부를 의미했다.

이와 달리 성실한 노동과 금욕적 생활 태도로 얻은 부에는 신의 축복이 내려졌다. 하지만 부유한 기독교인이 자기 재산에 의지하여 편히 지내는 것은 죄악이었다. 그러므로 부자 역시 쉬지 않고 열심히 활동해서 재산과 더불어 신의 영광을 더욱 크게 드높여야 한다.

이러한 부에 대한 상반된 윤리적 평가는 종교개혁 이후의 사회적 변화를 반영하고 있다. 이는 계급 사회의 발전을 종교적으로 해석한 것이기도 하다. 화려한 성에서 사치스럽고 한가로운 생활을 즐기는 부유한 귀족은 죄악의 극치로 영원히 신의 저주를 받도록 정해져 있다. 반면에 상승하는 계층인 프로테스탄트의 시민적 경제인들은 검소하지만 나름대로의 취향을 갖춘 주택에서 살며 신의 영광에 봉사하기 위해서 노력했으며 '성스러운 삶'을 살았으므로 죽은 뒤에도 '영원한 축복'을 받을 것이 분명했다.

사회 계층으로 대두하기 시작한 프롤레타리아에게도 자기 자리가 주어졌다. 가난은 운명이 아니라 일하기 싫어한 결과이므로 죄악이었다. 가난하다는 것은 신의 영광을 위한 노동을 거부했다는 것을 뜻했다. 따라서 가난한 사람은 '선택받지 못한 자'이며 영원히 신의 은총을 받을 수 없는 사람이었다.

경제 행위의 종교적 뿌리

여기서 묘사하고 있는 것처럼 종교와 경제 행위를 밀접하게 연관시켜 생각하는 사고방식은 17세기 이후에 등장하기 시작한 칼뱅주의 개신교 신앙 공동체들의 특징일 뿐만 아니라 모든 형태의 프로테스탄트 세계관에 반영되어 있다. 그러나 나의 관심은 그런 세계관을 자세히 살펴보는 것이 아니라, 서양의 현대 자본주의 경제가 지닌 윤리적 원칙과 문화적 목표가 종교에 뿌리를 두고 있다는 것을 (부분적으로 막스 베버에 의지해서) 밝히는 일이다. 이런 종교적 뿌리의 영향력은 우리가 서구 산업사회의 물질적이고 실용주의적인 베일을 걷는 순간 분명하게 모습을 드러낸다. 이를 가장 잘 보여주는 것은 노동을 대하는 우리의 태도다.

삶의 목적으로서의 노동은 서구 사회의 도그마다. 하지만 노동은 사회의 인정을 받을 수 있는 직업 활동이어야 한다. 직업 활동을 하지 않는 사람은 노동을 하는 것이 아니다. 이 당연한 사회적 원칙에 담긴 종교적 뿌리는 오랫동안 망각되어 왔다. 결국 이것도 오늘날 서양의 노동 세계가 근본적으로 금욕적이라는 사실을 바꾸어놓지 못한다.

오늘날 서구인들은 '종교적 의무' 대신 '사회적 의무'에 대해서 말한다. '직업의 의무'라는 개념에는 아직도 죄악의 흔적이 달라붙어 있다. 통계에서 '무직'으로 분류되는 사람들은 이런 말에 특히 민감하다. 하루 종일 집에서 일해야 하는 가정주부들도 무직자로 분류된다. 이들의 활동은 규칙적인 급료를 받지 못하는 탓에 본래적 의미의 '노동'으로 여기지 않기 때문이다. 이른바 '사회의 낙오자'라는 표현도 마찬가지의 의미를 내포하고 있다. 사실 이렇게 불리는 사람도 실제로는 사회에서 완전히 낙오된 것이 아니라 가끔씩 일용직 노동을 하고, 사회지원금을 받고, 이런저런 형태의 도움을 받으면서 소박한 자기 영역을 확보하고 살아간다. 이들에게는 현대 직장 생활의 스트레스 같은 것은 없다.

'영리 활동'도 근본적으로 종교적 개념이다. 영리 추구는 사회에서 특히 지능적이고 활동적인 사람들의 특징으로 꼽힌다. 많은 사람들에게 영리 추구는 곧 열정을 뜻한다. 열정은 비합리성의 소산이다. 열정은 인간의 사고를 합리성에서 형이상학적인 방향으로 돌려놓는다. 이는 결국 종교로 귀결되는 인생에 대한 의미 부여를 말한다.

'회사'는 서구 자본주의의 아이콘이다. 서구 문화에서 회사를 설립한다는 것은 기업가가 앞으로 회사를 자기 삶의 일부로 삼겠다는 의무를 스스로에게 부과하는 것을 뜻한다. 회사는 모든 개인적 결정에서 항상 우선순위에 놓이며, 전체 생활방식을 지배한다. 개인적 행복, 부부 관계, 가족, 자식, 친구 등은 모두 회사의 번영을 위해 뒤로 밀려난다. 이 말은 회사 소유주의 생활뿐만 아니라 그 주변에 있는 모든 사람들의 생활까지도 회사의 이익에 지배된다는 뜻이다. 이렇게 되는 것은 일차적으로 회사가 짊어진 사회적 책임에 기인한다. 이는 회사에서 일하는 사람들의 생존이 회사의 경제적 상황에 종속되어 있기 때문이거나, 회사가 그 사회에 각별히 중요하고 유익한 물건을 생산해내기 때문이다.

그러나 회사가 소유주를 위해 창출하는 것은 비단 물질적 수익만이 아니다. 그러면 무엇이 또 있을까? 기업인들은 흔히 "이 회사는 내 필생의 작품이고 과제다"라고 말한다. 이들은 마치 성스러운 대상을 대하듯이 회사의 '고귀한 위상'을 설명한다. 이것은 소유에 대한 인간의 의무를 규정하는 프로테스탄트적 사고방식을 잘 보여준다. 그에 따르면, 모든 소유는 근본적으로 신의 소유며 인간은 신의 명령에 따라 그것을 관리하는 관리자다. 인간은 부단한 노동을 통해 이 소유를, 신의 영광을 위해서 증식시켜야 할 의무가 있다. 따라서 삶 전체는 회사의 사업적 성공을 위해 바쳐진다. 이러한 노력은 회사가 존재하는 한 불멸이다.

시간과의 관계도 이와 같은 맥락에서 이해된다. 서구 경제체제에서 시간은 경제적 가치에 따라 측정된다. 다시 말해서 시간은 언제나 돈으로 환산될 수 있도록 사용해야 하는 노동 시간을 의미한다. '시간은 돈이다'라는 유명한 말은 프로테스탄트적 금욕주의로 거슬러 올라간다. 돈을 버는 것은 신의 영광을 위한 행위다. 따라서 시간을 헛되이 낭비하는 것은 죄악이다. 이것은 현재까지도 시간에 대한 개념으로 각인되어 있다.

오늘날 시간은, 비록 세속화되었지만 근본적으로는 예전과 마찬가지로 기독교적 금욕의 윤리적 원칙을 내포하고 있다. 예를 들어 어떤 사람이 '시간이 많다'고 말할 때 그를 못마땅한 눈으로 바라보게 되는 것은 바로 이 때문이다. 따라서 현대의 직장인들은 한결같이 '시간이 없다.' 더 정확히 말하면 삶 전체가 빡빡한 일정으로 짜 있어 더 이상 짬을 낼 시간이 없다. 이것은 사람들의 사회적 지위를 높여주는 역할도 한다. 그래서 공적인 자리나 사적인 자리 할 것 없이 어디서나 '시간 없기 경쟁'이 벌어지곤 한다. 하지만 이것은 다른 문화권에서는 악덕으로서 비판받는 태도다. 이런 차이들 때문에 문화 간의 의사 소통은 더욱 어려워진다. 이 문제는 나중에 다시 자세히 다루도록 한다.

서구 문화에서 시간은 '정돈된 시간'이다. 우리와 항상 같이 하는 동반자인 시계는 인생의 시침이자 문화의 시침이다. 어떤 우주적 사건으로 세상의 모든 시계들이 갑자기 정지해버린다면 과연 어떤 일이 벌어질지 상상해보자. 아마도 우리의 기술적 문명은 순식간에 붕괴해버릴 것이다. '정돈된 시간'은 아주 오랜 옛날부터 태양의 움직임에 따라 하루의 리듬을 결정해오던 시간과는 조금 다르다. 우리가 사용하는 시계는 초까지 정확하게 표시한다. 자본주의의 하루 리듬은 초 단위로 진행된다.

시간은 인간의 값진 재산이다. 그의 시간이 인생의 유한성이라는 돌이킬 수 없는 사실에 종속되어 있기 때문이다. '낭비된 시간'이란 개념은 프로테스탄트적 금욕주의의 유산이다. 인간은 삶의 시간을 신의 영광을 위해서 사용할 의무가 있다. 비록 이승에서의 한정된 시간일지라도 성공적인 경제 활동을 펼친다면 사후의 '영원한 축복'을 얻을 수 있다.

자본주의의 기본 원칙은 활동성이다. 행위는 (프로테스탄트적) 서구 문화에서는 인간에 대한 신의 직접적 요구다. 인간은 자신의 금욕적 삶을 신의 영광을 위해 바치는 제물로 여긴다. '영광'은 신의 권능이다. 무위無爲는 죄악이다.

나는 이런 생각의 밑바탕에 깔려 있는 사고방식을 앞에서 이미 언급한 바 있다. 이와 같은 인간과 신의 관계는 고대에 이미 결정되었다. 어쩌면 원시적 인간의 사고에까지 거슬러 올라갈 수 있을 것이다. 인간을, 신을 더욱 강력하게 만들기 위해 바친 제물로 여기는 사고방식을 우리는 현대의 대부분의 문화에서 발견할 수 있다. 신이 강력해지면 강력해질수록 그의 권능은 더욱 커지며, 그에 따라 믿는 자들에 대한 구원의 약속도 더욱더 확실한 것이 된다.

오해를 피하기 위해 한마디만 덧붙인다면, 나는 지금 종교성의 여러 가지 형태를 평가하려는 것이 아니다. 이 글의 요점은 경제 행위와 관련된 종교의 문화적 역할에 관한 것이다. 따라서 여기서 언급한 현상들이 해당 종교의 영성에서 얼마나 중요한 위치를 차지하는지에 대한 문제는 전혀 고려하지 않았다.

믿음과의 거래

종교의 문제는 예술의 문제와도 비슷하다. 우리는 여기에 돈이 연관되는 것을 혐오한다. 이런 것들은 '고귀한 가치'와 관련된 문제이므로 돈이 결부된 사업적 거래의 대상으로 전락해서는 안 되기 때문이다. 하지만 냉혹한 현실은 그렇지 못하다. 성직자와 예술가 역시 그들의 활동을 통해서 생계를 해결해야 한다. 다른 모든 사람들이 그렇듯이 그들도 단지 입에 풀칠만 하며 사는 게 아니라 잘살기를 원한다. 금욕적인 성직자가 육체적 만족과 세련된 생활 방식을 취하며 살아가는 성직자보다 교인들의 영적 생활을 더 잘 보살펴준다는 증거는 없다.

어떤 종교 집단이든 추종자의 무리가 개인적 유대로 맺어진 비공식적 네트워크의 틀을 넘어서는 순간 조직이 필요하게 된다. 이렇게 해서 생겨난 (대부분 위계적 질서를 갖춘) 조직에는 재정이 마련되어야 한다. 작은 규모의 신앙 공동체는 헌금과 무보수 종사자들의 도움만으로도 충분히 운영된다.

하지만 이 종교 집단이 조그만 지역의 범위를 넘어서 대중적 운동으로 발전하면 교인들의 기대를 충족시키고, 직무를 담당하는 사람들에게 보수를 지불하고, 건물을 세우는 일 등에 많은 돈이 들어가게 된다. 영적 가르침을 예배 의식, 계율, 교리 등과 같은 종교적 실제實題로 전환하는 일도 빼놓을 수 없다. 교인들은 계시된 종교적 목표에 도달하기 위해서 무엇을 해야 하고, 어떤 태도를 취해야 하는지 정확히 알고 싶어 하기 때문이다. 가령 이들에게는 죽은 뒤에 천당에 간다는 구원의 약속 같은 것이 필요하다. 실제로 중동 지역에서 발생한 세계 종교인 유대교, 기독교, 이슬람교는 모두 이런 약속을 하고 있다.

이런 세계 종교들은 모두 다양한 형태의 경제 전략과 결합되어 있다. 물론 이런 전략은 가능한 한 눈에 띄지 않게 운용된다. 앞서도 말했듯이 돈과 종교를 잘 어울리는 짝으로 생각하지 않기 때문이다. 이런 생각은 교회는 수많은 임금 노동자를 고용하여 업무를 처리하고 있으며 적지 않은 지출 구조를 갖춘 서비스업체란 점을 누구나 알고 있음에도 좀처럼 바뀌지 않는다. 교회에서는 각종 사용비와 세금 및 다양한 형태의 비용을 지불해야 한다. 따라서 신앙 공동체의 일원이 되는 것은 돈이 드는 일이다.

그러나 대부분의 사람들은 종교를 포기할 수 없는 까닭에 이를 기꺼이 받아들인다. 언제나처럼 여기서도 상호성의 원칙과 만나게 된다. 무언가를 준 사람은 그만큼 돌려받게 된다. 많이 준 사람은 많은 것을 기대하게 마련이다. 비록 설교대 위에서는 '영혼의 구원'이 돈으로 살 수 없는 것이라고 열변을 토하지만, 신의 중재자인 교회에 헌금을 많이 낸 사람이 내심 신으로부터 그에 상응하는 보상을 기대하는 것은 당연한 일이다.

그런 생각을 입 밖에 내지 않고, 억누르고, 감추는 것은 서구 문화에서만 볼 수 있는 현상이기도 하다. 이 점에서 서구 문화는 가톨릭 교회의 면죄부 판매에 대한 루터의 비난과 종교개혁의 쇼크에서 아직 완전히 벗어나지 못한 상태라 하겠다. 다른 문화의 사람들은 신이나 정령과 같은 초월적 존재와 종교적으로나 경제적으로 교류하는 데 아무런 거리낌이 없다.

이슬람교 국가의 사람들은 질병이나 사고 등 모든 형태의 불행이나 위협으로부터 보호받기 위해서 이슬람교 사제들이 제작한 부적을 사용한다. 부적에는 대부분 코란의 특정한 구절이 적혀 있다. 부적의 효력은 '신의 말씀'에 담긴 힘에서 나온다. 사제가 하는 일은 그때그때 상황에 맞는 적절한 구절을 코란에서 뽑아내는 것이다.

이 일에 대해 이슬람교의 사제는 미리 합의된 액수를 요구하거나 부적의 가치에 대한 평가를 구매자에게 전적으로 맡긴다. 대개의 경우 부적에 비싼 값을 치를수록 효력도 높아진다는 게 정설이다. 얼핏 보기에는 사제들이 구매자로 하여금 돈을 더 많이 지불하도록 하기 위해 술수를 부리는 것처럼 비친다.

그러나 이렇게 주장하는 사람은 이슬람교 부적의 본질을 제대로 이해하지 못한 것이다. 여기에는 서비스와 그에 대한 보답이라는 상호성의 사고방식이 작용하고 있다. 이 관계에서 인간의 파트너는 신(알라)이지 사제가 아니다. 사제는 그저 중개자에 지나지 않는다. 알라는 그가 제공한 서비스, 즉 부적의 초월적 효력에 대한 보답을 사람이 부적에 대해 지불하는 돈의 액수로 가늠한다.

상호성의 원칙에는 상당한 서비스를 제공함으로써 상대방에게

▶ 파치에 사는 꼬마 오마르는 이슬람교 사제가 써준 부적을 목에 걸고 다닌다.

▼ 파치의 모하메드 아지미는 종교적 지식이 풍부하고 부적의 효험이 뛰어나기로 이름난 사제다. 그는 지금 나무판에 코란의 가르침을 기록하고 있다.

부담을 가해 그가 원하지 않는데도 어쩔 수 없이 하도록 유도할 가능성이 있다. 서구 문화에서도 이런 전략이 많이 사용된다.

종교적 영역에서 이 전략은 아주 오래전부터 인간과 신의 관계에 사용되었다. 고대 그리스의 신화에 등장하는 '헤카톰베hekatombe(소 1백 마리의 제물)'는 불경하고 무도한 행동으로 신들의 분노를 산 인간들이 신들의 복수를 피하기 위해 사용한 방법이었다. 가령 아이스킬로스의 『오레스테이아』에 등장하는 클리템네스트라가 남편을 살해한 행동은 신들의 분노를 산 대표적인 예에 속한다.

하지만 내가 중앙 차드의 켕가족에게서 경험한 것은 신화가 아닌 엄연한 사실이었다. 이야기는 이렇다. 타지에서 이주해온 한 부족이 지역의 다른 모든 부족들에 대한 지배권을 손에 넣으려고 했다. 그러려면 토착 부족들이 숭배하는 가장 강력한 신성을 '소유'해야 했다. 그 신성은 토착 부족들의 조상이 거기서 생겨났다는 바위로, 신이 거처하는 성지이기도 했다. 이렇듯 조상과 신은 공통의 기원을 지니고 있었으며, 이 조상의 직계 후손들만이 그곳에서 사는 모든 부족민들의 안녕을 책임지는 부족신에게 제물을 바치고 의식을 치를 수 있었다.

숫자가 많고 부유했던 이주 부족은 토착 부족들의 신에게 호화로운 성전을 마련해주고, 토착 부족들이 한 번도 바친 적이 없는 값진 동물들을 수없이 제물로 바쳤다. 결국 신도 더 이상 거부하지 못하고 새로운 성전으로 거처를 옮겼고, 이주 부족은 원하던 정치 권력을 손에 넣게 되었다. 켕가족에게 신을 '소유'하는 것은 곧 정치적 지배력을 얻었다는 뜻이기 때문이다. 켕가족의 토착 부족민들은 내게 이주 부족에게 자신들의 신을 '도둑'맞았다고 불평했다.

이에 대해 이주 부족민들은 그들이 제물을 바치고 신을 '획득'한 것이라고 맞받았다. 어쨌든 이 사건은 신을 '적대적으로 인수'한 경우가 분명하다. 당사자들도 결국에는 이런 사실을 인정한 것으로 보인다. 그들은 현재 평화롭게 어울려 살고 있으며 결혼을 통해 서로의 결합을 더욱 공고히 하고 있다.

전쟁으로서의 경제

변화는 언어와 함께 시작된다. 외부에서 유입된 변화는 모국어에 새로운 개념과 함께 외래어를 통용시킨다. 가령 미국에서 들어온 외래어들은 요즘 유럽 문화의 변화를 잘 표현해주고 있다. 이러한 변화는 새로울 것도 없고 일회적인 것도 아니다. 17~18세기에는 프랑스어가 그랬으며, '학식 있는 사람'은 모두 프랑스어로 말을 하고 다닐 만큼 정도가 심했다. 그전에는 이탈리아어가 그랬고, 더 이전에는 라틴어가 그랬으며, 고대 로마의 문화 엘리트들은 그리스어로 언어를 치장했다.

그러므로 오늘날 벌어지고 있는 독일어의 '영어화' 현상에 대해서도 지나치게 우려할 필요는 없다. 사실 문화적 접촉에서 발생하는 이런 류의 현상들은 세계 어디에서나 찾아볼 수 있다. 예를 들어 아프리카의 언어들에는 아랍어, 프랑스어, 영어 등에서 유입된 외래어들이 많이 사용되고 있으며, 오리엔트 문화권의 나라에서는 중국어, 인도어, 아랍어의 외래어들이 많이 사용된다.

한 문화 안에서 전개되는 변화는 언어 사용에서 잘 포착된다. 이때 기존의 개념들은 그때까지 한 번도 표현한 적이 없는 문화적 범주에 적용되어 사용된다. 예를 들면 '전쟁'의 범주에서 나온 개념들을 경제·산업 분야의 행위에 적용하여 사용하는 것이다.

여기서 경제적 경쟁자는 '제거'시켜야 할 '적'으로 표현된다. 시장은 '정복'되어야 할, 즉 당사자의 의지에 반하여 취해야 할 대상이 된다. '적대적 인수 합병'이 계획되고, '인수 전쟁'이 시작되었다는 식의 표현은 사람들에게 두려움을 안겨준다. 그들은 자신의 안전과 생존이 위협받고 있다고 느낀다. 마치 적군이 곧 들이닥쳐 나라를 정복하기라도 하는 것처럼 말이다.

'전투'는 이제 경제 행위를 기술하는 '키워드key word'가 되었다. 산업문화에서 경제는 세계의 지배권을 둘러싼 전쟁에서 무기의 역할을 한다. 이제 전쟁은 군사적인 수단만으로 벌어지는 것이 아니다. 원자탄이나 생화학 무기가 등장하면 승자와 패자의 구분 없이 모든 것을 파괴시킬 수 있기 때문이다. 그렇다고 많은 사람들이 바라는 것처럼 헤게모니 쟁탈전이 끝난 것은 아니다. 정치적·경제적·문화적 싸움과 전략은 전 세계적으로 확장되었으며, 그에 따라 국가와 문화 간의 긴장은 더욱 심화되고, 사회는 내부적으로 균열되기 시작했다. 물론 이런 현상 역시 새로운 것은 아니다. 정치 권력의 근간은 자원과 생산의 통제에 있다. 역사를 살펴보면 지배층의 엘리트들은 언제나 이런 사실을 잘 파악하고 행동했다. 다만 그 차원이 특정 지역과 특정 국가에서 지구상의 모든 지역과 모든 국가로 확장된 것이 다를 뿐이다.

경제와 문화는 불가분의 관계다. 인류는 각각 다른 경제방식들과 결합된 다양한 문화를 발전시켰다. 이것은 문화적 진화의 결과다. 하지만 경제적 세계화의 프로그램은 오직 한 가지 방식의 경제, 즉 서구적 산업 자본주의만을 알 뿐이다. 이것은 서구 문화의 가치와 목표에 일치한다. 서구 자본주의에는 비유럽 문화에서도 어느 정도 찾아볼 수 있는 다양한 자본주의적 행동방식들이 하나의 통일된 경제체제로 결합되어 있다(서구 자본주의의 종교적 뿌리에 대해서는 앞에서 이미 기술했다).

그러므로 자본주의적 세계화는 서구 문화에 살고 있지 않은 대부분의 인류에게는 고유 문화의 기본적 가치들과 상충하는 낯선 세계관에 굴복하는 것을 의미한다. 이것이 '굴복'인 이유는 세계화의 개념이 서구 산업국가에서 발전되었으며 정치적·경제적 압력을 통해서 실현되고 있기 때문이다. 다시 말해 세계화 개념은 범세계적으로 발전된 것이 아니라 범세계적으로 관철되고 있는 것에 지나지 않는다.

수혜자가 이미 정해져 있는 이런 프로그램에 대한 저항은 처음부터 예정된 것이나 다름없다. 정해진 수혜자란 물론 서구 산업국가들이다. 그리고 이런 상황은 그들이 과학기술의 우위를 점하고 있는 동안은 계속될 것인데, 적어도 현재로서는 이런 독점적 우위가 근시일 내에 바뀔 것으로 보이지는 않는다. 이런 가능성들이 인류를 분열시키리라는 것은 불을 보듯 뻔하다.

"하늘은 스스로 돕는 자를 돕는다."

자본주의 편향의 서구 산업문화에서 이 프로테스탄트적 생활규범은 곧 경제 행위의 지침이 되었다. 이와 정반대편에 위치한 것이 바로 인간의 모든 행위가 신(또는 다른 초월적 존재)의 뜻에 달려 있다는 생각이다. 이슬람교는 "인간은 아무것도 아니고 알라만이 전부다"라고 말한다. 그런데 인간이 '신의 뜻'에 상응하지 않는 방식으로 '스스로 돕는'다면 어떻게 될까? 인간이 신에게 도전하는 것이 과연 가능할까?

두 입장 사이의 대립은 쉽게 해소될 수 없어 보인다. 그것은 이슬람교도와 기독교도들이 선한 마음으로 만나 허심탄회하게 '종교간의 대화'를 벌인다고 해도 아무것도 달라지지 않을 것이다. 그 이유는 기독교와 이슬람교에는 각각 오직 '하나의 진리'만이 존재하며 아무도 그것을 포기할 수 없기 때문이다.

서양의 생활방식과 문화는 이제 텔레비전의 위성방송을 타고 세계 곳곳으로 확산되고 있다. 수익을 노리는 상품으로서 영상의 세계화는 이미 오래전에 실현되었다. 하지만 그것들은 종종 다른 문화의 기본적 가치나 금기 사항들을 훼손했다. 상품화된 영상은 사람들의 머릿속에 혐오와 동경을 동시에 불러일으키는 서양의 모습을 만들어냈다. 이제 서양 스타들의 외모와 행동을 흉내 내는 청소년들을 세계 어디서나 쉽게 찾아볼 수 있게 되었다. 이것은 세대간의 갈등을 심화시켰다. 나이 든 사람들은 자기 사회로 침입하는 서구 문화의 퇴폐적인 영향을 '악의 권력'이라고 욕했고, 서양인에게 전 세계의 불행이라는 낙인을 찍었다.

나는 이런 류의 이야기를 자주 들었는데, 대개 두 부류의 사람들에게서 나왔다. 한 부류는 아프리카·아시아·남아메리카의 이슬람 사원이나 기독교 교회에 모인 대중들이었고, 다른 한 부류는 학자·교사·대학생 등 소수의 지식 엘리트들과 석유나 기타 지하자원으로 부를 쌓은 부유한 시민 계층이었다.

이 시민 계층 사이에서 근본주의 세력이 생겨났으며, 이들 세력은 세속화된 서구 문화에 대한 정치적 무기력과 좌절감이 밑바탕에 깔려 있었다. 이들에게 서구 문화는 퇴폐적이고 사악할 뿐만 아니라 환경 파괴, 기상 변화, 자원 고갈, 인구 팽창과 같은 재난을 가져온 원흉이기도 했다. 다시 말해 현대의 서구 문화는 자본주의적 폐해로 말미암아 인류의 존속을 위협하는 위험 요소가 되었다는 것이다.

이런 논의들이 지닌 최후의 논리는 폭력의 사용이다. 종교적 근본주의 세력은 테러리즘의 네트워크를 발전시켰는데, 이들은 '악을 제거하고 인류를 구원한다'는 데에서 자신들의 도덕적 정당성을 찾았다. 그 결과가 어떤 것인지는 더 말할 필요도 없다. 문화학적 시각에서 볼 때 이것은 다윗과 골리앗이라는 구약성서의 오랜 사고방식이 재현된 것이라 할 수 있다.

이슬람교 근본주의의 무장 세력은 소수 집단에 지나지 않는다. 이들은 '거대한 사탄 미국'의 강력한 자본주의적 생활방식에 맞선 '테러 전쟁'을 선포했다. 이슬람교의 대다수 사람들은 이런 형태의 싸움을 단호히 거부한다. 그렇다고 해서 이슬람교도들뿐만 아니라 아프리카와 남아메리카의 수많은 기독교도와 불교도까지도 세속화된 서구 문화를 싫어한다는 사실이 변하는 것은 아니다.

서구인들은 이른바 '진보적'이고 '현대적'이라고 자평하는 오늘날 서구 문화의 많은 일상적 행동방식들이 다른 문화권에서는 '부도덕한 것'으로 비난의 대상이 되고 있다는 사실을 깨달아야 한다. 이것은 서구 문화의 가치와 규범에 따라 다른 모든 문화를 '발전'시켜야 한다고 생각하는 '문화의 전도사들'이 반드시 새겨들어야 할 말이다. 그래야만이 엄청난 불행을 피할 수 있다.

또한 세계 각지의 많은 사람들이, 세계화가 추구하는 '토털 마켓total market'을 자신들의 경제적 기반을 위협하는 것으로 생각하며 불신과 우려의 눈으로 보고 있음을 알아야 한다. 이것은 그 어떤 백신도 듣지 않는 바이러스를 대할 때의 두려움과 비슷하다. 문제는 이렇다. '상호성과 공명'이라는 경제 행위의 원칙이 지켜지지 않음으로써 '시장의 세계화'가 '위기의 세계화'로 바뀌는 것은 아닐까? 이것은 경제의 근본적인 의미에 대한 물음이기도 하다.

경제는 부도덕한가?

이미 알고 있듯이 경제적 행위는 언제나 사회적 행위다. 사회의 가치와 규범은 사람들의 경제적 문화를 지배한다. 다시 말해서 경제적 행동은 문화적 특징을 띤다. 이것은 유럽 내부를 들여다보아도 잘 알 수 있다. 독일의 가계는 시칠리아의 가계와는 경제적으로 다르게 구성되어 있으며, 프랑스의 시장에서 사람들은 스웨덴의 시장에서와는 다른 방식으로 행동한다. 또 그리스의 은행은 원칙적으로 같은 은행이지만 영국의 은행과는 아주 다른 방식으로 경영된다.

다국적 기업들은 사람들의 서로 다른 문화적 행동과 세계 각국에 퍼져 있는 자회사들의 경영방식을 일치시키는 데 종종 어려움을 겪곤 한다. 다국적기업의 원활한 경영을 위해 기꺼이 자신의 문화적 습관을 바꾸려는 사람은 별로 없기 때문이다. 그리스 은행 근로자들의 대규모 파업은 그 대표적인 예다. 이들을 투쟁으로 내몬 것은 봉급 인상이 아니라 '신성한 오후 휴식'의 쟁취였다.

경제 행위에서는 인간의 윤리적 모순이 특히 잘 드러난다. 문화에 따라 다르게 발전하는 가치와 규범의 체계 안에서 인간은 규범의 준수와 무시 사이를 끊임없이 오가며 살아간다. 사회의 윤리적 요구를 항상 엄격하게 지키는 사람도 없지만 절대로 지키지 않는 사람도 없다. 일상생활에서 사람들은 어떤 경우에는 잘 지키지만 어떤 경우에는 우회해서 돌아가거나 아니면 그냥 무시하고 넘어가 버린다.

사회가 제대로 작동하려면 규칙을 우회하는 것이 불가피한 경우도 종종 있다. 사회적 규범과 일상의 현실이 완전히 일치하는 것은 모든 사람이 모범적이 될 때에나 가능한 일이다. 하지만 그런 일은 결코 일어나지 않는다. 어느 인간 사회에나 규범과 현실의 모순은 있다. 그런 모순은 대개 은폐되거나 억압되거나 묵인된다. 어떤 사회도 자신의 불완전성을 고백하려 들지 않기 때문이다. 게다가 모두 '이상적 사회'가 되고 싶어한다.

대개 '약아빠진 행동' 정도로 정당화되는 위선과 (불가피한) 거짓은 인간적 행동의 근본 현상들이다. 이런 것들은 사회적 현실을 호도하고 갈등을 피해가며, 필요하다면 언제든지 사회적 규범에 자신을 맞춘다. 이것은 어느 사회에서나 파괴적으로 작용하는 인간의 딜레마다. 인간은 '이상적 사회'에 대한 비전을 제시하는 윤리적 규범을 만든다.

그러나 인간은 합리적으로 행동하는 이상적 존재가 아니라 윤리적으로 모순된 존재다. 어느 사회나 이런 딜레마에서 벗어나는 길을 찾기 위해 노력한다. 그래서 도덕적 정당화의 가능성을 모색하고, 타협이 이루어지며, '인간의 선함'에 대한 믿음을 바탕으로 한 가상적 사회가 만들어진다. 일상적 현실과의 이런 명백한 불일치는 도덕주의자들과 설교자들을 청중들 앞에 세우고 혁명가들을 바리케이드 앞으로 이끈다. 시인들도 이런 '이상적 사회'를 노래하기에 여념이 없다.

> 많은 것들이 모두 동시에 우리 안에 존재하고 있어! 사랑과 거짓⋯⋯ 신뢰와 배신⋯⋯ 우리는 그것들을 우리 안에 질서정연하게 정돈해둘 줄 알지. 그것도 아주 잘. 하지만 그런 질서는 작위적인 것에 불과해⋯⋯. 자연스러운 것⋯⋯ 그것은 혼돈이야. 그래⋯⋯ 영혼은⋯⋯ 아주 광활한 땅이지. (아르투르 슈니츨러)

이로써 인간의 문화적 진화의 드라마가 펼쳐진다. 목표는 모든 사회에 '더 나은 인간'들이 존재하는 것이다. 하지만 그곳으로 가는 길은 혼란스러울 뿐만 아니라 종종 뒷걸음질친다. 행운이 작용하는 시기는 매우 드물고 짧다.

서구 산업사회를 살아가는 많은 사람들에게 생물학의 설명 모델에 대한 믿음은 종교를 능가한다. "인간은 본성적으로 선한가, 아니면 악한가?"라는 질문에 대해 생물학자 아이블 아이베스펠트는 "인간은 선하다"고 대답한다. 용기·신의·이웃 사랑·동정심·친절·희생 정신·정직·복종심 등 (서구 사회의 가치 기준에서 볼 때) 바람직한 성격과 덕목들은, 아이블 아이베스펠트에 따르면 모두 '날 때부터 주어진 기질'이며 동물적 선조들로부터 물려받은 유산이다.

콘라드 로렌츠는 동물에게도 '도덕과 유사한 행동'이 존재한다고 주장하면서, 동물적 행동방식이 인간에게 전이되었을 것이라는 가설을 세웠다. 하지만 생물학의 행동 연구에서는 아직까지도 필요한 증거를 제시하지 못하고 있다. 그럼에도 우리 사회에는 이런 근본적인 문제점들을 제대로 인식하지 못한 채 생물학자들이 제기한 주장을 그대로 '믿어버리는' 사람들이 많다.

중요한 것은 다음과 같은 물음이다.

"선하다는 것은 인간의 행동방식으로서 어떤 의미를 지니는가?"

그렇다면 경제 행위에서 윤리란 무엇인가? 여기에 대해서는 이론이 분분하다. 교육적으로도 중요한 의미를 갖는 정치적·세계관적 물음이기 때문이다. 윤리는 생물학적으로 설명될 수 없다. 윤리에는 지능, 즉 반성적 사고 능력이 필요하기 때문이다. 윤리는 생물학자들도 인정하듯이 모든 종들 중에서 오직 인간만이 지닌 능력이다. 윤리는 문화적이다. 어느 문화나 자신의 고유한 윤리를 지닌다. 그리고 문화는 변한다(물론 이것은 때때로 커다란 희망사항이 되기도 한다). 언젠가 전 세계에 보편적으로 적용될 수 있는 윤리의 일반적 원칙들이 만들어지리라는 것은 많은 사람들이 정보와 커뮤니케이션의 세계화에서 기대하고 있는 가능성이다.

인간의 이중성

인간의 윤리적 모순과 이중성 사이에는 연관성이 있다. 아마도 하나는 다른 하나로부터 사고를 통해 발전해 나왔을 것이다. 인간의 이중성은 서로 다른 두 가지 생활방식을 병렬적·상호적으로 결합시켜 놓은 것으로, 많은 사람들이 지니고 있는 특성이다. 예를 들어 두 가지 방식의 성적 행태가 한 사람 안에 결합되어 있는 것이라든가, 규범에 맞는 시민적 생활과 사회의 모든 규범과 금기를 뛰어넘는 또 다른 생활방식의 공존이 그런 이중성에 속한다.

낮에는 극히 정상적이고 순응적인 생활을 영위하지만 밤이 되면 은밀하게 집을 빠져나가 시민적 삶과는 정반대의 세계인 에로틱한 모험이나 범죄 행위로 빠져드는 남녀의 이야기는 수없이 많다. 이런 이야기들은 독자들에게 큰 인기를 끌게 마련인데, 이중적 존재인 인간의 억눌린 소망들을 자극하기 때문이다. 작가적 상상력에 의해 만들어진 허구적 이야기 속에서 독자는 자신의 억눌린 소망을 가상적으로 체험하게 된다. 사회가 크고 복잡하고 익명적일수록, 개인에 대한 사회의 통제가 적을수록 이중적 실존에 대한 욕구가 겉으로 표출하려는 경향도 커진다.

우연에 의해서 이런 욕구가 하나 둘 겉으로 드러나게 될 때, 당사자에게 그것은 곧 재난을 뜻한다. 엄격한 도덕적 태도로 유명한 어느 부인이 다른 곳에서 다른 이름과 다른 모습, 완전히 다른 사회적 분위기 속에서 모든 에로틱한 유희에 탐닉하는 이중적 삶을 살아간다는 이야기는 단지 에로틱한 상상력의 소산이 아니라 법정 판례집에 자주 등장하는 실화이기도 하다. 법정 판례집에 이런 사례가 자주 등장하는 이유는, 이런 경우들이 대개는 배신과 협박의 스토리와 함께 결국 살인으로 이어지기 때문이다.

일부일처제의 사회에서는 다른 장소에 두 개의 가정을 서로 모르게 꾸며놓고 살아가는 남자들 이야기도 심심치 않게 등장한다. 또 다른 이중적 존재로는 자신에 대한 높은 신뢰를 역이용하여 적을 위해서 활동하는 이중간첩을 꼽을 수 있다. 또 여러 해 동안 온 나라를 공포로 몰아넣으면서도, 이웃들에게는 평범하고 모범적인 시민의 역할을 완벽하게 해냄으로써 자칫 미완의 사건으로 남을 뻔했던 연쇄 살인의 범인은 인간이 지닌 이중성의 정신병적 측면을 잘 보여준다. 로버트 R. 스티븐슨Robert Louis Stevenson의 유명한 소설 『지킬 박사와 하이드 씨』는 바로 이런 이중성의 문제를 다루고 있다.

완전히 다른 두 개의 생활방식을 병행하는 능력을 지닌 인간은 두 개의 문화 안에서 살아가는 것이 가능하다. 현재 독일 사회에는 지구의 곳곳에서 온 많은 사람들이 완전히 독일 문화에 통합되어 독일 사람들과 함께 어울려 살아가고 있다. 하지만 고국을 방문하게 되면 그들은 짧은 시간 안에 원래의 문화적 역할로 복귀한다. 그리고 어느 날 다시 유럽행 비행기에 오르게 되면 그들은 옷을 갈아입는 것과 동시에 유럽 문화 속으로 이동하여 영국에서는 영국 사람으로, 프랑스에서는 프랑스 사람으로, 베를린에서는 독일 사람으로 바뀌어 비행기에서 내린다. 이렇게 한 문화에서 다른 문화로의 이동이 유럽 문화에서만 가능한 것은 물론 아니다. 나는 이와 똑같은 현상을 동남아시아나 중동에서 오래 산 아프리카인들에게서도 발견했다.

인간의 이중성은 정신적 적응 능력을 보여주는 단서다. 이 능력은 문화적 진화에 대단히 중요한 의미를 갖는다. 인류의 사회적 시스템이 제대로 돌아가는 이유는 사람들이 개인주의적임과 동시에 체제 순응적인 태도를 취할 수 있기 때문이다. 인간은 누구나 유일무이한 개성의 소유자다. 하지만 이런 특성은 자신과 마찬가지로 유일무이한 개인으로 형성된 주변의 사람들과 끊임없이 갈등을 일으키게 한다. 이때 그는 이중성을 통해 자신의 개성을 극단적인 자기 부정에까지 이르게 함으로써 사회의 체제 순응적 요구에 부응할 수 있는 능력을 갖추게 된다. 결국 사회의 존립은 오로지 이중성을 통해서만 가능하다.

도덕 경제

이른바 '도덕 경제moral economy'라는 것이 있다. 서로간의 경제적·사회적 안전 조치를 사회의 모든 구성원들에게 부과한 절대적인 의무로 규정하는 경제의 한 형식을 말한다. 여기서는 개인의 경제적 이익을 추구하기보다 전체에 대한 위험을 줄이는 것이 더 우선한다. 이른바 '제3세계'의 비산업적 사회에서 쉽게 찾아볼 수 있다.

그 사회에서 가장 중요한 것은 식량 위기와 기아의 재난을 극복하는 일이다. '도덕 경제'는 개별적인 이익의 최대화를 추구하는 서구 자본주의의 경제 이해와는 완전히 대치된다. 서구 자본주의의 경제적 태도는 흔히 '부도덕한' 것으로 평가받는다. 그러나 그런 평가는 대부분 산업 자본주의의 비판자들이 단순한 이상주의적 세계관을 통해서 전개하는 정치적 논의에 불과하다.

나는 각기 다른 문화적 발전 과정에서 생겨난 다양한 경제 원칙들을 도덕적 범주로 평가하는 것이 특별한 의미를 지닌다고는 생각하지 않는다. 경제적 행위와 태도는 무엇보다도 행위자인 인간의 개별적 특성을 통해 결정되기 때문이다. 인간은 그가 속한 사회의 윤리적 범주에 따라 행동하게 (또는 행동하지 않게) 마련이다. '책임'은 윤리와 경제 행위 사이의 관계를 설명하는 핵심 개념이다. 인간은 누구나 책임의 위계질서 안에 있다. 거기에는 그가 책임을 져야 하는 사람들이 있고, 그를 책임져야 하는 사람들이 있다.

석기시대 경제

도덕적이고 경제적인 행위에 대한 모든 윤리적·정치적 담론들을 배제하고 오로지 문화학적 시각에서만 볼 때, 인간의 경제 행위는 석기시대 이래로 근본적으로 변하지 않았다. 그때부터 인간은 그들이 사용하는 모든 천연자원을 근시안적 이익에 따라 착취해왔고, 이런 착취를 가능한 한 효과적으로 실행하기 위해 기술적 도구를 발명해왔다. 이때 인간들이 보인 행동은 코끼리 떼가 그들의 생명줄인 식물을 하나도 남김없이 먹어치우는 것과 크게 다르지 않았다. 석기시대의 사냥꾼들은 더욱 효과적인 무기와 사냥 기술을 발전시킴으로써 유일한 고기 공급원인 짐승들을 별 생각 없이 멸종시켜버렸다.

현대의 인간들도 기존의 화석 연료나 물, 공기와 같은 천연자원들을 미래의 상황을 고려하여 이성적으로 사용하는 것과는 한참 거리가 멀다. 경고와 요구의 목소리는 끊이지 않고 있지만 그들이 내놓는 모든 해법과 프로그램들은 하나같이 전시성 행사에 그칠 뿐이다. 책임은 자기 집단의 한계에서 끝나고, 오직 눈앞의 경제적 이익만이 우위를 차지하는 탓이다. 이는 산업 국가들에 국한된 현상이 아니다(물론 대부분의 자원을 소모하는 이들 국가의 지나친 자원 남용이 일차적으로 책임을 져야 한다는 점에는 이론의 여지가 없다).

이와 더불어 '제3세계'의 '농경 사회'에 거주하는 사람들의 행태도 이와 다르지 않다. 항상 거듭 이야기하는, 비산업화 문화가 자연을 더 책임감 있게 다룬다는 생각은 신화에 지나지 않는다. 이는 수많은 민족학적 조사들을 통해 입증된 사실이다. 인류의 도덕적 진화는 석기시대 이래로 기술적·경제적 진화의 의붓자식으로 취급되었다.

그러나 다음의 내용 역시 사실이다. 인간은 뛰어난 지능 덕택에 언제나 고갈된 자원을 대체할 수단을 마련하는 데 성공해왔다. 석기시대의 사냥꾼들이 사냥감을 멸종시켰을 때, 인류는 그저 멍하니 앉아 굶주린 것이 아니라 곡물을 경작하고 가축을 기르는 법을 발명해냈다. 현재 석유와 다른 화석 연료들이 머지않아 고갈될 것을 알고 있으면서도 인류가 이것을 낭비하는 것은 물론 무책임한 짓이다. 하지만 이미 세계 각지의 뛰어난 두뇌들이 그것을 대체할 수단을 발명하기 위해서 땀을 흘리고 있다.

그런데 이런 노력이 성공하지 못한다면? 아마 인류는 그들이 문화적 진화의 과정에서 이미 자주 보여왔던 일을 할 것이다. 다시 말해서 인류는 그들의 생활방식을 상황에 맞춰 변화시킬 것이다. 인류는 예로부터 적응의 명수였으니까.

■ 참고문헌

Barret, D., Kurian, G., Jonson, T. (2001): World Christian Encyclopaedia. 2 Bde.
Behrend, H. (1997): Geistbesessenheit und Geschlecht.
　Königsfrauen in Buganda. In: sie und Er, Frauenmacht und Männerherrchaft im Kulturvergleich(Hrsg. v. Gisela Völger.) Bd. 2, Köln(Rautenstrauch-Joest-Museum). S. 165-172.
Boas, F. (1921): Ethnology of the Kwakiutl. 2 Bde. 35.
　Annual Report of the Bureau of American Ethnology. Washington.
Bornemann, E. (1990): Ullstein Enzyklopädie der Sexualität. Frankfurt M./Berlin(Ullstein).
Comte, A. (1851-54): Système de politique positive, ou traité de sociologie, instrituant la religion de l'humanité 4 Bde. Paris.
Darwin, Ch. (1859): Origin of Species. New York (Philosophical Library).
Darwin, Ch. (1871): Die Abstammung des Menschen und die geschlechtliche Zuchtwahl. stuttgart.
Dürrenmatt, F. (1998): Die Physiker. Zürich (Diogenes).
Eibl-Eibesfeld, I. (1970): Liebe und Haß. Zur Naturgeschichte elementtarer Verhaltensweisen. (16. Auflage 1993.) München (Piper).
Eibl-Eibesfeld, I. (1984): Die Biologie des menschlichen Verhaltens. Grundriß der Humanethologie. München (Piper).
Fuchs, P. (1970): Kult und autorität. Die Religion der Hadjerai. Berlin (Reimer).
Fuchs, P. (1983): Das Brot der Wüste. Stuttgart (Steiner).
Fuchs, P. (1989): Fachi. Sahara-Stadt der Kanuri. Stuttgart (Steiner).
Fuchs, P. (1991): Menschen der Wüste. Braunschweig (Westermann).
Fuchs, P. (1992): Oase der Frauen. In: GEO, Special Sahara, Nr. 6/92. S. 124-137.
Fuest, V. (1996): A job, a shop, and loving business. Münster (LIT).
Gardner, H. (2002): Intelligenzen. Die Vielfalt des menschlichen Geistes. Stuttgart (Klett-Cotta).
Gehlen, A. (1983): Philosophische Anthropologie und Handlungslehre. Bd. 4 d. Gesamtausgabe (Hrsg. v. Karl-Siegbert Rehberg). Frankfurt/M. (Klostermann).

Habermas, J. (1987): Theorie des kommunikativen Handelns. 2 Bde. Frankfurt (Suhrkamp).

Haraway, D. (1995): Die Neuerfindung der Natur. Frankfurt M./New York (Campus).

Hauser-Schäublin, B. (1995): Zur Verkörperung sozialer Ungleichheit als naturgegebene Verschiedenheit am Schnittpunkt zwischen Geschiecht, Klasse und Rasse. In: Zeitschrift für Ethnologie 120, S. 31-49.

Hauser-Schäublin, B., Kalitzkus, V., Petersen, I., Schröder, I. (2001): Der geteilte Leib. Die kulturelle Dimension von Organtransplantation und Reproduktionsmedizin in Deutschland. Frankfurt M./New York (Campus).

Hüther, G. (1999): Die Evolution der Liebe: was Darwin bereits ahnte und die Darwinisten nicht wahrhaben wollen. Göttingen (Vandenhoeck u. Ruprecht).

Kantorowicz, E. H. (1994): Die zwei Körper des Königs. Studie zur politischen Theologie de Mittelalters. Stuttgart (Klett-Cotta).

König, O. (1970): Kultur und Verhaltensforschung. Einführung in die Kulturethologie. München (DTV).

Latour, B. (20001): Das Parlament der Dinge. Frankfurt/M. (Suhrkamp).

Lévi-Strauss, C. (1960): Traurige Tropen. (Dt. v. Suzanne Heintz.) Köln/Berlin (Kiepenheuer & Witsch).

Liebowitz, M. R. (1983): The Chemistry of Love. Boston/Toronto (Little, Brown).

Lorenz, K. (1965): Das sogenannte Böse. Zur Naturgeschichte der Aggression. (16. Auflage.) Wien (Schoeler).

Lorenz, K. (1970). Vorwort. In: Otto König, Kultur und Verhaltensforschung. Einführung in die Kulturethologie. München (DTV).

Lorenz, K. (1981): Die Rückseite des Spiegels. Versuch einer Naturgeschichte menschlichen Erkennens. (5. Auflage.) München (DTV).

Lorenz, K. (1983): Der Abbau des Menschlichen. München (Piper).

Newberg, A. (2002): Why God Won't Go Away. (Ballantine, Random House).

Nietzsche, F. (1883/85): Also sprach Zarathustra. (Ausgabe 1982.) Salzburg (Caesar Veriag).

Rössler, M. (1997): Der Lohn der Mühe. (Göttinger Studien zur Ethnologie, Bd. 3.) Münster (LIT).

Saramago, J. (1997): Die Stadt der Blinden. Reinbek bei Hamburg (Rowohlt).

Schnitzler, A. (1909): Das weite Land. Berlin (S. Fischer).

Schnitzler, A. (1987): Fräulein Else und andere Erzählungen. Frankfurt/M. (S. Fischer).

Simmel, G. (1920): Philosophie des Geldes. Reprint d. Ausgabe von 1920, Hrsg. v. Alexander Ulfig. Köln 2001 (Parkland).

Solowjow, W. (1948): Der Sinn der Liebe. (Dt. v. A. Krassowsky u. A. Sellner.) Wien (Amandus).

Tyrell, H. (1978): Family as the Original Institution Recent Speculation Regarding an Old Question. In: Kölner Zeitschrift für Soziologie und Sozial-Psychologie, 30, S. 611-651.

Weber, M. (1920/1988): Gesammelte Aufsätze zur Religionssoziologie I. Tübingen (Moht Siebeck).

Weltbank (1990): Weltentwicklungsbericht. Die Armut. Washington.

Wickler, W. (1971): Die Biologie der Zehn Gebote. München (Piper).

Wickler, W. (1972): Sind wir Sünder? Naturgesetze der Ehe. München/Zürich (Droemer Knaur).

Wickler, W. und U. Seibt (1991): Das Prinzip Eigennutz. Zur Evolution des sozialen Verhaltens. München (Piper).

Wickler, W. und U. Seibt (1998): Männlich-Weiblich. Ein naturgesetz und seine Folgen. Heidelberg-Bgerlin (Spektrum).

Wilson, E.). (2000): die Einheit des Wissens. München (Goldmann).

■ 사진 자료

S. 11: diskurs in Seewiesen. ⓒ Foto Institut für den Wissenschaftlichen Film, Göttingen.
S. 13 oben: ⓒ Peter Steinhorst, Berlin.
S. 13: unten: Tuareg. Foto ⓒ Peter Fuchs.
S. 14 oben rechts: Ludwig XIV., Gemälde von Hyacinthe Rigaud, Louvre Paris, ⓒ akg-images, Berlin.
S. 14 unten: Westsudanischer König. Foto ⓒ Peter Fuchs.
S. 43: Amenokal der Tuareg. Foto ⓒ Peter Fuchs.
S. 49 oben: Ausschnitt japanischer Farbholzschnitt. Aus: L'Art Erotique Japonais, Edition Liber, Genève 1966. ⓒ Edition Liber.
S. 49 unten: Caduevofrau. Aus: Lévi-Srauss, Traurige Tropen, Kiepenheuer & Witsch, Köln/Berlin 1960. ⓒ Kiepenheuer & Witsch.
S. 56 oben: Tubu von Tibesti. Fotos ⓒ Peter Fuchs.
S. 56 unten: Frau der Dangaleat. Foto ⓒ Peter Fuchs.
S. 63 oben und unten: ⓒ Peter Steinhorst, Berlin.
S. 64 oben: Japanischer Garten. Foto ⓒ Peter Fuchs.
S. 64 unten: Familie in Fachi. Foto ⓒ Peter Fuchhs.
S. 71: Erdberr der Hadjerai. Foto ⓒ Perter Fuchs.
S. 85: Grabstein des Grafen von Gleichen. Foto ⓒ Peda-Verlag, Erfurt.
S. 106: Tuaregfrau. Foto ⓒ Peter Fuchs.
S. 120. Salzkarawane. Foto: ⓒ Perter Fuchs.
S. 121: Karawanenplatz von Fachi. Foto ⓒ Perter Fuchs.
S. 124 oben: Trittwebstuhl. Foto ⓒ Peter Fuchs.
S. 124 unten: Handel mit Baumwollstoff. Foto ⓒ Peter Fuchs.
S. 127 oben: Kaurigeld. Aus: Fremdes Geld, Museum für Völkerkunde, Frankfurt am Main 1990. ⓒ Museum für Völkerkunde.
S. 127 Mitte und unten: Sattelschmuck. Foto ⓒ Peter Fuchs.
S. 147: Ahnenaltar. Foto ⓒ Perter Fuchs.
S. 163 oben und unten: ⓒ Peter Steinhorst, Berlin.

S. 164 oben und unten: © Peter Steinhorst, Berlin.
S. 178 oben: Haussa-Kaufmann. Foto © Peter Fuchs.
S. 178 unten: Lastwagen. Foto © Peter Fuchs.
S. 179 oben: Haussa mit Kopfladen. Foto © Peter Fuchs.
S. 179 unten: Kleinsthändlerin. Foto © Peter Fuchs.
S. 194: © Peter Steinhorst, Berlin.
S. 203 oben: Totempfahl. Foto © Institut für Ethnologie, Göttingen.
S. 203 unten: Wappentiere. aus: F. Boas, *The Decorative Art of the Indians of the North Pacific Coast*. American Museum of Natural History, vol. IX., New York 1897. © American Museum of Natural History.
S. 221 oben: Koran am Tor. Foto © Peter Fuchs.
S. 221 unten: Regensingen der Dangaleatfrauen. Foto © Peter Fuchs.
S. 236 oben: Omars Amulette. Foto © Peter Fuchs.
S. 236 unten: Mohammed Ajimi. Foto © Peter fuchs.